www.ingramcontent.com/pod-product-compliance
Lightning Source LLC
LaVergne TN
LVHW020934061026
849535LV00011B/3834
9781927998823

تفسیر

فلپیوں اور کُلسیوں

مصنف:۔ ایف۔ وین۔ میکلائیڈ

مترجم:۔ عمانوائل دیوان

LIGHT TO MY PATH
Book Distribution

نام کتاب۔۔۔۔۔۔۔۔۔۔۔۔۔۔۔ فلپیوں، کُلسیوں (تفسیر)

مصنف۔۔۔۔۔۔۔۔۔۔۔۔ ایف وین، میکلائیڈ

مترجم۔ ۔۔۔۔۔۔۔۔۔۔۔۔۔۔۔ عمانوایل دیوان

کمپوزنگ:۔ ۔۔۔۔۔۔۔۔۔۔۔ پرنس میتھیو (فرزند عمانوایل داؤد)

پروُف ریڈنگ ۔۔۔۔۔۔۔۔۔۔۔۔۔۔۔ رضیہ عمانوایل

تعداد ۔۔۔۔۔۔۔۔۔۔۔۔۔۔۔۔۔ ایک ہزار

سنِ اشاعت۔۔۔۔۔۔۔۔۔۔۔۔۔۔۔۔۔ جنوری 2021

ہدیہ کتاب۔۔۔۔۔۔۔۔۔۔۔۔۔۔۔۔۔300 روپے

ملنے کا پتہ۔۔۔۔۔۔۔۔۔۔۔۔ایف۔جی۔اے بک سٹال، بہار کالونی، کوٹ لکھپت۔لاہور۔

عامر ریاض۔ فون نمبر 03314004219

Translated & composed by Emmanuel Dewan

رابطہ مترجم وپبلشر۔۔۔۔۔۔۔۔۔۔عمانوایل داؤد

فون نمبر 03351470565

+923164656552 وٹس ایپ

mathewforjesus7@gmail.com

فہرست مضامین

پیش لفظ

فلپیوں کے نام خط میں، پولس رسول نے خداوند یسوع مسیح کو عاجزی، انکساری اور فروتنی کے پیکر کے طور پر بیان کیا۔ اُس نے فلپیوں کی کلیسیا کے ایمانداروں کو تلقین کی کہ وہ مسیح یسوع کے نقشِ قدم پر چلیں۔ اگرچہ خط لکھتے وقت پولس رسول قید خانہ میں تھا، تاہم پھر بھی پولس رسول نے فلپے کی کلیسیا کو اُس شادمانی میں زندگی بسر کرنے کی تلقین کی جو خداوند کی طرف سے ملتی ہے۔ اُس نے اُنہیں یاد دہانی کرائی کہ خداوند ان کے دُکھوں اور کڑے امتحانوں پر اختیار اور قدرت رکھتا ہے۔ اُس نے اُنہیں بتایا کہ کس طرح خداوند نے اپنے دُکھوں کو کلیسیا کی بھلائی کے لئے ایک عظیم مقصد کی تکمیل کے لئے استعمال کیا۔ اس خط میں پولس رسول ان ایمانداروں سے مخاطب ہے جو اس وقت دُکھ بھری زندگی گزار رہے تھے۔ اس نے انہیں تلقین کی کہ وہ سر اُٹھا کر جئیں اور بڑی شادمانی سے خداوند یسوع مسیح کی ذاتِ اقدس اور حیاتِ مقدس پر غور کریں۔

کلسیوں میں پولس رسول نے ایک بار پھر مسیح یسوع کو مرکزی مضمون کے طور پر بیان کیا ہے۔ پولس رسول اس خط میں شریعت پرستی کے موضوع پر براہ راست بات کرتا ہے۔ پولس رسول جھوٹے اُستادوں کی مذمت کرتے ہوئے کُلسے کی کلیسیا کے ایمانداروں کی توجہ خداوند یسوع مسیح کے کام پر مرکوز کرتا اور اُنہیں بتاتا ہے کہ مسیح یسوع کا صلیب پر سرانجام دیا گیا کام ہی اُن کی نجات کے لئے کافی ہے۔ وہ بیان کرتا ہے کہ کس طرح مسیح یسوع اور اُس کا کفارہ بخش کام اُن کی نجات کے لئے کافی ہے۔ مزید براں وہ کُلسے کے ایمانداروں کو تلقین کرتا ہے کہ شریعت کے دباؤ سے آزاد زندگی بسر کریں۔ پولس رسول خط کا اختتام چند نصیحتوں کے ساتھ کرتا ہے جو کہ مسیح یسوع کے بدن یعنی کلیسیا میں باہمی

تعلق اور رفاقت سے متعلق ہیں، وہ ایمانداروں کو یہ بھی تلقین کرتا ہے کہ وہ بلوغت اور پختگی کی طرف اپنا سفر جاری رکھیں۔

میرا ایمان ہے کہ خداوند میری اِس قلمی کاوّش کو آپ کے لئے باعث برکت اور باعث تقویت بنائے گا۔ براہ مہربانی ہر باب کے شروع میں دیئے گئے حوالہ جات کا مطالعہ بائبل مقدس میں سے ضرور کریں۔ میری تصنیف کسی طور پر بھی بائبل مقدس کا متبادل نہیں ہے۔ اس کتاب کی تحریر کا مقصد فلپیوں اور کلسیوں کے خطوط کو سلیس، واضح اور عملی تعلیم کے انداز میں بیان کرنا ہے۔ اگر میری یہ کاوّش آپ کو اور زیادہ خداوند کے قریب لے آئے تو میرے لئے اِس سے بڑی خوشی اور کامیابی اور کیا ہو سکتی ہے۔ میری دُعا ہے کہ اس کتاب کے وسیلہ سے خداوند کے ساتھ آپ کا رشتہ، تعلق اور گہری رفاقت اور قربت اور زیادہ مضبوط ہو۔ خدا کرے کہ اس کتاب کے وسیلہ سے پولس رسول آپ سے مخاطب ہو اور خدا کا روح اس کتاب کے ہر پڑھنے والے کو قوت، تقویت اور مسیحی زندگی میں آگے بڑھنے کے لئے حوصلہ اور ہمت عطا کرے۔ آمین

مصنف:۔ ایف، وین، میکلائیڈ

فلپیوں کے خط کا تعارف

مصنف

پہلی آیت میں پولس رسول اپنا تعارف بطور مصنف کراتا ہے۔اس خط میں، پولس رسول فلپیوں کے ساتھ اپنے انتہائی گہرے شخصی تعلق اور رشتے کے بارے میں بات کرتا ہے۔ وہ اُنہیں یاد دہانی کراتا ہے کہ کس طرح اُنہوں نے اُس کی شخصی خدمت میں اُس کا ساتھ دیا تھا۔

پس منظر

فلپی شہر مکدونیہ کے صوبہ کا ایک اہم شہر تھا۔ پولس رسول کے دَور میں، یہ روم کی ایک کالونی تھی۔(اعمال 16 باب 12 آیت) یہاں پر بہت سے فوجی بھی مقیم تھے جو روم کی گلیوں بازاروں چلتے پھرتے دکھائی دیتے تھے۔

فلپی شہر میں پولس رسول کی خدمت کی بڑی مخالفت ہوئی۔ منادی کرتے وقت اُس پر حملہ بھی کیا گیا، اُسے ڈنڈوں سے مارا پیٹا گیا، صرف یہی نہیں بلکہ بعد ازاں اُسے قید خانہ میں بھی ڈال دیا گیا تھا۔(اعمال 16 باب 22 تا 24 آیت) تاہم اس ایذاہ رسانی کے نتیجہ کے طور پر داروغہ اور اُس کا گھرانہ مسیح یسوع پر ایمان لے آیا۔ اس علاقہ میں سب سے پہلے ایمان لانے والی عورت کا نام لُدیہ تھا جو کہ ایک کاروباری خاتون تھی۔(اعمال 16 باب 11 تا 15 آیت)

پولس رسول کی ابتدائی کاوّشوں سے جو کلیسیا وجود میں آئی تھی مشنری کام میں پولس رسول کے ساتھ متفق اور متحد رہی۔ فلپیوں 4 باب 15 آیت میں پولس رسول فلپیوں کو یاد دہانی کراتا ہے کہ صرف وہی کلیسیا ہے جو مکدونیہ میں اس کے کام میں اُس کی مالی

معاونت کرتی رہی۔

خط لکھتے وقت، پولس رسول قید خانہ میں تھا، (فلپیوں 1 باب 7-13 آیت) فلپی کے ایماندار اس تعلق سے بڑے فکر مند تھے، اُنہوں نے اِپفُردِتُس کو بھیجا کہ وہ پولس رسول کے پاس کچھ ہدیہ جات لے کر جائے جو بوقت ضرورت اُس کے کام آئیں۔ (فلپیوں 4 باب 18 آیت) امکانِ غالب ہے کہ پولس رسول نے اِپفُردِتُس کو واپس یہ خط دے کر اُسے فلپی کلیسیا کے پاس واپس بھیجا تھا۔ (فلپیوں 2 باب 25-28 آیت)

فلپیوں کے نام پولس رسول کا یہ خط بڑی شخصی نوعیت کا ہے۔ خط کا مقصد یہی تھا کہ پولس رسول اپنی قید کی حالت میں فلپی میں موجود ایمانداروں کو تسلی دے جو اس کے لئے بڑے فکر مند تھے۔ وہ ان ہدیہ جات کے لئے بھی اُن کا شکریہ ادا کرنا چاہتا تھا جو اُنہوں نے اُس کی احتیاج رفع کرنے کے لئے بھیجے تھے۔ وہ اُن کا شکر گزار تھا کہ وہ شروع ہی سے انجیل کی منادی اور اُس کے مشکل وقت میں اُس کا ساتھ دیتے رہے۔ اس علاقہ میں موجود ایمانداروں کے لئے پولس رسول کی محبت واضح طور پر دیکھنے کو ملتی ہے۔ وہ اُن کے لئے اور اُن کی خدمت میں شراکت کے لئے خدا کا شکر گزار ہے۔ (فلپیوں 1 باب 3 اور 5 آیت) وہ اُنہیں بتاتا ہے کہ وہ دل سے اُنہیں عزیز جانتا ہے۔ (1 باب 7 آیت) وہ اُنہیں پیارے دوست کہہ کر مخاطب کرتا ہے۔ (2 باب 12 آیت) وہ اُنہیں عزیز کہہ کر مخاطب کرتا ہے اور اُن کو ملنے کے لئے دل سے مشتاق بھی ہے۔ (4 باب 1 آیت)

اپنی زندگی کے حالات و واقعات کو استعمال کرتے ہوئے، پولس رسول فلپیوں کے ایمانداروں کو تلقین کرتا ہے کہ وہ اپنی جدوجہد کو جاری رکھیں۔ وہ اُنہیں فہم بخش ہدایات بھی دیتا ہے کہ کس طرح اُنہوں نے درپیش دُکھوں اور مسائل کا سامنا کرنا ہے۔

دَورِ جدید میں کتاب کی اہمیت

فلپیوں کے خط میں دُکھوں کے تعلق سے ہمارے سیکھنے کے لئے چند اہم اسباق موجود ہیں۔ اس خط میں پولس رسول ہمیں یاد دہانی کراتا ہے کہ خدا ہماری مشکلات، مسائل اور کسی بھی قسم کی ناگوار صورتحال پر غالب ہے اور ان سب چیزوں کو اپنے مقصد اور منصوبے کی تکمیل کے لئے استعمال کر سکتا ہے۔ پولس اور فلپیوں کے درمیان پولس رسول کا تعلق اور رشتہ ہمارے لئے ایک مثال ہے اور ہمیں مسیح کے بدن کی اہمیت اور اُس کی حوصلہ افزائی اور معاونت کا درس دیتا ہے۔اِس خط کی خاص بات دُکھوں اور امتحانوں کے تعلق سے پولس رسول کی تعلیم ہے۔نہ صرف ہمیں یہاں پر دُکھوں میں پولس رسول کے روّیے کی جھلک نظر آتی ہے بلکہ اِس خط میں پولس رسول ہمیں یہ بھی بتاتا ہے کہ کس طرح ہمیں راست طریقہ سے مسائل اور مشکلات کا سامنا کرنا ہے۔ وہ خداوند کی طرف ہماری توجہ مرکوز کراتا ہے جو دُکھوں، مسائل اور مشکلات پر قادر خدا ہے۔ وہ ہمیں تعلیم دیتا ہے کہ ہمارا روّیہ کیسا ہونا چاہئے۔ وہ ہمیں تلقین کرتا ہے کہ ہم خداوند کی قدرت اور اُس کے زور میں بڑھتے اور ترقی کرتے چلے جائیں۔

باب 1

تمہارے لئے خداوند کی شکر گزاری

فلپیوں 1 باب 1-11 آیت

پولس رسول نے فلپی کے علاقہ میں موجود ایمانداروں کو یہ خط لکھا۔ فلپی شہر فوجی چھاؤنیوں کی وجہ سے بھی مشہور تھا اور اکثر اُس کے شہروں، گلیوں اور بازاروں میں فوجی گشت کرتے ہوئے بھی دکھائی دیتے تھے۔ یہاں اِس شہر میں پولس اور سیلاس کی خدمت کے وسیلہ سے

خدا کا بہت بڑا کام شروع ہو گیا تھا۔ اعمال 16 باب میں ہمیں اس بات کا ثبوت ملتا ہے کہ یہ دونوں خدام فلپی شہر میں خدمت کے لئے گئے تھے۔ پولس رسول نے لُدیہ نام عورت کو انجیل کا پیغام سنایا تھا۔ اُس نے پولس رسول اور اُن سب کے لئے اپنا گھر کھول دیا تھا جو انجیل کا پیغام سننے میں دلچسپی رکھتے تھے۔ فلپی شہر میں پولس کی خدمت آسان نہیں تھی۔ اُسے مارا کوٹا اور ستایا گیا، لیکن جیل میں بھی خدا نے اُس کے وسیلہ سے ایک حیرت انگیز کام کیا، قید خانہ کا دراوغہ اور اُس کا گھرانہ خداوند پر ایمان لے آیا۔ اس زبردست آغاز سے خدا نے اس شہر میں ایک قوت اور قدرت سے معمور کلیسیا قائم کر دی۔

جس وقت پولس رسول نے یہ خط لکھا، اس وقت کلیسیا کافی مضبوط ہو چکی تھی۔ 1 آیت پر غور کریں، پولس اور تیمتھیس نے اس علاقہ کے مقدسین کو بھی لکھا اور ساتھ ہی نگہبانوں اور ڈیکنز کو بھی مخاطب کیا۔ اس کا مطلب یہ ہے کہ پولس رسول کی غیر موجودگی میں بھی فلپی شہر میں خدا کا کام افزائش کر رہا تھا۔ بالعموم پولس رسول کسی بھی جگہ پر زیادہ

وقت نہیں ٹھہرا کرتا تھا۔ وہ یہاں پر آیا اور اُس نے خوشخبری کی منادی کی اور پھر قائدین کی ایک جماعت بھی تیار کی۔ پھر اُس نے نئے ایمانداروں کو وہاں پر خدمت کے اس کام کو آگے بڑھانے کا موقع دیا جسے اس نے پاک روح کی رہنمائی اور خدا کے کلام کے وسیلہ سے شروع کیا تھا۔

پولس رسول کلیسیا کو اس فضل اور اطمینان کی یاددہانی سے آغاز کرتا ہے جو مسیح یسوع اور خدا باپ کی طرف سے ملتا ہے۔ فضل خدا کی وہ مہربانی اور عنائت ہے جو ہماری کسی لیاقت اور خوبی کی بنا پر نہیں بلکہ اُس کے رحم اور ترس کے باعث ہم پر کی جاتی ہے۔ اطمینان کا تعلق اس دنیا میں خدا اور اُس کے مقاصد کے ساتھ ہم آہنگ ہونے سے ہے۔ بہت سے لوگوں کو اپنی زندگیوں میں خدا کے اطمینان اور خدا کی مہربانی اور عنائت کی ضرورت ہے۔ تاہم یہاں پر پولس رسول ایمانداروں سے مخاطب ہے۔ فضل صرف غیر ایمانداروں کے لئے ہی نہیں ہے۔ ایماندار ہوتے ہوئے ہمیں بھی خدا کے فضل اور مہربانی کی ضرورت ہے۔ اسی طرح ہمیں خدا کی طرف سے اطمینان کی بھی ضرورت ہے۔ اگرچہ خدا کے ساتھ ہمارا تعلق اور رشتہ بالکل محفوظ ہے، تاہم اکثر اوقات ہم اس اطمینان کا تجربہ نہیں کر پاتے جو خدا چاہتا ہے کہ ہم اُس کے ساتھ اپنا رشتہ استوار کرتے ہوئے کریں۔ پولس رسول کا دل فلپیوں کے لئے خدا کی شکر گزاری سے معمور تھا۔ جب بھی انہیں فلپی کے ایمانداروں کی یاد آتی تو پولس رسول اُن کے لئے خدا کی شکر گزاری کرتا تھا۔ پولس رسول دُعا کے اسی روّیہ میں زندگی بسر کرتا تھا۔ خدا دن میں کئی مرتبہ ان لوگوں کی یاد پولس کے ذہن میں تازہ کرتا تھا۔ پولس رسول انہیں خدا کے حضور دُعا میں یاد کیا کرتا تھا۔ اس سے ہمیں سبق سیکھنے کی ضرورت ہے۔ دن میں کتنی بار خدا ہمارے ذہن میں لوگوں کی یاد تازہ کرتا ہے؟ بعض اوقات ہمارے ذہن اور دل میں اُن کے لئے کوئی خاص دُعائیہ نکتہ نہ بھی

ہو تو اپنے عزیز و اقارب، دوست احباب، رشتے داروں اور خدا کے مقدسین اور خدا کے خدام کے لئے شکر گزاری ضرور کیا کریں۔

پولس رسول نے فلپیوں کو بتایا کہ وہ جب بھی اُن کے لئے دُعا کرتا ہے تو بڑی خوشی اور پورے دل سے اُن کے لئے دُعا کرتا ہے۔ یوں محسوس ہوتا ہے کہ فلپی کے ایمانداروں نے پولس رسول کے دل میں ایک خاص مقام حاصل کر لیا تھا۔ فلپی کی کلیسیا نے انجیل کے پھیلاؤ میں پولس رسول کا ساتھ دیا تھا۔ جس وقت پولس رسول کی اُن سے ملاقات ہوئی تھی، وہ اس کے ساتھ خدمت میں کھڑے ہوئے اور دُعا میں بھی اُس کے ساتھ ثابت قدمی سے قائم رہے۔ ایسی وفادار کلیسیاؤں کی بدولت ہی پولس رسول نے اَنجیل کی منادی کا کام جاری رکھا۔ اگرچہ وہ پولس رسول کی طرح خدمت نہیں کر رہے تھے، تاہم وہ خدا کی بادشاہی کے کام میں اہم کام سرانجام دے رہے تھے۔

پولس رسول نے فلپی کے ایمانداروں کو باور کرایا کہ خداوند نے جو نیک کام اُن میں شروع کیا ہے وہ اُسے پایہ تکمیل تک بھی پہنچائے گا۔ (6 آیت) اس آیت میں چند ایک چیزوں پر غور کریں۔ اوّل، خدا ہی ہے جو کام کرتا ہے۔ یہ بات سچ ہے کہ پولس رسول فلپی کے علاقہ میں گیا تھا۔ اس نے وہاں پر انجیل کی منادی کی تھی۔ اُس کی خدمت کے وسیلہ سے لوگ مسیح کو جان گئے تھے۔ لیکن پولس رسول اسے اپنا کارنامہ نہیں سمجھتا۔ پولس رسول کو اس بات پر کوئی شک نہیں تھا کہ فلپی کے علاقہ میں نجات کا کام دراصل خدا کا کام تھا۔ ہم اپنے پیاروں کی تبدیلی کے لئے ہر ممکن کوشش کر سکتے ہیں۔ لیکن جب تک خدا کام نہ کرے، دلوں میں تبدیلی واقع نہیں ہو سکتی۔ خدا کی مہربانی اور عنائت کے بغیر ہماری ساری کاوشیں لاحاصل ہیں۔ دلوں کو بدلنا خدا کا کام ہے۔ ہم تو محض ایک وسیلہ ہوتے ہیں۔ لیکن درحقیقت خدا ہی ہے جو کام شروع کرتا اور اُسے پایہ تکمیل تک پہنچاتا ہے۔

میں نے کتنی ہی بار اپنی زندگی میں کئی ایک چیزوں کو تبدیل کرنے کی کوشش کی؟ میں نے اکثر اپنے آپ کو زیادہ منظم کرنے کی کوشش کی ہے تاکہ میں زیادہ سے زیادہ دُعا میں وقت گزار سکوں۔ میں نے کوشش کی کہ بعض باتیں اور بعض خیالات کو اپنے ذہن میں گردش نہ کرنے دوں۔ لیکن سچ تو یہ ہے کہ جب تک خدا ہماری کاوشوں میں شامل حال نہ ہو، اس وقت تک کوئی بھی تبدیلی قائم نہیں رہتی۔ اگرچہ ہم کسی بھی کام میں خدا کے شریک کار ہو سکتے ہیں لیکن قدرت اور طاقت خدا ہی کی طرف سے ملتی ہے۔ جب خداوند یسوع مسیح آسمان پر واپس گیا تو اس نے اپنے پاک روح کو بھیجا تاکہ ایمانداروں کے دلوں میں رہے۔ کسی بھی قسم کی تبدیلی کے لئے لاحاصل کوشش ترک کر کے خدا کے پاک روح کو موقع دے تاکہ وہ آپ کی زندگی میں اس کام کو پایہ تکمیل تک پہنچائے جو اُس نے شروع کیا ہے۔

دوئم۔ 6 آیت کے مطابق، خدا کی یہ مرضی اور ارادہ ہے کہ اس وقت تک ہم میں کام کرنا جاری رکھے جب تک اس کا بیٹا یسوع اس دُنیا میں دوبارہ واپس نہیں آجاتا۔ شائد آپ کی ملاقات ایسے لوگوں سے ہوئی ہو جو یہ سمجھتے بلکہ ایمان بھی رکھتے ہیں کہ وہ روحانی طور پر پختہ، مضبوط اور بالغ ہو چکے ہیں۔ میری ملاقات ایسے لوگوں سے ہوئی ہے جنہوں نے مجھے بتایا کہ اب اُنہیں بائبل مقدس میں سے کچھ سیکھنے کی ضرورت نہیں ہے۔ خدا کے کلام کا یہ حصہ ایسے ہی لوگوں کے لئے ایک سبق ہے۔ پولس رسول ہمیں بتاتا ہے کہ جب تک خدا کا بیٹا یسوع مسیح دوبارہ واپس نہیں آجاتا، اس وقت تک خدا ہم میں کام کرنا جاری رکھے گا۔ بالفاظ دیگر، ہم یہ خیال کر سکتے ہیں کہ ہم پہنچ چکے ہیں، لیکن خدا ہی جانتا ہے کہ ہم اس وقت کس مقام پر ہیں۔ وہ ہماری کانٹ چھانٹ اور تربیت کا کام جاری رکھے گا۔ خدا ہم پر وہ چیزیں بھی ظاہر کرے گا جنہیں ہم نہیں جانتے۔ اور وہ خدا کے ساتھ گہری رفاقت میں

رکاوٹ بنی ہوئی ہیں۔

خدا ہماری زندگیوں میں کام کرنا نہیں چھوڑے گا۔ اس کی یہی دلچسپی ہے کہ وہ ہم میں اس کام کو پایہ تکمیل تک پہنچائے جو اُس نے ہمارے دلوں اور زندگیوں میں کیا ہے۔ گزشتہ سالوں میں خدا نے مجھ پر کئی ایک چیزیں ظاہر کی جنہیں مجھے اپنی زندگی میں سے ختم یا درست کرنے کی ضرورت تھی۔ اکثر میں نے خدا سے ان معاملات کے تعلق سے فریاد کی۔ میرے دل کی یہی لالسا ہے کہ میں زیادہ سے زیادہ خداوند یسوع کی مانند بنتا چلا جاؤں۔ کئی دفعہ تو میں یہ سوچنے لگتا ہوں کہ آیا مجھے فتح حاصل ہو گی یا نہیں، خدا کا یہ وعدہ ہے کہ وہ میری زندگی میں کام کرنا جاری رکھے گا۔ جب تک خدا میری زندگی میں کام کر رہا ہے، اس وقت تک اُمید باقی ہے، وہ میری زندگی کے تمام حالات کے وسیلہ سے میری کانٹ چھانٹ کر رہا ہے، بعض اوقات حالات اور صورتحال بڑی دشوار ہو جاتی ہے، بعض اوقات ہم خدا کی تربیت اور تنبیہ کو روکنے کی کوشش کرتے ہیں۔ ہمارے لئے یہی اچھا ہے کہ ہم خدا کو موقع دیں کہ وہ اس کام کو ہم میں جاری رکھے جو اُس نے شروع کیا ہے۔ پولس رسول کو یہ اعتماد تھا کہ خدا فلپیوں میں اپنا کام جاری رکھے گا۔

پولس رسول اس وقت حالت قید میں تھا، اس کے باوجود، پولس رسول کے پاس شُکر گزاری کی بہت سی وجوہات تھیں۔ وہ دُعا میں فلپیوں کے لئے خوشی اور شادمانی منا رہا تھا۔ اس کے کڑے امتحان کے وقت بھی پولس رسول کے فلپیوں کے لئے احساسات اور جذبات میں کوئی تبدیلی پیدا نہیں کی تھی۔ وہ اُنہیں ایسے لوگوں کے طور پر دیکھ رہا تھا جنہوں نے اُس کی طرح خدا کی مہربانی اور رحم و ترس کو حاصل کیا تھا۔ وہ اُس کے ہم خدمت بھی تھے اور خدا کے فضل اور رحم میں بھی اس کے شریک کار بھی۔ خدا جانتا تھا کہ پولس رسول مسیحی محبت میں کس قدر فلپیوں کا مشتاق تھا۔

پولس رسول 9 آیت میں یہ دُعا کرتا ہے کہ یہ ایماندار زیادہ سے زیادہ خدا کی محبت کا تجربہ کریں اور اُس کی پہچان اور عرفان اور اُس کے کلام کے فہم و ادراک میں ترقی کرتے اور بڑھتے چلے جائیں۔ یہاں پر ایک توازن پر غور کریں۔ پولس یہ چاہتا ہے کہ وہ خدا کی محبت کا گہرا تجربہ کریں، لیکن یہ بات خدا کے کلام کے فہم و ادراک سے منسلک ہے۔ مسیح کے لئے ہماری محبت، اس کی پہچان اور عرفان خدا کے کلام کے اس حصہ کے مطابق باہم ساتھ ساتھ چلنا چاہئے۔ بعض اوقات لوگ خدا سے محبت پر زور دیتے ہیں لیکن خدا کے کلام کے مطالعہ کو کم اہمیت دیتے ہیں۔ بعض لوگ ایسے بھی ہیں جو خدا کی پہچان اور عرفان پر زور دیتے ہیں لیکن پورے دل سے اُسے محبت کرنے میں ناکام رہتے ہیں۔ پولس رسول کے دل کی یہی لالسا تھی کہ فلپیوں خدا کی محبت کے ساتھ ساتھ اس کی پہچان اور عرفان اور اپنی زندگی میں اُس کے مقصد اور ارادے کے علم میں بھی ترقی کریں۔ اس توازن کو حاصل کرنے کے بعد ہی فلپیوں خدا کے حضور پاک اور بے عیب ہو سکتے تھے۔ (10 آیت)

علم و معرفت اور محبت کا یہ توازن وہ زرخیز سرزمین ہے جہاں پر راستبازی کا پھل افزائش پاتا ہے۔ (11 آیت دیکھیں) کلیسیا اور دُنیا بھر کے ایماندار لوگوں کو اس توازن کو اپنانے کی ضرورت ہے۔ ایک کلیسیا محبت کے بغیر علم و معرفت پر زور دیتی ہے تو دوسری محبت کو اہمیت دیتے ہوئے علم و معرفت اور مسیح کی پہچان کو نظر انداز کر دیتی ہے۔ حقیقی راستبازی کا پھل ایسی زمین پر اُگتا ہے جہاں محبت اور سچائی میں ایک توازن موجود ہو۔ اسی صورت میں ہم بطور کلیسیا اور انفرادی طور پر خداوند یسوع کے لئے عزت اور جلال کا باعث ہو سکتے ہیں۔

پولس رسول ہم ایمان لوگوں کو یاد دہانی کراتا ہے کہ کوئی بھی کامل نہیں ہے۔ خدا ہمیں ترک نہیں کرے گا اور نہ ہی ہم سے دستبردار ہو گا۔ اس نے وعدہ کیا ہے کہ وہ اُس کام کو

جاری رکھے گا جو اس نے ہم میں شروع کیا ہے۔ اُس کی یہی مرضی ہے کہ نہ صرف ہم اُس کی محبت میں ترقی کریں بلکہ اُس کی معرفت اور پہچان میں بھی ترقی کرتے چلے جائیں۔ لازم ہے کہ ہم اپنے محبت کرنے والے آسمانی باپ کے سامنے جھک جائیں۔ اور وہ ہمیں اپنے بیٹے یسوع کی صورت اور شبیہ پر ڈھالتا چلا جائے۔ پولس رسول کے دل کی یہی لالسا اور پکار ہے کہ فلپی کے ایماندار خدا کو موقع دیں کہ وہ اُس کام کو اُن کی زندگیوں میں جاری رکھے جو اُس نے اُن کے درمیان شروع کیا تھا۔

چند غور طلب باتیں

☆۔ یہ حوالہ اُن لوگوں کے لئے پولس رسول کے دل کے تعلق سے کیا بیان کرتا ہے جن کے درمیان پولس رسول خدمت کرتا تھا؟

☆۔ جن لوگوں کے درمیان آپ خدمت کرتے ہیں، اُن کے لئے آپ کے دل کا روّیہ کیسا ہے؟

☆۔ ہمارے لئے اس بات کو سمجھنا کیوں کر اہم ہے کہ خدا کی بادشاہی کا کام ہمارا نہیں ہے۔ اس طرزِ فکر سے ہماری خدمت پر کیا اثرات مرتب ہوتے ہیں؟

☆۔ آپ کو اس حقیقت سے کیا تقویت اور تسلی ملتی ہے کہ خدا اپنے بیٹے کی آمدِ ثانی کے وقت تک ہمارے ساتھ مل کر کام کرنا چاہتا ہے؟ آپ کی زندگی میں کون سے ایسے علاقہ جات ہیں جن میں خداوند کو کام کرنے کی ضرورت ہے؟

☆۔ یہاں پر ہم محبت اور سچائی (علم و معرفت) کے درمیان توازن کے تعلق سے کیا سیکھتے ہیں؟ کیا آپ نے اپنی کلیسیا اور شخصی زندگی میں اس توازن کو دیکھا ہے؟

چند اہم دُعائیہ نکات

☆۔ خداوند سے دُعا کریں کہ آپ کو اُن لوگوں کے لئے گہرا جذبہ اور محبت عطا کرے جن کے درمیان آپ خدمت کرتے ہیں۔

☆۔ خداوند کی شکر گزاری کریں کہ وہ اب بھی آپ کی زندگی میں کام کر رہا ہے۔

☆۔ خداوند سے دُعا کریں کہ وہ جہاں ضروری ہے آپ کی زندگی میں کانٹ چھانٹ کرے۔

☆۔ خداوند سے دُعا کریں کہ وہ آپ کی کلیسیا اور شخصی زندگی میں آپ کو ایک توازن فراہم کرے۔

☆۔ خداوند سے ایسے وقتوں کے لئے معافی مانگیں جب آپ اپنی زندگی میں اُس کے کام کے لئے اُس کے تابع نہ ہوئے۔

باب 2

بدی سے نیکی

فلپیوں 1 باب 12-19 آیت

زندگی میں چند ایک باتیں یقینی ہوتی ہیں، جلد یا بہ دیر ہماری زندگی میں کچھ ناخوشگوار واقعات ضرور رونما ہوتے ہیں۔ اس بات کو سمجھنا اکثر اوقات عقل و فہم سے بالا تر ہوتا ہے کہ کس طرح یہ نامساعد حالات و واقعات بھلائی پیدا کر سکتے ہیں۔ حتیٰ کہ پولس رسول کو بھی زندگی کے دشوار گزار راستوں پر چلنا پڑا۔ جس وقت پولس رسول نے یہ خط لکھا وہ اَنجیل کی منادی کرنے کے باعث قید خانہ میں تھا۔

12 آیت میں پولس رسول فلپیوں کو اِس بات کی یاددہانی کرانے سے آغاز کرتا ہے کہ اُس کے ساتھ جو کچھ بھی ہوا اس سے خدا کی بادشاہی کو وسعت ملی۔ پولس رسول کی خدمت بڑی زبردست تھی۔ اس کی بشارتی کاوشوں سے بہت سے لوگ مسیح یسوع کے پاس آ گئے تھے۔ کس طرح ایک عظیم رسول کی حالت قید خدا کی بادشاہی کی وُسعت اور پھیلاؤ کا باعث ہو سکتی ہے؟

خدا کی راہیں ہماری راہوں سے قطعی مختلف ہیں۔ جو کچھ ہمیں ایک ڈراؤنا خواب معلوم ہوتا ہے، بالآخر وہی حالات اور صورتحال ہماری رہائی کا باعث بن جاتے ہیں۔ کیونکہ ہمارا خدا زحمت سے رحمت پیدا کرنے کی قدرت رکھتا ہے۔ جب یوناہ نے بہت بڑی مچھلی کو کھلے منہ کے ساتھ اپنی طرف آتے دیکھا ہوگا، تو یقیناً اُس نے اُسے اپنی رہائی کا انتظام نہیں سمجھا ہوگا۔ لیکن حقیقت تو یہی تھی۔ خدا کسی اور اچھے وسیلے کو استعمال کرتے ہوئے بھی یوناہ کو

ساحل سمندر پر لا سکتا تھا۔ لیکن خدا نے ایسا نہیں کیا۔ ہم بعض اوقات سمجھ نہیں پاتے کہ خدا کیوں اس طرح کے حالات اور واقعات اور ذرائع بروئے کار لا رہا ہے۔ لیکن ایک بات یقینی ہے کہ خدا ہر ایک صورتحال کے پیچھے ایک مقصد رکھتا ہے۔

پولس رسول کی حالت قید سے جیل احکام کو علم ہو گیا کہ وہ مسیح پر ایمان رکھنے اور اس کا پیغام دنیا کو سنانے کے باعث قید میں ہے۔ خدا کی بادشاہی کے لئے یہ ایک زبردست گواہی تھی کہ یہاں پر ایک ایسا آدمی ہے جو اپنے ایمان کی خاطر کھڑا ہونے سے نہیں ڈرتا۔ یہاں پر ایسا آدمی ہے جو اپنے ایمان کی خاطر اپنی جان بھی قربان کرنے کے لئے تیار ہے۔

فلپائن کے دورے پر، مجھے ایک واقعہ سنایا گیا کہ ایک مشنری جوڑے کو ایک انتہا پسند گروپ نے ایک سال تک یرغمال بنائے رکھا۔ بالاخر آدمی کو ہلاک کر دیا گیا۔ مجھے بتایا گیا کہ اس کی شہادت نے ذہن میں یہ سوال پیدا کر دیا کہ آیا اُنہیں بھی انجیل کی خاطر مرنے کے لئے تیار رہنا ہو گا۔ نتیجتاً مزید کئی ایک مشنریز نے بلا خوف و خطر اپنے آپ کو مسیح اور اس کی خدمت کے لئے وقف کر دیا۔ اکثر ہم اپنے ایمان میں کمزور اور سُست پڑ جاتے ہیں۔ ایذاہ رسانی سے مسیح کے بدن میں ایسی ہلچل پیدا ہوتی ہے جو اُنہیں عملی قدم اُٹھانے پر اکساتی ہے۔ ایذا رسانی میں مسیح کے بدن کو تقویت ملتی ہے۔ ریاکار لوگ بے نقاب ہوتے ہیں۔ لیکن وفادار، دیانتدار اور ثابت قدم لوگ اور بھی زیادہ مضبوط ہو جاتے ہیں۔ یہی کچھ پولس رسول کی حالت قید سے ظہور پذیر ہو رہا تھا۔

پولس رسول نے فلپیوں کو یاد کرایا کہ اُس کی قید کی وجہ سے بہت سے دوسرے خدام کو تقویت ملی اور وہ مضبوط ہو گئے۔ (14 آیت) اُنھوں نے پولس رسول کے نمونے کی پیروی کی تو اور بھی دلیر ہو گئے۔ اور پر جوش انداز سے انجیل کے پیغام کی منادی کرنے لگے۔ پولس رسول کو اس بات کا احساس تھا کہ ہر کوئی درست محرکات اور دل سے انجیل کی

منادی نہیں کر رہا۔ بہت سے لوگ خود غرض روّیہ کے ساتھ انجیل کی منادی کر رہے تھے۔ اُن کا محرک یہی تھا کہ لوگ اُنہیں جانیں اور اُن کی بلے بلے ہو، کیونکہ پولس رسول اس وقت قید خانہ میں تھا۔ بعض ایسے خدام بھی تھے جو مخلص دل سے انجیل کی منادی کر رہے تھے۔ اُن کے دلی محرکات بالکل درست تھے۔ اُن لوگوں کو معلوم تھا کہ پولس رسول کو انجیل کی منادی کے باعث قید خانہ میں ڈالا گیا ہے۔ اُنہوں نے پولس رسول کی جگہ لیتے ہوئے انجیل کی منادی کا کام اس کی غیر موجودگی میں جاری رکھا۔

خدا اور اس کی راہوں کے تعلق سے کئی ایک چیزیں ہیں جو ہماری سمجھ سے بالاتر ہی رہیں گی۔ ایک عظیم رسول اپنی صلاحیتوں اور بہت بڑی خدمت کے باوجود سلاخوں کے پیچھے تھا۔ اِس کے برعکس خود غرضانہ محرکات کے ساتھ منادی کرنے والے مناد بالکل آزاد گھوم پھر رہے تھے۔ خدا کی راہیں کامل ہیں، تاہم جو کچھ بھی وہ کرتا ہے اس کے پیچھے ایک مقصد پنہاں ہوتا ہے۔ ہو سکتا ہے کہ آپ ایک عرصہ سے چھوٹے سے کام کاج میں جانفشانی کر رہے ہیں جس کا حاصل نہ ہونے کے برابر ہے۔ ہو سکتا ہے کہ آپ بیماری کی وجہ سے بستر کے ہو کر رہ گئے ہیں۔ یا پھر شائد ایک کے بعد ایک مسئلہ اور مشکل آپ کی راہ روک لیتی ہے۔ یہ سوچ کس قدر آسانی سے ہمیں آدباتی ہے کہ چونکہ یہ سب کچھ ہمارے ساتھ واقع ہو رہا ہے، یقیناً خدا ہمیں ہماری خطاؤں اور غلطیوں کی سزا دے رہا ہے۔ تاہم پولس رسول کی قید کسی گناہ کی سزا کا نتیجہ نہیں تھی۔ خدا پولس رسول کی قید سے ایک مخصوص مقصد اور منصوبہ رکھتا تھا۔ بالکل ایسے ہی خدا آپ کی مشکلات اور مسائل کے پیچھے ایک مقصد رکھتا ہے۔

پولس رسول کو اس بات کی فکر نہیں تھی کہ دوسرے اس کے بارے میں کیا سوچ رہے ہیں یا اس کے تعلق سے کیسی کیسی باتیں کر رہے ہیں۔ اسے اس بات کی بھی پرواہ نہیں تھی

کہ بعض لوگ غلط محرکات کے ساتھ خدا کے کلام کی منادی کر رہے ہیں۔ اہم بات یہ تھی کہ کسی نہ کسی طرح سے انجیل کی منادی ہو رہی تھی۔ آئیں اس بات کو مزید تفصیل سے دیکھتے ہیں۔

پولس رسول ہمیں یہ نہیں بتا رہا کہ ہم اپنی ذات اور پہچان کو فروغ دینے کی نیت سے انجیل کی منادی کریں۔ ہمیں دُرست اور خالص محرکات سے مسیح کی منادی کرنے کی کوشش کرنی چاہیے۔ خدا کا بندہ پولس رسول ہمیں یہ بتا رہا ہے کہ خدا جسے چاہے استعمال کر سکتا ہے۔ ہمارے دَور میں بھی اس کے شواہد دیکھنے کو ملتے ہیں۔ آپ نے ایسے لوگوں کے بارے میں بھی سن رکھا ہو گا جو اس وجہ سے منادی کرتے ہیں تا کہ لوگ جانیں کہ وہ بھی کچھ کرنے کی صلاحیت رکھتے ہیں۔ ایسے لوگ دوسرے لوگوں کو اپنے پیچھے لگانے یا اپنے پیروکار کھڑے کرنے کی نیت سے خدمت کا کام کرتے ہیں۔ بلاشبہ ایسے لوگوں کے محرکات درست نہیں ہوتے، تاہم خدا انہیں بھی اپنے کلام کی منادی کے لئے استعمال کر رہا ہوتا ہے۔ ایسے بدنیت منادوں کی ایک دن عدالت تو ہو گی اور وہ بے نقاب ہو جائیں گے۔ ایسے لوگ جو خدا کے ساتھ اپنا تعلق، رفاقت اور شراکت درست رکھنے کے خواہشمند ہیں، لازم ہے کہ وہ ایسے لوگوں کے محرکات سے آگاہ اور باخبر رہیں۔ ہمیں کس قدر زیادہ خدا کے شکر گزار ہونے کی ضرورت ہے کہ وہ ہماری خامیوں اور کوتاہیوں کے باوجود ہمیں استعمال کرنے کی قدرت رکھتا ہے۔ اگر اُسے دُرست اور کامل لوگ ہی درکار ہوں تو ہم میں سے کوئی بھی اس کے معیار پر پورا نہ اُتر سکے۔

یہاں پر ایک دوسرا نکتہ بھی قابلِ غور ہے۔ دوسروں کے محرکات اور نیت کی عدالت ہمارا کام نہیں ہے۔ پولس رسول نے یہ معاملہ خدا کے ہاتھوں میں ہی دیا۔ ہم کس قدر جلد لوگوں کی نیت پر شک کرنے اور اُن کے محرکات کو غیر واجب اور غیر مناسب قرار دینے

لگتے ہیں۔ پولس رسول ہمیں یہاں پر انجیل کے پیغام کی منادی جاری رکھنے کی نصیحت کر رہا ہے۔ بہت سے لوگ اپنا وقت دوسروں پر نکتہ چینی میں ہی صرف کر دیتے ہیں۔ آج کلیسیا تفرقوں اور تنقید سے بھری ہوئی ہے۔ ہر طرح کے معاملات ہمیں گروپس میں تقسیم کر دیتے ہیں۔ ہمیں کئی دفعہ دوسروں کا طرزِ پرستش پسند نہیں آتا اور جس طرح سے وہ مناد ی کر رہے ہوتے، ہماری سمجھ سے بالاتر ہوتا ہے۔ اس لئے ہم اُنہیں رد کر دیتے اور ان سے علیحدگی اختیار کر لیتے ہیں۔ ہم یہ دیکھنے اور سمجھنے میں ناکام رہتے ہیں کہ خدا نے اُنہیں بھی اپنی خدمت کے لئے چنا ہے اور خدا اُنہیں اپنے طریقہ کار سے استعمال کر رہا ہے۔

یہ بات درست تھی کہ پولس رسول نے مختلف طریقہ سے منادی کی تھی۔ اُس کے محرکات اور ارادے بھی دوسروں سے مختلف تھے۔ لیکن اس کے باوجود خدا کی بادشاہی پھیل رہی اور خدا کے کلام کی منادی ہو رہی تھی۔ کیا آپ اس بات سے خوشی محسوس کرتے ہیں کہ اس کلیسیا کے وسیلہ سے خدا کی بادشاہت کو وُسعت مل رہی ہے جسے آپ بالکل بھی پسند نہیں کرتے؟ کیا آپ اس بات سے شادمان اور خدا کے شکر گزار ہو سکتے ہیں کہ ایک دوسرا خادم جس کی خدمت اور تعلیم قدرے آپ سے مختلف ہے، بہت کامیاب اور پھلدار خدمت سر انجام دے رہا ہے؟ پولس رسول کے دل کی لالسا یہی تھی کہ لوگ مسیح یسوع کو اپنا نجات دہندہ قبول کر کے جہنم کی آگ سے بچ جائیں۔ اس کے لئے یہی بہت بڑی خوشی تھی کہ مسیح کی منادی ہو رہی تھی۔

19 آیت میں، پولس رسول نے خداوند یسوع مسیح پر اپنے اعتماد اور بھروسے کی تصدیق کی اور اپنی زندگی کے لئے خدا کے الٰہی منصوبے کو تسلیم کیا۔ پولس رسول پر اعتماد تھا کہ یہ ایماندار اس کے ساتھ دُعا میں متفق تھے کہ خدا اُس کے دُکھوں، مسائل اور مشکلات کے وسیلہ سے بھی اپنا ایک عظیم کام سر انجام دے گا۔

میں نہیں جانتا کہ آج آپ کس مشکل سے دوچار ہیں، تاہم آپ کی صورتحال پر بھی اسی اصول کا اطلاق ہوتا ہے۔ خدا ہمیں درجہ بدرجہ بلوغت اور پختگی کی طرف لے جا رہا ہے۔ وہ ہمیں اپنے بیٹے خداوند یسوع مسیح کی کامل پہچان اور عرفان دے رہا ہے۔ وہ ہماری زندگی میں موجود گناہ کے ہر ایک جوئے اور بندھن کو توڑ رہا ہے۔ بعض اوقات خدا جن حالات، وسائل اور واقعات کو ہماری تربیت پختگی، مضبوطی اور سدھار کے لئے استعمال کرتا ہے، وہ بہت عجیب معلوم ہوتے ہیں۔ تاہم پُریقین رہیں کہ خدا اپنے مقاصد کو ہماری زندگی میں پایہ تکمیل تک پہنچائے گا۔

چند غور طلب باتیں

☆۔ کیا آپ نے کبھی دیکھا ہے کہ خداوند نے کسی بُری چیز کو آپ کی زندگی میں بھلائی پیدا کرنے کے لئے استعمال کیا ہو؟ وضاحت کریں۔

☆۔ یہاں پر ہم خدا اور اُس کے مقاصد اور منصوبوں کے تعلق سے کیا سیکھتے ہیں؟ کیا خدا ہمیشہ ہماری توقع کے مطابق کام کرتا ہے؟

☆۔ مسیح یسوع میں اپنے بھائیوں اور بہنوں کی عدالت کرنے کے تعلق سے ہم یہاں پر کیا سیکھتے ہیں؟ دوسری کلیسیاؤں کے ایمانداروں کے ساتھ آپ کے تعلقات کیسے ہیں؟ کیا آپ خدا کی شکر گزاری کر سکتے ہیں کہ خدا اُنہیں اپنے جلال کے لئے بڑی قدرت سے استعمال کر رہا ہے؟

☆۔ دُکھوں اور امتحانوں میں پولس رسول کا روّیہ کیسا ہے؟ کیا آپ کا روّیہ بھی پولس رسول جیسا ہے؟

چند اہم دُعائیہ نکات

☆۔ خداوند سے ایسے وقتوں کے لئے معافی مانگیں جب آپ اس بنا پر اپنے مسیحی بھائیوں اور بہنوں کی عدالت اور اُن پر نکتہ چینی کرتے رہے کیونکہ وہ آپ سے قطعی مختلف تھے۔

☆۔ خداوند کی شکر گزاری کریں کہ وہ آپ کی زندگی میں اپنے جلال کو قائم کرنے کے لئے ہر طرح کی صورتحال کو استعمال کر سکتا ہے۔

☆۔ خداوند یسوع مسیح سے اپنے دُکھوں اور مشکل اوقات میں پولس رسول جیسا روّیہ مانگیں۔ خداوند سے مدد مانگیں کہ وہ اپنے مقصد کے لئے آپ کو بہت اعتماد اور بھروسہ عطا کرے۔

باب 3

زندہ رہیں یا مر جائیں

فلپیوں 1 باب 20-30 آیت

پچھلے باب میں ہم نے دیکھا کہ پولس رسول نے فلپیوں کو یاد کرایا کہ کس طرح خدا نے اُس بُرائی کو بھی بھلائی کے لئے استعمال کیا جو اُس کی زندگی میں آئی۔ اگرچہ پولس رسول کا قید ہونا اُس کی خدمت میں رکاوٹ کا باعث تھا، لیکن خدا نے اُس وقت کو بھی انجیل کے پھیلاؤ کے لئے استعمال کیا۔ خواہ کچھ بھی ہو، خدا ہر چیز پر قوّی اور قادر ہے۔ یہ حقیقت ہمارے لئے بڑی تسلی کا باعث ہونی چاہیے۔

اس دُنیا میں رہتے ہوئے در حقیقت ہمیں اس بات کا کچھ علم نہیں ہوتا کہ کس وقت کیا ہو جائے۔ خدا بعض لوگوں کو مشکل اور امتحانوں کی راہ پر چلنے کے لئے بلائے گا۔ لیکن وہ خدا کی قدرت اور اُس کے فضل کو اس دُنیا میں مشکلات اور مسائل پر غالب آکر ظاہر کریں گے۔ بعض ایسے بھی ہوں گے جن کی زندگی پھولوں کی سیج ہوگی۔ دونوں طرح کی صورتحال کو خدا اپنی بادشاہی کے لئے زندگیوں میں جلال قائم کرنے کے لئے استعمال کرے گا۔ ہم اس بنا پر کسی کی عدالت یا اس پر نکتہ چینی نہیں کرسکتے کہ کوئی شخص کس طرح کے حالات و واقعات سے گزر رہا ہے۔ خدا کسی شخص کو آگ میں سے بھی گزار سکتا ہے تاکہ اس بڑے کام کے لئے اسے تیار کرے جو اُس نے اُس کے لئے شخصی طور پر رکھا ہے۔ خواہ دُکھ ہو یا سُکھ ہو، لازم ہے کہ ہم خدا کی تعظیم اپنے حالات و واقعات سے کریں۔

پولس رسول کی اپنی زندگی کے لئے سب سے بڑی دُعا یہی تھی کہ وہ جب خداوند کے حضور

حاضر ہو تو اسے شرمندگی نہ اٹھانا پڑے۔ وہ اپنے ہر کام سے اپنی زندگی میں خداوند کو جلال دینا چاہتا تھا۔ 20 آیت پر غور کریں کہ وہ دل سے اس بات کا مشتاق تھا کہ ایسا ہو۔ پولس رسول اس بات کی توقع کر سکتا تھا کیوں کہ اُس نے ایسا ہونے کے لئے اپنا سب کچھ وقف کر دیا تھا۔ اس نے اپنی طرف سے پوری کوشش کی کہ ایسا طرزِ زندگی اپنائے جو خداوند یسوع کے لئے عزت اور جلال کا باعث ہو۔ اُس نے خداوند کی دی ہوئی نعمتوں، برکات اور فضل کو اپنے نجات دہندہ کے جلال اور تعظیم کے لئے استعمال کیا۔ اگر خدا نے اُسے اس زمین پر رہنے کے لئے بلایا تھا تو اس نے بھی اپنے طرزِ زندگی سے خدا کو عزت اور جلال دیا۔

اگر ہم پولس رسول کے نصب العین کو اپنی زندگی کا حصہ بنائیں تو اس سے ہماری زندگی میں کیا فرق پڑے گا؟ غور کریں کہ پولس رسول خداوند یسوع کو عزت اور جلال دینا چاہتا ہے، خواہ وہ زندہ رہے یا پھر مرے۔ اس وقت آپ کیسے حالات و واقعات سے گزر رہے ہیں؟ کیا آپ دیکھ رہے ہیں کہ پولس رسول یہاں پر کیا بیان کر رہا ہے؟ وہ یہ بیان کر رہا ہے کہ خداوند کیسی بھی صورتحال سے ہمیں دوچار کرے ہمارا مقصدِ حیات یہی ہو کہ ہم نے اس صورتحال میں خدا کو عزت اور جلال دینا ہے۔ لیکن ایسا کرنا ہمیشہ تو آسان نہ ہو گا۔ بعض دُکھوں، ایذا رسانیوں اور حتیٰ کہ قید خانوں میں بھی ڈالے جائیں گے۔ مجھے ایک عمر رسیدہ شخص یاد ہے جو مجھے کبھی ملا تھا۔ اس نے مجھے بتایا کہ اس کا سب سے بڑا خوف یہی ہے کہ کہیں اس کی زندگی سے خداوند کے نام کی توہین نہ ہو۔ کس قدر عظیم مقصدِ حیات تھا۔ خواہ میں تندرست رہوں یا پھر مجھے دُکھوں کا سامنا ہو، میرا نصب العین یہی ہے کہ میری زندگی سے خداوند کو عزت اور جلال ملے۔ میں اپنی خوشحالی اور ہر طرح کی برکات سے خداوند کو عزت اور جلال دینا چاہتا ہوں۔ اگر مجھے ایذا رسانی کا سامنا ہو یا مجھے موت کی

وادی میں سے گزرنا پڑے، میں یہی چاہوں گا کہ ہر صورت میں خداوند کو جلال ملے۔ میں اپنی موت سے بھی خداوند کو سر بلند کرنا چاہتا ہوں۔ پولس رسول کا یہی مقصدِ حیات تھا۔ ہماری زندگی کا نصب والعین بھی یہی ہونا چاہیئے۔

جب پولس رسول اُن مشکلات کے بارے میں سوچتا تھا جن کا ایمانداروں کو سامنا ہوتا ہے، تو وہ اپنے قارئین کو یاد کراتا ہے کہ اگر اُنہیں موت کا بھی سامنا ہو تو اپنی جانیں قربان کرنے سے پیچھے نہ ہٹیں۔ کیونکہ اُن کے مرنے کا مطلب ہوگا کہ وہ خداوند کی ابدی حضوری میں داخل ہو گئے ہیں۔ ایماندار لوگوں کے لئے اس سے بڑی خوشی اور مسرت اور کیا ہو سکتی ہے۔ غور کریں کہ پولس رسول نے 21 آیت میں اپنے قارئین سے کیا بیان کیا ہے۔ اُس نے اُنہیں بتایا کہ جینا اس کے لئے مسیح ہے۔ یہاں پر پولس رسول جو کچھ بیان کر رہا ہے اسے ہم نظر انداز کر کے آگے نہیں بڑھ سکے۔ وہ ہمیں یہ بتا رہا ہے کہ موت ایمانداروں کے لئے برکت ہے۔ اسی طرح زندگی بھی ان کے لئے ایک نعمت ہے۔ اگر آپ خداوند یسوع کو اپنا نجات دہندہ جانتے اور مانتے ہیں، تو پھر جینے کا مطلب یہ ہے کہ آپ اپنی روزمرہ زندگی میں اُس کی حضوری کا تجربہ کریں۔

کچھ عرصہ قبل، مجھے اس حقیقت پر بہت دکھ تھا کہ مجھے خدمت میں بڑی مخالفت کا سامنا ہے۔ میں جس کلیسیا میں، خدمت گزاری کر رہا تھا، وہاں پر ایک کے بعد ایک مسئلہ کھڑا ہو رہا تھا۔ میں نے اس صورتحال کے متعلق خداوند سے دُعا کی۔ میں نے دُعا میں خداوند کو وہ واقعہ یاد کرایا جب پہاڑ پر خداوند یسوع مسیح کی صورت بدل گئی تھی اور شاگرد بھی اُس کے ہمراہ تھے۔ میں نے خداوند سے دُعا کی کہ مجھے بھی شاگردوں جیسا تجربہ عطا کرے۔ خداوند نے مجھے فی الفور دانی ایل کے تین دوست یاد کرائے، جنہیں آگ کی بھٹی میں ڈالا گیا تھا۔ پھر خداوند نے میرے دل سے کلام کیا، " وین، کیا تو یہ سمجھتا ہے کہ ان شاگردوں

کو دانی ایل کے اُن تین دوستوں سے زیادہ بڑا تجربہ ہوا تھا جنہیں آگ کی جلتی بھٹی میں ڈالا گیا تھا؟ تھوڑی دیر کے لئے میں نے اُس پر غور کیا، کہ پہاڑ پر اور آگ کی جلتی بھٹی، دونوں جگہ پر خدا کی قدرت بڑی زبردست تھی۔ میں یہ کہنے کی کوشش کر رہا ہوں، خدا موت ہو یا زندگی، ہم سے وعدہ کرتا ہے، وہ صرف ہمارے ساتھ اچھے حالات میں ہی نہیں ہوتا۔ وہ برے وقتوں میں بھی ہمارے ساتھ ہوتا ہے۔ اُس کی حضوری ہر جگہ پر ایک جیسی ہوتی ہے۔ مقدس پولس رسول نے اپنے قارئین کو یہ بھی بتایا کہ مرنا اُس کے لئے نفع ہے۔ لیکن جینا اس کے لئے مسیح ہے۔

پولس رسول کے لئے اس دُنیا میں رہنے کا یہی فائدہ تھا کہ وہ جسم میں رہتے ہوئے کلیسیا میں خدمت کا سلسلہ جاری رکھ سکتا تھا۔ یعنی وہ زمین پر رہتے ہوئے دوسروں کے لئے بہت زیادہ باعث برکت ہو سکتا تھا۔ پولس رسول کا دل خادمانہ روّیہ رکھنے والا دل تھا۔ وہ اپنے لئے زندہ نہیں تھا۔ اس کا مقصدِ حیات یہ نہیں تھا کہ وہ زیادہ سے زیادہ مسیح یسوع میں حاصل شدہ برکات اور نعمتوں سے لطف اُٹھائے۔ اُس کی زندگی کا مقصد یہ بھی نہیں تھا کہ وہ زیادہ سے زیادہ مال و متاع جمع کر لے۔ پولس رسول کا مقصدِ حیات اور نصب العین ایک ہی تھا، یعنی خداوند اور اس کے لوگوں کی خدمت کرنا۔ آپ کی زندگی کا مقصد کیا ہے؟

پولس رسول یہ جانتا تھا کہ ایمانداروں کو اِس زمین پر اُس کی ضرورت ہے۔ (24 آیت) پولس رسول موت سے خوفزدہ نہیں تھا۔ وہ خداوند کے حضور کھڑا ہونے کے لئے تیار تھا۔ اُس نے بھرپور زندگی بسر کی اور کبھی شرمندگی کا سامنا نہ کیا۔ تاہم اسے علم تھا کہ اُس کا کام ابھی پورا نہیں ہوا۔ اُس نے اُس کام کو مکمل کرنے کے لئے زندگی بسر کی جس کے لئے خدا نے اُسے بلایا تھا۔ اس بات کو ذہن میں رکھتے ہوئے، پولس رسول نے مسیح کے لئے

اس دُنیا میں زندگی بسر کی۔ غور کریں۔ 25 اور 26 آیت میں، اُس کی خدمت کا مقصد اور ہدف نظر آرہا ہے۔ وہ یہی چاہتا تھا کہ فلپیوں اپنے ایمان کی خوشی میں آگے بڑھتے اور ترقی کرتے چلے جائیں۔

اپنی زندگی کے ایک اچھے خاصے وقت میں، میں نے خوشی کو ایک طرف ہی رکھا۔ میں یہ دیکھنے سے قاصر رہا کہ خوشی اور ایمان میں ایک تعلق پایا جاتا ہے۔ میرے لئے ایمان یہی تھا کہ میں خداوند کی تابعداری میں زندگی بسر کروں اور درُست تعلیم پر ایمان رکھوں۔ میں نے شخصی اور خداوند کے ساتھ گہری رفاقت کے خیال سے ایک کشتی لڑی جو میرے دل میں خوشی پیدا کر سکتی تھی۔ میں یہی محسوس کرتا رہا کہ اگر میں تابعداری کی زندگی بسر کروں اور درست باتوں پر ایمان رکھوں، تو تب ہی خداوند کی تعظیم میری زندگی سے ہو گی۔ ہمارے لئے یہ دیکھنا بہت اہم ہے کہ اس متن میں پولس رسول خداوند کی تعظیم کرنے کی بات کر رہا ہے۔ یہاں پر پولس رسول ہم پر خوشی کی اہمیت واضح کر رہا ہے۔

حقیقت تو یہ ہے کہ خداوند کی تعظیم خوشی کے بغیر بہت مشکل ہے۔ اگر آپ خفا دل کے ساتھ ہدیہ دیتے ہیں، تو آپ خدا کی تعظیم نہیں کرتے۔ خدا تو خوشی سے دینے والوں کو عزیز جانتا ہے۔ (2 کرنتھیوں 9 باب 7 آیت) اگر آپ کا دل تلخی اور غصے سے بھرا ہوا ہے۔ تو آپ کی خدمت سے رب الافواج کی تعظیم نہیں ہو رہی۔ خداوند تو یہی چاہتا ہے کہ ہم خوشی سے معمور دل کے ساتھ خداوند کی خدمت کریں۔

زبور 100 آیت 2 میں لکھا ہے،" خوشی سے خداوند کی عبادت کرو۔ گاتے ہوئے اُس کے حضور حاضر ہو۔" زبور 85 باب کی 6 آیت میں ایک زبردست حوالہ موجود ہے۔ جو یہ بیان کرتا ہے کہ بیداری اصل میں کیا ہے۔ " کیا تو پھر ہمیں زندہ نہ کرے گا؟" زبور نویس جانتا ہے کہ بیداری تب ہی آئے گی جب خدا کے لوگ پھر سے شادمانی اور خوشی

سے معمور ہوں گے۔ کتنی ہی بار ہم بے دلی اور حوصلہ شکنی کا شکار ہو جاتے ہیں۔ ہم خوشی اور شادمانی سے خالی ایمان کی مشق جاری رکھتے ہیں؟ ہم دُرست کام کرتے اور دُرست باتوں پر ایمان رکھتے ہیں لیکن ہم خوشی اور شادمانی کھو چکے ہیں۔ ہمیں بیدار ہونے کی ضرورت ہے تاکہ ہم پھر سے اس خوشی کی جستجو میں لگ جائیں۔ بیدار ہونے والے لوگوں نے پھر سے خداوند میں خوشی کو حاصل کر لیا ہے۔ وہ اپنے دلوں میں تجدید شدہ خوشی اور شادمانی سے خداوند کی پرستش اور عبادت کرتے ہیں۔ خدا یہی چاہتا ہے۔ خدا ایسے ایمان میں شادمانی محسوس نہیں کرتا جو خوشی اور مُسرت سے بے بہرہ ہو۔ وہ ایمان جو خداوند کی تعظیم کا باعث ہوتا ہے ایسا ایمان ہے جو اس میں خوش اور شادمان رہتا ہے۔ خدا یہ چاہتا ہے کہ ہم اس کے تعلق سے پُرجوش رہیں۔ اُس کے کاموں کو اپنی زندگی میں دیکھ کر خوشی اور شادمانی سے بھر جائیں۔ پولس رسول یہی کچھ فلپی ایمانداروں کی زندگیوں میں دیکھنا چاہتا تھا۔

پولس رسول نے 27 آیت میں ایمانداروں کو تلقین کی کہ وہ اپنا چال چلن انجیل کے مطابق بنائیں۔ ایسا ہمیشہ آسان نہیں ہوتا۔ یہ بات بھی قابلِ غور ہے کہ اُس نے ایمانداروں کو ایمان کے لئے جانفشانی کرنے کے لئے کہا۔ لفظ " جانفشانی " کا معنی ہے کشتی کرنا یا لڑائی کرنا"۔ کون ہے جو ایمان کی اہمیت کو کم کر کے اُسے آلودہ کرنا چاہتا ہے۔ ہمیں آسان اور سہل زندگی کی ضمانت نہیں دی گئی۔ دانی ایل کے دوستوں کی طرح جنہیں آگ کی بھٹی میں ڈال دیا گیا تھا۔ اسی طرح ہمیں بعض اوقات دُکھوں، ظُلم و ستم اور کڑے امتحانوں میں اپنی شادمانی تلاش کرنا ہوگی۔ ایمان کے لئے جانفشانی کرنے کا یہی مطلب ہے۔

پولس رسول کو علم تھا کہ فلپی کلیسیا کو ستانے والے بھی اُٹھیں گے۔ اس نے 28 آیت میں

اُنہیں بتایا کہ وہ ایسے لوگوں سے خوفزدہ نہ ہوں۔ سخت مخالفت میں، ان ایمانداوں کو اپنے آپ کو یاد کرانا تھا کہ مرنا اُن کے لئے نفع ہے۔ اور جینا ان کے لئے مسیح ہے۔ جینا مسیح کا تجربہ کرنا اور اُس کی حضوری کو جاننا ہے۔ پولس رسول نے ایمانداروں کو یاد دہانی کرائی کہ اُن کی شادمان، خوش اور پر مسرت زندگی اُن کے مخالفین کے لئے اس بات کی نشانی ہو گی کہ وہ فنا ہوں گے۔ بالفاظ دیگر، سچائی کی مخالفت کرنے سے وہ کچھ بھی نہیں کر سکتے۔ کیونکہ خدا کی سچائی کوئی بھی ختم نہیں کر سکتا۔ دوئم۔ اگر وہ سچائی کی مخالفت کریں گے تو خدا اُان کی عدالت کرے گا۔

اعمال 5 باب میں، رسولوں کو گرفتار کر کے اُنہیں مجرم ٹھہرانے کی غرض سے صدر عدالت کے سامنے پیش کیا گیا۔ یہودیوں کی عدالت نے رسولوں کی تعلیم کی مخالفت کی۔ وہ رسولوں کا کام تمام کرنا چاہتے تھے۔ گملی ایل جو کہ ایک معزز فریسی تھا، ، وہ اُن کے درمیان شریعت کا استاد بھی تھا۔ اُس نے اُنہیں اس طرح کے مخالفانہ روّیوں اور عملی اقدام سے آگاہ کیا۔

"پس اب میں تُم سے کہتا ہوں کہ اِن آدمیوں سے کنارہ کرو اور ان سے کُچھ کام نہ رکھو۔ کہیں ایسا نہ ہو کہ خُدا سے بھی لڑنے والے ٹھہرو کیونکہ یہ تدبیر یا کام اگر آدمیوں کی طرف سے ہے تو آپ برباد ہو جائے گا۔ لیکن اگر خُدا کی طرف سے ہے تو تُم اِن لوگوں کو مغلوب نہ کر سکو گے۔" (اعمال 5 باب 38-39 آیت)

جنہوں نے فلپی ایمانداروں کی مخالفت کی، اُنہوں نے خود کو ایسی ہی صورتحال میں پایا۔ جس طرح مخالفین رسولوں کو اُن کے ایمان کی راہ سے نہ ہٹا سکے، اسی طرح وہ فلپی کے ایمانداروں کو بھی گمراہ کرنے میں ناکام رہے۔ ایمانداروں کی مخالفت کرنے سے در اصل وہ خدا کی مخالفت کر رہے تھے۔ وہ ایسی جنگ میں مصروفِ عمل تھے جسے وہ جیت نہیں سکتے

تھے۔

29 آیت میں پولس رسول نے ایمانداروں کو بتایا کہ اُنہیں نہ صرف مسیح پر ایمان لانے کا شرف حاصل ہے، بلکہ مسیح کی خاطر دُکھ اُٹھانا بھی اُن کے لئے بڑی عزت کی بات ہے۔ پولس رسول کے نزدیک مسیح کی خاطر دُکھ اُٹھانا بڑے اعزاز کی بات تھی۔ مجھے وقتاً فوقتاً ایسے لوگوں سے بات کرنے کا موقع ملتا رہتا ہے جنہوں نے جنگ عظیم میں حصہ لیا تھا۔ وہ آج بھی اپنے جسم پر گولیوں یا دیگر ہتھیاروں سے لگنے والے نشانات دکھا سکتے ہیں۔ اور جب وہ اپنی فتح اور لڑائی کی بات کرتے ہیں تو انہیں ایک فخر محسوس ہوتا ہے۔ اُن کے لئے فخر کی بات ہے کہ اُنہوں نے اپنے جسم پر اپنے ملک کی خاطر زخم کھائے۔ اُن کے لئے لڑائی میں زخم کھانا فخر کی بات تھی۔ پولس رسول بھی اپنے دُکھوں کو اسی طرح سے دیکھتا تھا۔ جب انجیل کی خاطر اُسے سنگسار کیا گیا تو اُس کے جسم پر زخم لگے۔ اُن کے زخموں کے نشان اب بھی اُس کے جسم پر موجود تھے۔ اس کی کمر پر کوڑوں کی ضربوں کے نشانات بھی موجود تھے۔ جو مسیح یسوع کے لئے اس کی عقیدت اور وفاداری کا منہ بولتا ثبوت تھے۔ اس کے لئے یہ کوئی شرمندگی کی بات نہیں تھی۔ مسیح یسوع کے لئے دُکھ اٹھانا اُس کے لئے فخر کی بات تھی۔ آج ہمیں بھی اپنی زندگی میں ایسا ہی طرزِ زندگی اپنانے کی ضرورت ہے۔

چند غور طلب باتیں

☆۔ آپ کی زندگی کا کیا مقصد ہے ؟ پولس رسول کا حیات مقصد کیا تھا؟ آپ کی زندگی میں کون سی ایسی رکاوٹ ہے جو آپ کو پولس رسول جیسا نصب العین اپنانے میں حائل ہے ؟

☆۔ پولس رسول یہاں پر ہمیں مسیح کے لئے دُکھ اٹھانے کے تعلق سے کیا تعلیم دیتا ہے؟ آپ نے مسیح یسوع کے لئے کس طرح سے دُکھ اُٹھائے ہیں؟

☆۔ پولس رسول اس زندگی میں مسیح یسوع کی حضوری کی حقیقت کے تعلق سے ہمیں کیا تعلیم دیتا ہے ؟ کیا ہمارے لئے یہ ممکن ہے کہ ہم آسمان پر اس قدر توجہ مرکوز کرلیں کہ ہم یہ بھول ہی جائیں کہ خدا نے ہمیں اس وقت اپنی حضوری میں زندگی بسر کرنے کے لئے بلایا ہے؟

☆۔ خوشی اور شادمانی کا خدا کے ساتھ ہمارے تعلق اور رشتے میں کیا کردار ہے ؟

چند اہم دُعائیہ نکات

☆۔ جب آپ خداوند کی خدمت میں مصروف عمل ہیں تو دُعا کریں کہ خدا آپ کو اپنی خوشی اور شادمانی سے بھر دے۔

☆۔ پولس رسول کے نمونے کے لئے خدا کی شکر گزاری کریں کہ خواہ موت ہو یا زندگی وہ خدا کی عزت اور تمجید کرنے کا روّیہ رکھتا تھا۔ خداوند سے پولس رسول جیسا روّیہ اپنی زندگی کے لئے مانگ لیں۔

☆۔ خداوند سے دُعا کریں کہ وہ آپ پر ظاہر کرے کہ کس طرح آپ کی زندگی اس وقت اُس کے لئے عزت اور تمجید کا باعث نہیں ہے۔

باب 4

ویسا ہی مزاج

فلپیوں 2 باب 1-11 آیت

پولس رسول کی زندگی مسیح یسوع اور اُس کے کام کے لئے وقف تھی۔ خواہ زندگی یا پھر موت، وہ ہر لحاظ سے مسیح یسوع کو عزت اور جلال دینا چاہتا تھا۔ بعض اوقات، اس خواہش نے اُسے مختلف صورتحال اور ناگوار اور نامساعد حالات سے دوچار بھی کر دیا۔ اُس نے مسیح یسوع کی خاطر بہت دُکھ اٹھایا۔ اس باب میں، پولس رسول نے فلپیوں کو تلقین کی کہ جب وہ اپنی زندگی میں مشکلات اور مسائل سے گزریں تو وہ مسیح یسوع جیسا مزاج اور روّیہ اپنائیں۔

پولس رسول نے فلپیوں کو اس حوصلہ اور ہمت کی طرف نشاندہی کرتے ہوئے آغاز کیا جو اُنہیں مسیح یسوع کے ساتھ ایک ہونے کی وجہ سے حاصل تھی۔ اُس نے اُنہیں یقین دہانی کرائی کہ وہ اپنی زندگی اور موت میں مسیح یسوع کی حضوری کو جان سکتے ہیں۔ نہ صرف مشکل اوقات اور کڑے امتحانوں میں بلکہ خوشی اور پُرمسرت صورتحال میں بھی۔ ہر طرح کے حالات میں خداوند اُن کے ساتھ تھا۔ خداوند ہر طرح کی صورتحال اور مشکل گھڑی میں اُن کی تسلی اور مدد کے لئے موجود تھا۔ فلپی کے ایمانداروں نے خداوند میں تسلی اور آرام حاصل کیا تھا۔ جب پولس رسول اس آیت میں لفظ " اگر " استعمال کرتا ہے، تو یہاں پر وہ سوال نہیں کر رہا کہ آیا فلپی کے ایمانداروں کو مسیح یسوع میں ایک ہونے سے تسلی ملی ہے یا نہیں۔ وہ جانتا تھا کہ یہ اُن کے لئے ایک حقیقت اور صداقت ہے۔

پہلی آیت پر غور کریں کہ اُن کی تسلی مسیح یسوع میں یگانگت کے باعث تھی۔ وہ کئی لحاظ سے مسیح یسوع کے ساتھ ایک تھے۔ وہ اس کی موت میں شامل تھے، یعنی جب مسیح یسوع صلیب پر موا، تو وہ شخصی طور پر اُن کے لئے مُوا۔ مسیح یسوع نے اُن کی سزا اپنے اُوپر لے لی تھی۔ وہ اس کے جی اُٹھنے میں بھی اُس کے ساتھ شامل تھے۔ اُس نے اپنا پاک روح اُنہیں دیا تھا۔ وہ اب اس کے ہو چکے تھے۔ اُس کی قدرت اور اُنہیں قابل بنا دینے والی قوت اب اُن سے بہہ رہی تھی۔ روح القدس مسیح کے ساتھ ایک تھا، خدا کا پاک روح اُن کی زندگیوں کے لئے اُس کے مقاصد اور خواہشات کی تکمیل کے لئے اُن کی زندگیوں میں موجود تھا۔ اُن کے لئے یہ کس قدر برکت کی بات تھی۔ وہ خداوند اور اُس کے مقاصد کے ساتھ متفق تھے۔ ؛وہ خدا کے دل کی لالسا کو سمجھتے تھے۔ اُن کے دل خداوند یسوع مسیح اور اُس کے مقصد کے ساتھ متفق ہو گئے تھے۔

مسیح کے ساتھ ایک ہوتے ہوئے، اُنہیں بڑی تسلی حاصل تھی۔ حوصلہ افزائی کرنے کا مطلب ہے، تقویت دینا۔ حوصلہ بڑھانا۔ خدا کے لوگوں کے لئے یہ کیسی تسلی اور اطمینان کی بات ہے کہ مسیح یسوع میں وہ ایک ہیں۔ جب ہم مسیح یسوع کے ساتھ یگانگت کو سمجھتے ہیں، تو پھر ہم بڑی دلیری کی زندگی بسر کر سکتے ہیں۔ ہم تنہا نہیں ہیں۔ مسیح یسوع ہم میں ہے، ہم مسیح یسوع میں ہیں، اسی وجہ سے ہم فاتح اور غالب ہیں۔ ہم تنہا نہیں ہیں۔ مسیح یسوع کے ہم میں ہونے کی وجہ سے ہم تقویت اور قوت پاتے ہیں۔ جب وہ مسیح یسوع کے ساتھ ایک ہو چکے تھے تو دشمن اُن کا کیا بگاڑ سکتا تھا؟ ہمیں مسیح یسوع میں کس قدر بڑی اُمید حاصل ہے! زندگی ہو یا پھر موت، ہر صورت میں ہمیں اس سے کس قدر بڑی تسلی اور تقویت ملتی ہے!

1 آیت میں دوسرے بیان پر غور کریں۔ "پس اگر کچھ تسلی مسیح میں اور محبت کی دِل جمعی

اور روح کی شراکت اور رحم دِلی و دردمندی ہے۔" اگرچہ ان فلپی ایمانداروں کی شخصی طور پر کبھی بھی مسیح یسوع سے ملاقات نہیں ہوئی تھی، لیکن پھر بھی یقینی طور پر اُنہوں نے اُس کی محبت کا تجربہ کر لیا تھا۔ اُنہوں نے مسیح یسوع کی اس محبت کو جان لیا تھا جو اُس نے اُن کے لئے صلیب پر ایک عظیم کام سر انجام دے کر ظاہر کی تھی۔ خداوند نے ان کے گناہ معاف کر دیئے تھے۔ وہ اب اُن کے دلوں میں رہتا اور اُن کے روحانی کانوں میں کلام کرتا تھا۔ اُن کی مشکلات اور کڑے وقتوں میں، اُس کی حضوری اُن کے لئے بالکل حقیقی تھی۔ وہ اُسے دیکھ تو نہ سکتے تھے لیکن اُس کی حضوری اُن کے لئے بالکل واضح اور حقیقی تھی۔ وہ اس کی جسمانی آواز تو نہ سن سکتے تھے لیکن وہ جانتے تھے کہ وہ کیا کلام کر رہا ہے۔ اُنہوں نے اُس کی حضوری کو محسوس کیا تھا۔ وہ اس کے وعدوں سے واقف تھے۔ وہ جانتے تھے کہ وہ اُن سے محبت رکھتا ہے۔ یہ اُن کے لئے کس قدر تسلی کی بات تھی!

ایک عرصہ تک میں شاگردوں کے لئے خداوند یسوع کی محبت سے ناواقف رہا، لیکن میں اپنی زندگی میں خدا کی محبت کے لئے اپنے دل کو کھول نہیں رہا تھا۔ میں نے اپنے آپ کو اس لائق ہی نہیں سمجھا تھا۔ اگرچہ میں اس کی محبت کی حقیقت کو روک نہ سکا۔ لیکن میں نے اس تجربہ

کو اپنی زندگی کا حصہ بننے کے لئے رکاوٹ کھڑی کر رکھی تھی ۔ اور وہ رکاوٹ میرے طرزِ فکر میں تھی۔ مجھے خداوند کی محبت سے تسلی نہیں مل رہی تھی کیونکہ میں خداوند کو موقع ہی نہیں دے رہا تھا کہ وہ مجھے تسلی اور تشفی دے۔ اس سے اس حقیقت پر کچھ اثر نہ پڑا کہ وہ مجھ سے محبت کرتا ہے۔ بلکہ اس سے میری روزمرہ زندگی میں اس کی محبت کا تجربہ کرنے میں فرق پڑا۔ پولس رسول یہ سمجھتا تھا کہ فلپیوں خداوند کی محبت کا تجربہ کرنے کے لئے کشادہ دل ہیں۔ اور انہیں خداوند کی محبت سے تسلی مل رہی ہے۔ وہ اپنے دُکھوں

اور آزمائش کی گھڑی میں خداوند کے پاس آکر تسلی پاسکتے تھے۔ اور اُسے موقع دے سکتے تھے کہ وہ اُنہیں تسلی بخشے۔ وہ اپنے دلوں کو کھول کر وہ سب کچھ حاصل کر سکتے تھے جو خداوند ان کے دلوں میں انڈیلنے کے لئے تیار تھا۔

خداوند یسوع سے یگانگت قائم کرنے میں ایک حوصلہ اور تقویت ملتی ہے۔ اور اُس کی محبت میں بڑی تسلی پائی جاتی ہے۔ 1 آیت پر غور کریں، " روح کے ساتھ رفاقت" ایماندار لوگ روح القدس کے ساتھ رفاقت اور شراکت کا تجربہ بھی کر سکتے ہیں۔ خدا کا پاک روح ہمیں خدا کی باتیں سکھانے اور تعلیم دینے کے لئے ہی ہماری زندگی میں سکونت پذیر ہے۔ وہ سب باتوں میں ہماری رہنمائی کرنے کے لئے آتا ہے۔ جب ہم روزمرہ زندگی میں آگے بڑھتے ہیں، وہ ہماری رہنمائی کرتا اور ہمیں تسلی دیتا ہے۔ ہمارے دلوں میں خدا کا پاک روح ہی خدا کی حقیقی حضوری اور موجودگی ہے۔ وہ ہمارے خیالوں اور سوچوں سے واقف ہے اور ہماری جانوں اور ذہنوں سے کلام کرتا ہے۔ اپنے دُکھوں، امتحانوں اور مشکل اوقات میں تسلی اور مشورت حاصل کرنے کے لئے ہم اس کے پاس جاسکتے ہیں۔ جب ہمیں ہر راستہ تاریک نظر آئے تو ہم اُس کی آواز سن سکتے ہیں اور یہ رہنمائی پاسکتے ہیں کہ کس طرف رُخ کریں۔ مسیح کے پاک روح اور ایمانداروں کی رفاقت سے بڑھ کر کوئی اور زبردست اور خوبصورت رفاقت نہیں ہے۔

پولس رسول نے فلپیوں کو یاد کرایا کہ اگر اُنہوں نے مسیح یسوع میں ان برکات کا تجربہ حاصل کر لیا ہے تو وہ ایک دوسرے کے ساتھ اپنے تعلقات میں اُن برکات اور خدا کے رحم اور ترس کو ظاہر کریں۔ اُنہیں اپنے بھائیوں اور بہنوں سے اس محبت کے ساتھ محبت کرنی تھی جو انہیں مسیح یسوع میں حاصل ہوئی ہے۔ اُنہیں روح میں ایک دوسرے کے ساتھ اسی طرح ایک ہونا تھا جس طرح پاک روح اُن کے ساتھ ہو چکا تھا۔ چونکہ وہ ایک ہی

خدا کے ساتھ منسلک تھے، خدا کا ایک ہی مقصد اُن کے پیشِ نظر تھا، اس لئے اُنہیں یکدل بھی ہونا تھا۔ غور کریں کہ فلپیوں نے ایک دوسرے سے اس محبت کے ساتھ محبت کرنی تھی جو انہیں مسیح سے حاصل ہوئی تھی۔ اُنہیں یگانگت اور یکدلی کی مثال پاک روح سے لینی تھی جو ان کے ساتھ ایک ہو چکا تھا۔

2 آیت میں ایک اور چیز پر غور کریں۔ پولس رسول نے اُنہیں بتایا کہ اگر وہ اس طرح سے ایک دوسرے کے ساتھ گہرا تعلق اور رشتہ قائم کریں گے تو اُس کی خوشی اور بھی زیادہ بڑھے گی۔ خوشی پاک روح کا پھل ہے۔ ہمیں یہاں پر یہ سمجھنے کی ضرورت ہے کہ خوشی کا تجربہ حالات و واقعات کے مطابق کم یا زیادہ بھی ہو سکتا ہے۔ پولس رسول کی خوشی اُس سے کوئی چھین نہیں سکتا تھا۔ وہ اپنی زندگی میں خدا کے روح کے پھل کا بھی تجربہ کر سکتا تھا۔ حتیٰ کہ مشکلات اور مصیبتوں میں بھی، تاہم حالات اور صورتحال کے مطابق خوشی کا یہ تجربہ زیادہ بھی ہو سکتا تھا۔ فلپی میں کلیسیا کی حالت سے پولس رسول کو اپنی زندگی میں خوشی کا گہرا تجربہ حاصل ہوا تھا۔

روح کے پھل کے تجربہ اور مسیح کے بدن کے ساتھ میرے باہمی تعلقات میں ایک خاص تعلق پایا جاتا ہے۔ جب لوگوں کے ساتھ میرے تعلقات اچھے اور خوشگوار نہیں ہوتے تو اس وقت روح کے پھل کا تجربہ بھی ماند پڑ جاتا ہے۔ جب ہم ایمان لوگوں کے ساتھ میرے تعلقات کشیدگی کا شکار ہوں تو اس وقت مسیح کے اطمینان اور خوشی اور شادمانی کا تجربہ کرنا مشکل ہو جاتا ہے۔ پولس رسول کی خوشی کا تجربہ اس وقت اور بھی زیادہ گہرا ہو گیا جب اُس نے مسیح یسوع میں بھائیوں اور بہنوں کو ایک دوسرے کے ساتھ محبت بھرے تعلقات میں دیکھا۔ مسیح کے بدن میں ہماری زندگیاں گہرے طور سے ایک دوسرے سے منسلک ہیں۔ میں دوسروں کے ساتھ خوشگوار تعلقات استوار کر کے اُنہیں خوشی اور

اطمینان کے گہرے تجربہ سے ہمکنار کر سکتا ہوں۔

3 آیت میں پولس رسول نے فلپیوں کو تلقین کی کہ وہ خود غرضی اور فریب سے کچھ نہ کریں۔ اس کی بجائے، بلکہ وہ دوسروں کی فکر کرتے ہوئے ہر طرح کے تکبر اور تکرار کو ایک طرف رکھ دیں۔ دوسروں سے آگے نکل جانے کی آزمائش کے پھندے میں پھنس جانا کس قدر آسان ہے۔ میں نے اپنی زندگی میں کس قدر خودغرضانہ فیصلہ جات کئے ہیں؟ میں اپنے عزیزوں اور دوست احباب کے لئے کس چیز کی قربانی دینے کے لئے تیار ہوں؟ میں ہر روز کس قدر فیصلہ جات اپنی خواہشات کو مد نظر رکھتے ہوئے کرتا ہوں؟ پولس رسول ہماری آنکھیں کھول رہا ہے تاکہ ہم دوسروں کی ضروریات کے تعلق سے فکر کرنے والے بن جائیں۔ سب سے پہلے اپنے فیصلہ جات اور اعمال سے دوسروں کی فکر کرنا سیکھیں۔ پولس رسول نے فلپیوں کو 4 آیت میں تلقین کی کہ وہ صرف اپنے مفادات کو ہی مد نظر نہ رکھیں۔ بلکہ اپنے اردگرد موجود لوگوں کے مفادات، ضروریات اور فلاح اور بھلائی کا بھی خیال رکھیں۔ اگر ایماندار اپنی ترقی اور بھلائی کی بجائے دوسروں کی بھلائی، بہتری اور ترقی کا سوچنے لگ جائیں تو دُنیا کا نقشہ ہی بدل جائے۔ کلیسیاؤں میں بہت سی مشکلات اس وجہ سے بھی پیدا ہوتی ہیں جب خودغرض اور خود سر ایماندار دوسروں کو پیچھے دھکیل کر اپنی راہ بناتے ہیں تاکہ اپنے مقاصد بلکہ خودغرضانہ مقاصد کو حاصل کر سکیں۔

5 آیت میں پولس رسول نے فلپیوں کو بتایا کہ خداوند یسوع نے بے لَوث اور بے غرض محبت اور خدمت کا نمونہ ہمیں دیا ہے۔ 6 آیت میں، پولس رسول نے انہیں یاددہانی کرائی کہ کس طرح یسوع مسیح ابدی خدا ہے۔ (خدا کی ہُو بہُو فطرت اور صورت) تو بھی اس نے خدا کے برابر ہونے کو اپنا حق نہ سمجھا۔ بالفاظ دیگر، اگرچہ خداوند یسوع خدا تھا، لیکن پھر بھی اُس نے ذات الٰہی کے لئے ہر ایک واجب اور مناسب حق کو لینے سے انکار کر دیا۔

ایک مخصوص وقت کے لئے اُس نے سادہ سے انسان کے طور پر زندگی بسر کرنے کا چناؤ کیا۔ اس دُنیا میں مرد وزن نے اُس کی اس طرح قدر اور عزت نہ کی جس طرح وہ باپ کی عزت کرتے تھے۔ اس نے کسی خاص حق کا مطالبہ نہ کیا بلکہ اجازت دی کہ اُس کے منہ پر تھوکا جائے اور اُس پر لعنت اور ملامت بھی کی جائے۔ اگرچہ وہ ساری عزت اور پرستش کے لائق ہے، لیکن جب تک وہ اس زمین پر رہا اُس نے ہر طرح کے نام اور وقار کو لینے سے انکار کیا۔

خداوند یسوع مسیح نے خادم کی صورت اختیار کی۔ (7 آیت) وہ واقعی ہماری طرح انسان بن گیا۔ (لیکن بے گناہ رہا) اپنے انسانی بدن میں، اُس نے شریعت کی تابعداری کی اور اپنے والدین کے تابع رہا۔ اس نے خود کو دُکھ اٹھانے دیا۔ وہ ہماری طرح آزمایا بھی گیا۔ اُس نے ہماری طرح جسمانی اور جذباتی دُکھ بھی سہا۔ ایک عاجز آدمی کی طرح، خداوند یسوع مسیح نے باپ کی مکمل تابعداری کرتے ہوئے حقیقی خادم ہونے کا مظاہرہ کیا۔

(8 آیت) خداوند یسوع مسیح نے مکمل طور پر باپ پر انحصار کیا۔ اور بخوشی ورضا اس کی مخلوق کے لئے موت کا دُکھ سہا۔ خداوند یسوع مسیح نے خود کو اس قدر پست کر دیا کہ صلیب پر ایک مجُرم کی طرح موت کو قبول کیا اور دُنیا کے سامنے تماشہ بن گیا۔

اُس نے ایسا کیوں کیا؟ اُس نے میرے اور آپ کے لئے ایسا کیا۔ اس نے خدا باپ کے ساتھ ہمارے رشتہ بحال کرنے کے لئے ایسا کیا۔ خداوند یسوع نے ہماری سزا اپنے اُوپر لے لی تاکہ ہم آزاد ہو جائیں۔ اس نے اپنا خیال نہ کیا۔ اس نے اپنی الٰہی فطرت کو ایک طرف رکھ دیا۔ اُس نے اس عزت اور مقام کو بھی ایک طرف رکھ دیا جو اس کے لئے واجب اور مناسب تھا۔ اس نے صلیب پر موت کی شرمندگی کی بھی پرواہ نہ کی۔ خدا کبھی نہیں مر سکتا لیکن خداوند یسوع مسیح نے وقتی طور پر انسانی رُوپ لے کر موت کو قبول کیا۔ اُس سب

کچھ میں، وہ اپنے ذاتی آرام کے بارے میں سوچ نہیں رہا تھا۔ اُس نے اپنے آرام اور مفادات اور ترجیحات کو مد نظر نہ رکھا۔ وہ صرف اور صرف ہمارے اور ہماری نجات کے بارے میں سوچ رہا تھا۔ پولس رسول یہی کہہ رہا ہے کہ ہمیں کس قدر خداوند یسوع مسیح جیسا طرزِ فکر اور طرزِ زندگی اپنانے کی ضرورت ہے۔ لازم ہے کہ ہم اپنا تکبر ایک طرف رکھ دیں۔ ہمیں اپنے بھائیوں اور بہنوں کے لئے اپنی خودی اور مفادات کا انکار کر دیں۔ ہماری زندگیاں ان کی خدمت، بھلائی اور بہتری کے لئے وقف ہو جانی چاہیئے۔ ہم خداوند یسوع مسیح کی طرح اُن کی خدمت کے لئے کمربستہ ہو جائیں۔

9 آیت پر غور کریں کہ مسیح کا ہر ایک کام خدا باپ کی نظر میں تھا۔ تابعداری کی بنا پر خداوند یسوع مسیح کو اعلیٰ مقام بخشا گیا۔ اُسے ایسا نام بخشا گیا جو سب ناموں، قوموں اور قبیلوں سے اعلیٰ ہے۔ اُس کے نام کو سب ناموں سے سربلند کیا گیا۔ ایک دن ہر ایک گھٹنا اس کے سامنے جھکے گا۔ ہر ذی نفس، خواہ آسمان پر، یا زمین پر، (وہ لوگ جو مر چکے ہیں اور حتیٰ کہ بدروحیں بھی۔) اسے خداوند کے طور پر جانیں گی اور عزت اور احترام میں اُس کے سامنے جھک جائیں گی۔ وہ خدا باپ کے جلال کی خاطر بیٹے کی عزت کریں گے۔ بیٹے کی عزت کرنا گویا باپ کی عزت کرنا ہے۔ بیٹے کی پرستش کرنا، باپ کی پرستش کرنا ہے۔ خداوند یسوع خدا ہے اور ذاتِ الٰہی میں باپ کے برابر ہے۔ اور باپ کی طرح ہی عزت، تمجید اور پرستش کے لائق ہے۔

مسیح کی فتح خود کو عاجز اور فروتن کرنے کا نتیجہ ہے۔ یہی تلقین پولس رسول فلپیوں کو کرتا ہے۔ اُس نے اُنہیں نصیحت کی کہ وہ خداوند یسوع کے نقشِ قدم پر چلیں۔ شاید آپ کلیسیا میں پاسبان یا روحانی قائد ہیں۔ کیا آپ اپنے رتبے، مقام اور نام کو ایک طرف رکھتے ہوئے اپنے مفادات اور حقوق کے لحاظ سے مرنے کے لئے تیار ہیں تا کہ خداوند یسوع مسیح

کی طرح اپنے اردگرد کی ضروریات پوری کرنے کے لئے تیار ہو جائیں؟ خداوند یسوع مسیح نے دُنیا تک رسائی کے لئے اپنے حقوق سے دستبرداری اختیار کی۔ وہ ہمیں بھی ایسا ہی کرنے کے لئے کہہ رہا ہے۔ اسے ایسے لوگوں کی تلاش ہے جو خطروں کی پرواہ نہ کرتے ہوئے آگے بڑھیں، اپنے مفادات، خیالات اور منصوبوں کے اعتبار سے مرجائیں تاکہ خدا کی بادشاہی کے پھیلاؤ کے لئے کام کرسکیں۔ پولس رسول ہمیں خداوند یسوع مسیح جیسا مزاج اپنانے کی تلقین کر رہا ہے تاکہ ہم خدا کی بادشاہی اور وُسعت کے لئے کام کرسکیں۔ جو کچھ ہم نے اس سے حاصل کیا ہے، لازم ہے کہ دوسروں میں بھی بانٹیں۔ کیونکہ وہ ہمارے لئے کامل نمونہ ہے۔

چند غور طلب باتیں

☆۔ پولس رسول یہاں پر مسیح یسوع کے ساتھ یگانگت اور اُس کے روح کے ساتھ رفاقت کی بات کرتا ہے۔ کیا آپ نے اپنی زندگی میں ان سچائیوں کا تجربہ کیا ہے؟ چند مثالیں پیش کریں۔

☆۔ آپ نے اپنی زندگی میں کون سے ایسے کارہائے نمایاں سرانجام دئے ہیں جن پر آپ کو ناز ہے؟ اس سے آپ کے اردگرد کے لوگوں کے ساتھ آپ کے تعلقات پر کیا اثرات مرتب ہوتے ہیں؟ کیا آپ بخوشی و رضا ایسے روّیوں کو اپنی زندگی سے الگ کر دیں گے تاکہ آپ مسیح یسوع میں اپنے بھائی یا بہن کی خدمت کے لئے تیار اور کمربستہ ہوسکیں؟

☆۔ کس طرح آپ دوسرے ایمانداروں کے ساتھ آپ کے تعلقات روح کے پھل کے تجربہ پر اثرانداز ہوتے ہیں؟ کیا آپ کا روّیہ اور اعمال آپ کی زندگی میں پھل کے اس تجربہ میں رکاوٹ کا باعث ہوتے ہیں یا دوسرے ایمانداروں کی زندگی میں اُس کے اثرات

مرتب ہوتے ہیں؟

☆۔ آپ اپنی زندگی میں اپنی خواہشات اور مفادات کے پیشِ نظر کتنے زیادہ فیصلہ جات کرتے ہیں؟اس حوالہ سے آپ کو کیا چیلنج ملتا ہے؟

چند اہم دُعائیہ نکات

☆۔ خداوند سے دُعا کریں کہ آپ دوسروں کی ضروریات پر توجہ مرکوز کرتے ہوئے اپنی زندگی بسر کر سکیں۔

☆۔ خداوند سے اس حوصلہ افزائی کے لئے اس کی شکر گزاری کریں جو ہمیں اُس کے ساتھ یگانگت، اُس کی محبت کی تسلی اور اُس کے روح کے ساتھ رفاقت رکھنے سے ملتی ہے۔

☆۔ خداوند سے ایسے وقتوں کے لئے معافی مانگیں جب آپ اپنے اردگرد کے لوگوں کی ضروریات سے بے خبر خود غرضی کی زندگی بسر کرتے رہے۔

☆۔ خداوند یسوع کے طرزِ زندگی کے لئے اُس کی شکر گزاری کریں۔ خداوند کی شکر گزاری کریں کہ وہ آپ کا بھلا چاہتا ہے۔

باب 5

بغیر بُڑبڑائے

فلپیوں 2باب 12-18آیت

گزشتہ باب میں ہم نے دیکھا ہے کہ پولس رسول نے فلپیوں کو نصیحت کی کہ وہ اپنے ہر کام میں خداوند یسوع مسیح جیسا مزاج اور روّیہ اختیار کریں۔

اُس نے اُنہیں نصیحت کی کہ وہ دوسروں کو اپنے سے بہتر اور افضل جانتے ہوئے، دوسروں کے مفادات کو ترجیح دیں۔ اس نے خداوند یسوع مسیح کی مثال ان کے سامنے رکھی۔ اور اُنہیں خداوند یسوع مسیح کے نقشِ قدم پر چلنے کی نصیحت کی۔ اُس نے اُن سے ایک دوسرے کے ساتھ باہمی بھائی چارے اور اچھے تعلقات استوار کرنے کی نصیحت کی۔

جب پولس رسول فلپی ایمانداروں کے ساتھ تھا، تو اُنہوں نے اُس کی نصیحت پر کان لگا کر خداوند کی تابعداری کی تھی۔ اب اُس کی غیر موجودگی میں، اُسے اعتماد تھا کہ وہ اور بھی زیادہ جانفشانی کریں گے۔(12 آیت) اُس نے اُنہیں نصیحت کی کہ وہ نہ صرف خداوند یسوع مسیح کے نقشِ قدم پر چلتے ہوئے ایک دوسرے کے ساتھ اپنے تعلقات خوشگوار بنائیں بلکہ خوف کے ساتھ کانپتے ہوئے اپنی نجات کا کام بھی کئے جائیں۔

اپنی نجات کا کام کرنے سے کیا مطلب ہے؟ پولس رسول نے 13 آیت میں ایک دلچسپ بات کی ہے۔اُس نے فلپیوں کو بتایا۔" خدا ہی اُن کی زندگی میں کام کرتا ہے۔" فلپیوں کو بیرونی طور پر جبکہ خدا کو اُن کے باطن میں کام کرنے کی ضرورت تھی۔

"کام کیے جاؤ" یہ اصطلاح جسمانی ورزش کے لئے بھی اس دَور میں استعمال کی جاتی ہے۔ جب ہم کام کرتے ہیں تو اس کا مطلب ہے کہ ہم ورزش کی طرح ایک معمول کے مطابق کام کریں۔ پولس رسول کے کہنے کا مطلب یہ تھا کہ جو کچھ خدا اُن کے باطن میں کر رہا ہے وہ جسمانی اور ظاہری طور پر ایک معمول کے مطابق کرتے چلے جائیں۔

زندگی بسر کرنے اور اُس کی خدمت کے لئے جو کچھ ہمیں درکار ہوتا ہے خدا ہمیں عطا کرتا ہے۔ وہ اپنا پاک روح بھی ہمیں اسی لئے دیتا ہے تاکہ ہمارے باطن میں اور ہمارے وسیلہ سے بھی کام کرے۔ اگرچہ خدا ہماری نجات کا کام ہم میں کرتا ہے، تاہم یہ ہماری ذمہ داری ہے کہ ہم اپنی نجات کی مشق روح القدس کی تابعداری میں زندگی بسر کرنے سے کرتے رہیں۔ اپنی نجات کا کام کرنا ایمان کی مشق ہے جو ہم خدا کی تابعداری میں زندگی بسر کرنے سے کرتے ہیں۔ یہ اپنے روحانی پٹھوں کو لچکدار بنانا اور خدا کی طرف سے عطا کردہ نعمتوں اور صلاحیتوں کو مضبوط کرنا ہے۔

12 آیت پر غور کریں کہ ہمیں اس نجات کی مشق کرنی ہے جو خدا نے ہمیں دی ہے۔ اور یہ مشق ہم نے "ڈرتے اور کانپتے ہوئے" کرنی ہے۔ ہمیں اس لئے بھی ایسا کرنا ہے کیونکہ خدا اپنے نیک ارادے کے مطابق اپنی نجات کا کام ہم میں کر رہا ہے۔ بالفاظ دیگر، خدا اپنے مقصد اور منصوبے کے مطابق ہماری کانٹ چھانٹ کر رہا ہے۔ خدا کا پاک روح ہم میں کام کر رہا ہے تاکہ خدا کے مقصد اور منصوبوں کو ہم میں پایہ تکمیل تک پہنچا سکے۔ یہ ایک ایسی بات ہے جسے ہمیں معمولی سمجھ کر نظر انداز نہیں کر سکتے۔ خدا کا پاک روح ہم میں ایک زبردست اور خوبصورت کام کر رہا ہے۔ ہم کس قدر کم اس حقیقت کے لئے خدا کی تعریف اور شکر گزاری کرتے ہیں۔ یہاں پر جو کچھ پولس رسول بیان کر رہا ہے، توجہ سے سنیں۔ خدا تم میں کام کر رہا ہے۔ آپ کی روحانی ترقی اور نشو و نما آپ کی اپنی کاوشوں کا

نتیجہ نہیں ہے بلکہ یہ قدوس خدا کا زبردست کام ہے۔ اس کے لئے آپ کا کیسا ردِ عمل ہے؟ کیا ہمیں سنجیدگی سے اس کام کو اپنی زندگی میں قبول نہیں کرنا چاہیے؟ کیا یہ ہولناک کام نہیں کہ ہم اُس کام کی مخالفت کریں جو خدا کا پاک روح ہماری باطنی انسانیت میں کر رہا ہے؟ وہ لوگ جو واقعی اس بات کو سمجھتے ہیں اُن نعمتوں کی مشق کرتے رہیں جو خدا کی طرف سے اُن کی زندگیوں میں کام کر رہی ہیں۔ وہ لوگ خدا کے پاک روح کی رہنمائی میں زندگی بسر کرنے کا چناؤ کرتے ہیں۔ وہ ان پھلوں کا عملی اظہار بھی کرتے ہیں جو خدا کا پاک روح ان کی زندگی میں پیدا کر رہا ہوتا ہے۔ ایسے لوگ اپنی زندگی میں خدا کی حقیقت پر ڈرتے اور کانپتے ہیں۔ یہاں پر ڈرنے اور کانپنے کا مطلب خوفزدہ ہونا نہیں ہے۔ بلکہ اِس اصلاح کا مطلب اور مفہوم گہرے طور پر خدا کی عزت اور اُس کے اُس کام کی بنا پر اُس کا احترام کرنا ہے جو وہ ان کی زندگیوں میں کر رہا تھا۔

پولس رسول نے فلپیوں کو یاددہانی کرائی، چونکہ خدا اُن میں اور اُن کے وسیلہ سے کام کر رہا تھا، اس لئے جو کچھ خدا کر رہا تھا، اس لئے اُنہیں کسی بھی وجہ سے بُڑبڑانا اور کُڑکڑانا نہیں تھا۔ خدا نے اپنی قدرت کاملہ میں، انہیں ایسے حالات سے گزارا جو اُسے مناسب معلوم ہوئے۔ " اپنے نیک ارادہ کے موافق" فلپیوں کو خدا اور اس کے مقاصد کی اس قدر تعظیم کرنی تھی کہ خدا کے مقاصد اور ہر طرح کے حالات کو قبول کر لیتے۔ انہیں بغیر کسی دلیل بازی اور بڑبڑاہٹ کے ہر ایک چیز کو اور ہر طرح کے حالات کو قبول کرنا تھا۔ (14 آیت) کیونکہ دلیل بازی اور بڑاہٹ اس کام کے ساتھ غیر متفقی ظاہر کرتی ہے جو خدا آپ کی زندگی میں کر رہا ہوتا ہے۔ میں زندگی میں ایسے حالات و واقعات سے گزرا ہوں جو مجھے اس وقت بھلے معلوم نہ ہوتے تھے۔ لیکن بعد ازاں ایک عرصہ کے بعد معلوم ہوا کہ خدا ان حالات اور واقعات میں بھی میرے لئے ایک مقصد رکھتا تھا۔ خدا کے ساتھ

میرا جھگڑا سوائے اس بات کے کچھ ظاہر نہیں کرتا کہ میں خدا کے اس کام سے متفق نہیں ہوں جو وہ میری زندگی میں کر رہا تھا۔

پولس رسول نے 15 آیت میں فلپیوں کو یاد کرایا کہ اُنہیں ہر طرح کے جھگڑے، رگڑے، کڑکڑاہٹ کو دَور کرنا ہے تاکہ خدا کے بے عیب اور پاک فرزند بن جائیں۔ خدا کی یہی خواہش ہے کہ اس کے لوگ اس کجرو نسل اور گناہ آلودہ دُنیا میں پاک اور بے عیب ہوں۔ خدا یہ چاہتا ہے کہ ہم اس گناہ میں کھوئی ہوئی، باغیانہ روّیہ رکھنے والی دنیا میں ایک نمونہ اور مشعلِ راہ ٹھہریں۔ وہ یہی چاہتا ہے کہ ہم اس تاریک دُنیا میں ستاروں کی مانند چمکیں۔ ایسا کرنے کے لئے، خدا کو ہماری زندگی کے ہر ایک کونے اور گوشے میں نجات کا کام کرنے کی ضرورت ہے۔ اس کا مطلب یہ ہے کہ ہر ایک غیر ضروری، ناپاک اور رکاوٹ کا باعث بننے والی چیز ہماری زندگیوں سے جاتی رہے اور خداوند ہماری تربیت کرے۔ ایسا ہمیشہ آسان تو نہیں ہوتا۔ ہم میں سے بعض کو انتہائی مشکل حالات اور واقعات سے گزرنا پڑے گا۔ لیکن وہ سب لوگ جو اپنے آپ کو اپنی مصیبتوں اور دُکھوں میں بھی خدا کے سپرد کر دیتے ہیں، تاریکی میں ستاروں کی مانند روشن اور درخشاں رہتے ہیں۔ دَوڑ میں دَوڑنے والا شخص اگر فاتح بننا چاہتا ہے تو لازم ہے کہ وہ ایک نظم وضبط کے تحت زندگی بسر کرے۔ یہ بات ایک سپاہی پر بھی صادق آتی ہے۔ ہماری روحانی زندگیوں میں بعض اوقات سخت اور دشوار گزار راہیں آتی ہیں۔ لیکن یاد رہے کہ گناہ اور بغاوت ہر صورت میں مغلوب اور کمزور رہے۔ ہر طرح کی بد عادات اور ابلیس کے قلعے ہماری زندگیوں میں جگہ نہ بنانے پائیں۔ یہ سب کچھ ایک تکلیف دہ عمل ہے، لیکن اسی میں ہماری بھلائی ہے۔ لازم ہے کہ ہم خدا کو اپنی زندگیوں میں کام کرنے کا موقع دیں تاکہ اس کے مقاصد کی تعمیر و تکمیل ہماری زندگیوں میں ہو سکے۔ خواہ اس کے لئے ہمیں کیسی ہی قیمت ادا کیوں نہ کرنی

پڑے۔ لازم ہے کہ ہم ہر طرح کی بُڑبڑاہٹ، کُڑکڑاہٹ اور منفی رائے عامہ کو اپنی زندگی میں جگہ نہ دیں۔ اپنے دلوں کو خدا کے لئے کھولیں تاکہ وہ ہماری زندگیوں میں کام کرسکے۔

16 آیت میں، پولس رسول نے فلپیوں کو چیلنج پیش کیا کہ وہ زندگی کے کلام کو مضبوطی سے تھامے رہیں۔ تاکہ مسیح کی آمد کے دن اُسے اُن پر فخر محسوس ہو۔ اُس کی خواہش یہی تھی کہ وہ زندگی کے کلام کو اپنے اردگرد کھوئے ہوئے اور گناہ میں مرتے ہوئے لوگوں تک پہنچائیں۔ اس ذمہ داری اور فرض کی ادائیگی میں کئی طرح کی رکاوٹیں حائل ہوں گی۔ کتنے ہی ایماندار ہیں جو اس تاریک دُنیا میں انجیل کے پیغام کی روشنی پھیلانے میں ناکام رہے ہیں؟ بہت سے لوگ مخالف حالات اور مصائب میں مسیح خداوند سے منہ موڑ لیتے ہیں۔ کچھ ایسے لوگ بھی ہوتے ہیں جو اپنے مفادات اور ضروریات کو مدنظر رکھتے ہوئے کلام کی قدر نہیں کرتے اور اپنی راہ اور روِش پر آگے بڑھتے رہتے ہیں۔ پولس رسول نہیں چاہتا تھا کہ فلپیوں کسی طرح کے پھندے اور آزمائش میں پڑجائیں۔ وہ یہی چاہتا تھا کہ وہ اُس کلام کو مضبوطی سے تھامیں رہیں، کلام سے رہنمائی پائیں اور سچائی کی راہ پر آگے بڑھیں اور اس تاریک اور کھوئی ہوئی دُنیا کو زندگی کا کلام پیش کریں۔

پولس رسول نے 17 آیت میں فلپیوں کو یاد دہانی کرائی کہ وہ خون کی طرح انڈیل دیا گیا۔ کیونکہ وہ فلپیوں کے لئے خدا کی خدمت کرتے ہوئے زندگی کے کلام سے وفادار رہا۔ ایمان میں اُن کی تعمیر و ترقی کے لئے خدمت کرتے ہوئے اُسے دُکھوں کا سامنا بھی کرنا پڑا۔ پولس رسول کو ایسے دُکھوں میں سے گزرتے ہوئے خوشی محسوس ہوتی تھی۔ حتیٰ کہ اُن کے لئے اُس نے اپنی جان کو بھی خطرے میں ڈال لیا تھا۔ خواہ کیسی بھی قیمت ادا کرنی پڑی، وہ وفادار ہی رہا۔ اُس نے بخوشی و رضا سب کچھ قربان کردیا تاکہ وہ مسیح یسوع میں افزائش کرسکیں۔

پولس رسول کو یہ توفیق حاصل تھی کہ وہ دُکھوں میں بھی شادمان رہ سکتا۔ وہ اس لئے خوش اور شادمان رہ سکتا تھا کیونکہ اسے علم تھا کہ خدا اس کی روحانی بلوغت کے لئے اپنے بھرپور فضل سے اس کی زندگی میں کیا کر رہا ہے۔ کیا آپ اپنے موجودہ دُکھوں اور امتحانوں میں خوشی منانے کی صلاحیت رکھتے ہیں؟ یاد رکھیں اور غور کریں کہ پولس رسول یہاں پر کیا بیان کر رہا ہے؟ خدا اپنی نجات کا کام یہاں پر کر رہا ہے۔ وہ ہمارے دلوں اور زندگیوں میں اپنے مقاصد کی تکمیل اور تعمیر کے لئے کام کر رہا ہے۔ وہ ہماری بہتری اور بھلائی کے کام کر رہا ہے۔ اپنی تقدیر اور قسمت پر بڑبڑانے کی بجائے، پولس رسول جیسا روّیہ اپنائیں اور شادمان رہنا سیکھیں، کیونکہ خدا ہماری زندگی میں ہماری بھلائی اور بہتری کے لئے کام کر رہا ہے۔

چند غور طلب باتیں

☆۔ جب پولس رسول یہ بیان کرتا ہے کہ ہمیں اپنی نجات کے لئے کام کرنا ہے تو اس سے اُس کا کیا مطلب ہے؟

☆۔ ہمیں کیوں کر اس نجات کے لئے خوف کے ساتھ کانپتے ہوئے کام کرنا ہے جس کے لئے خدا ہماری زندگی میں کام کر رہا ہے؟ کیا آپ کو پولس رسول کی بات کا مفہوم سمجھ میں آیا ہے جو اس حوالہ میں اس نے بیان کیا ہے؟

☆۔ کتنی ہی بار آپ نے خود کو اپنے حالات و واقعات پر بُڑبڑاتے اور کُڑکڑاتے ہوئے پایا ہے؟ اس تعلق سے پولس رسول ہمیں کیا تعلیم دیتا ہے؟ آپ کس طرح اپنے حالات و واقعات کے لئے خدا کی شکر گزاری کر سکتے ہیں؟

چند اہم دُعائیہ نکات

☆۔خداوند سے عقیدت اور احترام کا گہرا فہم مانگیں جب آپ اس کام کے لئے جانفشانی کرتے ہیں جو خدا آپ کی زندگی میں کر رہا ہے۔

☆۔خداوند کی شکر گزاری کریں کہ وہ آپ کی زندگی کے ہر ایک کونے میں اپنی نجات کا کام کر رہا ہے۔خداوند سے اس کام کے لئے کشادہ دل مانگیں جو وہ آپ کی زندگی میں کر رہا ہے۔

☆۔خداوند سے دُعا کریں کہ وہ آپ کو معاف کرے اور ان حالات و واقعات کو قبول کرنے کا فضل مانگیں جن کو خدا استعمال کرتے ہوئے آپ کو مزید اپنی گہری قربت اور رفاقت میں لا رہا ہے۔

باب 6

تیمتھیس اور اِپفُر دِتُس

فلپیوں 2 باب 19-30 آیت

ایمانداروں کے درمیان ایک بہت خاص رشتہ پایا جاتا ہے۔ خداوند یسوع مسیح میں ہوتے ہوئے، ہم ایک خوبصورت بندھن میں بندھے ہوئے ہیں۔ جو تہذیب و ثقافت، زبان اور عمر کی قید سے بالاتر ہے۔ کچھ عرصہ پہلے مجھے فلپائین کا دَورہ یاد ہے، مجھے کہا گیا کہ میں مختصر طور پر اپنی خدمت کے تعلق سے بتاؤں۔ لوگوں کو معلومات فراہم کرنے کے بعد، پاسبان نے لوگوں سے کہا کہ وہ آگے آکر میرے اور میری بک ڈسٹری بیوشن منسٹری (دُنیا بھر کی مختلف زبانوں میں کتابوں کی تقسیم کی خدمت) کے لئے دُعا کریں۔ میرے لئے یہ بہت بڑی برکت تھی کہ لوگ میرے ارد گرد میری منسٹری کے لئے دُعا کر رہے تھے۔ وہ میری زندگی اور خدا کی بادشاہی کے لئے میری قلمی کاوش کے لئے دُعا کر رہے تھے۔ اس وقت سے پہلے، ہماری کبھی بھی ایک دوسرے سے ملاقات نہیں ہوئی تھی۔ لیکن اس وقت کلیسیا بدل و جان متفق ہو کر میری زندگی اور خدمت کے لئے خدا کے حضور دُعا کر رہی تھی۔ یہ صرف اور صرف اس بندھن کے باعث ہے جو خداوند یسوع مسیح کے وسیلہ ایمانداروں کے درمیان پایا جاتا ہے۔ ہم اس خوبصورت بندھن کے شواہد اس باب کی آخری آیات میں دیکھتے ہیں۔

پولس رسول نے 19 آیت میں فلپیوں کو بتایا کہ یہ اُس کی خواہش تھی کہ وہ تیمتھیس کو ان کے ہاں بھیجے۔ یاد رہے کہ پولس رسول اس وقت قید خانہ میں تھا۔ اس لئے وہ اُن کے ہاں جا نہیں سکتا تھا۔ اس نے فیصلہ کیا کہ وہ اپنی جگہ پر تیمتھیس کو اُن کے ہاں بھیجے تاکہ

معلوم کرے کہ کلیسیا کی کیا صورتحال ہے۔ غور کریں کہ پولس رسول کو اس بات کا بھروسہ تھا کہ اُسے کلیسیا کے تعلق سے خیر خبر ہی ملے گی۔ وہ توقع کررہا تھا کہ تیمتھیس آکر جو کچھ بتائے گا اس سے اُس کو تازگی حاصل ہوگی۔

اس آیت میں ہمیں دو چیزیں دیکھنے کی ضرورت ہے۔ اوّل۔ پولس رسول کے اس بھروسے اور اعتماد کو دیکھیں جو اُسے فلپی کے ایمانداروں پر تھا۔ اس کی باتیں حوصلہ افزا تھیں۔ اُسے بھروسہ تھا کہ اس کی قید کی حالت میں فلپی کے ایماندار مسیح کی بادشاہت کے لئے کام کرتے رہیں گے۔ کیونکہ روح القدس اُس کو تقویت دے رہا تھا۔ روح القدس اس کو مضبوط کررہا اور تسلی دے رہا تھا۔ پولس رسول اس بات کا مشتاق تھا کہ فلپی میں خداوند یسوع مسیح کے کام کے تعلق سے اُسے خیر خبر ملے۔ کیونکہ اُسے خدا کے پاک روح پر بھروسہ تھا کہ وہ فلپی کلیسیا کے لئے ایک عجیب اور پُر قدرت کام کرنے پر قادر ہے۔

دوسری قابل غور بات، فلپیوں کے لئے پولس رسول کی محبت ہے۔ ایسا بالکل نہیں ہوا کہ پولس رسول ان تک پہنچا، واپس آیا اور پھر اُنہیں بھول گیا۔ اب بھی اُس کے دل کی یہی تڑپ تھی کہ معلوم کرے کہ وہاں پر کیا صورتحال ہے۔ آپ کی کلیسیا میں کتنے ہی عظیم خدام آئے، ان میں سے کتنے ہیں جنہوں نے کبھی اس بات میں دلچسپی ظاہر کرتے ہوئے رابطہ کیا ہے کہ معلوم کریں کہ آپ کی کلیسیائی صورتحال کیسی ہے؟ پولس رسول کے کے لئے فلپی کلیسیا محض کیمرا منسٹری ویڈیوز اور دفتری، منسٹری یا کاغذی رپورٹ نہیں تھی۔ وہ اس کے لئے حقیقی خدمت اور اہم لوگ تھے، اسی لئے تو اُس نے تیمتھیس کو وہاں بھیجا تاکہ معلوم کرے کہ اُن کی صورتحال کیسی ہے۔

20 آیت میں یہ بات بھی قابلِ غور ہے کہ جب پولس رسول نے تیمتھیس کو بھیجا تو یہ جان کر بھیجا کہ اُس کی مانند کوئی دوسرا شخص قابلِ بھروسہ نہیں ہے۔ اُس نے ایمانداروں

کی بھلائی کے لئے پولس رسول کے دل کی تڑپ کو اُن کے درمیان بیان کیا۔ جب پولس رسول نے تیمتھیس کو ان کے ہاں بھیجا تو وہ ایک بہترین اور قابل بھروسہ شخص کو اُن کے درمیان بھیج رہا تھا۔ تیمتھیس نے سب پر واضح اور ثابت کر دیا تھا کہ وہ بے لوَث، بے غرض اور بغیر کسی مفاد کے خدمت کرتا ہے۔ (21 آیت) پولس رسول کی طرح تیمتھیس بھی اپنے کسی مقصد اور مفاد کے لئے خدمت نہیں کر رہا تھا۔ بہت سے لوگ اپنی ذات، اپنے نام اور اپنے وقار کے لئے خدمت کرتے ہیں۔ وہ اس لئے خدمت کرتے ہیں تاکہ لوگ انہیں خادم جان کر اُن کی خدمت کریں اور اُن کا شمار عظیم روحانی قائدین میں ہو۔ وہ لوگوں کا منظورِ نظر ہونا پسند کرتے ہیں۔ لیکن تیمتھیس کے وہم و گمان میں بھی ایسا ارادہ اور مقصد نہیں تھا۔ وہ اپنے مفادات کا متلاشی نہیں تھا۔ اسے خداوند کی خدمت کی سچی اور حقیقی لگن تھی۔ وہ خداوند یسوع کا حقیقی خادم تھا جس نے اپنی عزت اور وقار کو ایک طرف رکھ دیا تھا۔ وہ اپنی عیش و عشرت اور آرام کا طالب نہیں تھا۔ اُسے مسیح کے مقصد کے لئے کام کرنے کی تڑپ تھی۔ تیمتھس نے ثابت کر دیا تھا کہ وہ خداوند کے لئے ہر طرح کی قربانی دینے کے لئے تیار اور رضامند ہے۔

ایک اور بھی طریقہ تھا جس سے تیمتھیس نے خود کو وفادار اور دیانتدار خادم اور ہم خدمت ساتھی ثابت کیا تھا۔ "لیکن تُم اُس کی پُختگی سے واقف ہو کہ جیسے بیٹا باپ کی خدمت کرتا ہے ایسے ہی اُس نے میرے ساتھ خُوشخبری پھیلانے میں خدمت کی۔" تیمتھیس نے انجیل کی خدمت میں پولس رسول کے ساتھ مل کر کام کیا تھا۔ (22 آیت) بہت سی باتیں ہیں جو ہمیں اس بیان کے تعلق سے سمجھنے کی ضرورت ہے۔ اول۔ ہمیں تیمتھیس کی وفاداری کو دیکھنے کی ضرورت ہے۔ اس نے پولس رسول کے اچھے برے وقت میں اس کی خدمت کی تھی۔ اس نے کبھی ساتھ نہ چھوڑا۔ راہ کی دشواریوں کے

باوجود وہ ثابت قدمی کے ساتھ آگے بڑھتا رہا۔ وہ پیچھے ہٹنے والوں میں سے نہیں تھا۔ پولس رسول کے ساتھ کام کرنا آسان کام نہیں تھا۔ خدمت میں اُس کے جذبے کا کوئی ثانی نہیں تھا۔ اسی جذبے کے تحت وہ ایسی جگہوں پر بھی چلا جاتا تھا جہاں پر دوسرے لوگ جانے کی جسارت نہ کرتے تھے۔ تیمتھیس ہمیشہ اس کے شانہ بشانہ رہا۔ جب پولس رسول کو سنگسار کیا گیا۔ تیمتھیس اُس وقت بھی وہاں پر موجود تھا۔ جب انجیل کی منادی کے باعث پولس رسول کو شہر سے باہر گھسیٹ کر لے گئے تھے، تو تیمتھیس بھی اس کے ساتھ تھا۔ اس نے ہر طرح سے خود کو ثابت قدم، وفادار اور قابل بھروسہ ثابت کیا تھا۔

غور طلب بات یہ ہے کہ پولس رسول نے دانستہ طور پر اس بات کا ذکر کیا تھا کہ تیمتھیس نے ایک بیٹے کی طرح اس کے ساتھ خدمت کی ہے۔ یہاں پر فروتنی اور انکساری کا عنصر بھی دیکھنے کو ملتا ہے۔ تیمتھیس بطور ایک فرزند اپنا کردار ادا کر کے بہت خوش تھا۔ وہ پولس رسول کی عزت اور خدمت کرتا تھا۔ اُس نے اپنے مفاد کے لئے جستجو نہ کی۔ بلکہ وہ خدا کے مفادات کو ترجیح دیتا تھا۔ اس نے یہ ثابت کر دیا تھا کہ وہ پولس رسول کے زیر سایہ بطور ایک فرزند کام کر سکتا ہے۔ ضرورت نہیں تھی کہ اسے کنٹرول کیا جائے۔ ایک قائد ہونا اور بات ہے لیکن ایک وفادار پیروکار ہونا قطعی مختلف بات ہے۔ تیمتھیس بطور ایک مددگار اپنا کردار ادا کر کے خوش تھا۔ مجھے ایسے لوگوں سے ملنے کا اتفاق ہوا ہے جو راتوں رات ترقی کی منازل طے کر کے منسٹری میں ایک اہم عہدے پر فائز ہونا چاہتے ہیں۔ وہ بڑی جدوجہد سے ایک مقام اور وقار حاصل کرنا چاہتے ہیں۔ تیمتھیس نے بطور ایک فرزند اپنا کردار ادا کیا تھا۔ اس نے بدل و جان پوری لگن سے خدمت میں پولس رسول کا ہاتھ بٹایا تھا۔ یہاں پر تیمتھیس کے تعلق سے بہت کچھ کہا اور لکھا جا سکتا ہے۔ یہی وجہ تھی کہ پولس رسول کو اُس پر اعتماد تھا اور اُس نے اُسے یہ خط دے کر فلپیوں کے پاس بھیجا تھا۔

بہت سے لوگ ہیں جو منسٹری میں ایسا عہدہ اور مقام چاہتے ہیں جس کے لئے اُنہوں نے خود کو کبھی اہل اور وفادار ثابت نہیں کیا ہوتا۔ اگر وہ تھوڑے میں خود کو وفاداراور دیانتدار ثابت نہ کر سکے تو کون اُن کو بڑی ذمہ داری دے گا؟ وہ قائد بننا چاہتے ہیں لیکن اُنہوں نے تو کبھی خود کو وفادار پیروکار ثابت نہیں کیا ہوتا۔ وہ اول مقام چاہتے ہیں لیکن اُنہوں نے کبھی دوسرے درجہ پر بھی رہنا نہیں سیکھا ہوتا۔

24 آیت میں پولس رسول نے فلپیوں کو یاددہانی کرائی کہ وہ جلد رہا ہو کر اُن کے پاس آئے گا۔ بالاخر پولس رسول کو یہ اُمید تھی کہ وہ ایک دن رہا ہو جائے گا اور اسے فلپی کلیسیا کو رُوبرُو دیکھنے اور ملنے کا موقع ملے گا۔ اس کی یہ خواہش تھی کہ اُسے قید خانہ سے رہائی ملے۔ یہاں پر یہ دیکھنے اور سمجھنے کی ضرورت ہے کہ اگرچہ قید خانہ میں رہنا اُس کے لئے خوشی کا باعث نہیں تھا لیکن وہ خداوند میں شادمان تھا۔ (17 آیت) کسی بھی ایسی حالت میں رہتے ہوئے خوش اور شادمان رہنا آسان کام نہیں ہوتا جو ہمیں بالکل بھی پسند نہ ہو۔ پولس رسول کی صورتحال بھی ایسی ہی تھی۔ وہ اس قید خانہ سے رہائی کے لئے کچھ بھی کر سکتا تھا، لیکن اُس نے اُس قید خانہ کو موقع نہ دیا کہ خداوند کی شادمانی اُس سے چھین لے۔ شاید آپ بھی اس وقت ایسی ہی صورتحال سے دوچار ہیں جو آپ کو بالکل بھی پسند نہیں ہے۔ ہو سکتا ہے کہ جس شہر میں آپ رہتے ہیں یا پھر آپ جہاں پر ڈیوٹی کرتے ہیں، وہ جگہ آپ کو بالکل بھی پسند نہیں ہے۔ ہو سکتا ہے کہ ایسی جگہ پر ہونے سے آپ کو معلوم ہوتا ہے کہ آپ کی خوشی اور شادمانی ماند پڑ رہی ہے۔ ہمیں یہ فن سیکھنا ہو گا کہ کس طرح ہم نے حالات کو موقع نہیں دینا کہ وہ ہم سے خداوند کی خوشی چھین لیں۔

25 آیت میں، ہماری ملاقات اِپفردِتُس سے ہوتی ہے۔ فلپیوں 4 باب 18 آیت میں، ہم اِپفردِتُس کے تعلق سے پڑھتے ہیں جسے پولس رسول کی ضرورت کے وقت کچھ دے کر

اُس کے پاس بھیجا گیا تھا۔

"میرے پاس سب کُچھ ہے بلکہ افراط سے ہے۔ تُمہاری بھیجی ہوئی چیزیں اِپفُرِدتُس کے ہاتھ سے لے کر میں آسودہ ہو گیا ہوں وہ خُوشبو اور مقبول قربانی ہیں جو خُدا کو پسندیدہ ہے۔"

اِپفُرِدتُس کو فلپی کلیسیا نے پولس رسول کی احتیاج میں اس کے لئے اپنی فکر کے اظہار کے تحت بھیجا تھا۔ یہاں پر 25 آیت میں پولس رسول اِپفُرِدتُس کو واپس بھیجتا ہے۔

یہاں پر یہ بات قابلِ غور ہے کہ اِپفُرِدتُس کو کسی ناکامی کے باعث واپس نہیں بھیجا گیا تھا۔ پولس رسول 25 آیت میں اس بات کو واضح کرتا ہے کہ وہ ایک بھائی، ہم خدمت اور ہم سپاہ ہے۔ یہ کہنے سے پولس رسول فلپی کلیسیا کو یہ بتاتا ہے کہ ا اِپفُرِدتُس اُسے عزیز ہے، صرف ایک بھائی کے طور پر نہیں بلکہ خوشخبری کے پھیلاؤ کے لئے ایک وفادار خادم کی حیثیت سے بھی وہ اسے عزیز جانتا تھا۔

اِپفُرِدتُس کو اس لئے پولس رسول بھیجنے پر مجبور ہو گیا تھا کیونکہ وہ انتہائی پریشانی کی حالت میں تھا۔ اپفردتس بیمار ہو گیا تھا اور اس کے بیمار ہونے کی خبر فلپی کلیسیا تک پہنچ گئی تھی۔ پولس رسول کے مطابق، اِپفُردتس قریب المرگ ہو گیا تھا۔ تاہم خدا نے اُسے زندگی بخشی۔ پولس رسول فلپی کلیسیا کو بتاتا ہے کہ خدا نے اِپفُرِدتُس کو حیاتِ نو دے کر اس پر بھی احسان کیا ہے تاکہ اُسے غم پر غم نہ ہو۔ کیونکہ پولس اِپفُرِدتُس کو عزیز جانتا تھا۔

اِپفُرِدتُس کو یہ علم تھا کہ فلپی کلیسیا کس قدر اُس کے لئے فکر مند تھی۔ اسی وجہ سے، وہ جانا چاہتا تھا تاکہ وہ اُسے خود اپنی آنکھوں سے دیکھ لیں کہ اب وہ بالکل صحت یاب ہو گیا ہے۔ پولس رسول نے اُس کے دل کی خواہش کو دیکھتے ہوئے اسے فلپی کلیسیا کی تسلی اور تشفی کے لئے واپس بھیجنے کا فیصلہ کیا تھا۔ پولس رسول نے فلپی کلیسیا کو تلقین کی کہ وہ پُرتپاک

طریقہ سے اس کا استقبال کریں۔ اُس نے اُنہیں اس بات کے لئے بھی اُبھارا کہ وہ ایسے شخص کی حوصلہ افزائی اور عزت افزائی کریں کیونکہ اُس نے انجیل کی خاطر اپنی جان کو خطرے میں ڈال دیا تھا۔ وہ پولس رسول کے ساتھ خدمت کرتے ہوئے بیمار ہو گیا تھا۔ اسی لئے تو پولس رسول نے اسے کلیسیا میں واپس بھیجا تھا۔

یہاں پر اس دَور کی کلیسیا میں خاندانی تعلق اور رشتہ بھی دیکھنے کو ملتا ہے۔ ہم فلپی کلیسیا کی پولس رسول کے لئے عقیدت دیکھتے ہیں کہ کس طرح انہوں نے پولس رسول کی ضروریات کے لئے اپفردتس کے ہاتھ کچھ ہدیہ بھیجا تھا۔ پولس رسول کی خاطر اپنی جان کو خطرے میں ڈالتے ہوئے ہم پولس رسول کے لئے اپفردتس کی عقیدت اور محبت کو بھی دیکھ سکتے ہیں۔ ہم یہاں پر تیمتھیس کے جذبے اور محبت کو بھی دیکھ سکتے ہیں کہ کس طرح وہ پولس رسول کے شانہ بشانہ خدمت کے لئے کمربستہ تھا۔ یہی وجہ ہے کہ پولس رسول تیمتھیس کے لئے پُر اعتماد تھا اور اس کی عزت بھی کرتا تھا۔ ہم یہاں پر یہ بھی دیکھتے ہیں کہ تیمتھیس فلپی کلیسیا کی بھلائی، بہتری اور تعمیر و ترقی کے لئے کس قدر مخلص، اور فکر مند بھی تھا۔ پولس رسول نے بھی کلیسیا کے لئے اپنی فکر مندی کا اظہار کیا تھا۔ ان ایمانداروں کے دل ایک دوسرے کے لئے سچی محبت سے معمور تھے۔ دَورِ جدید کی کلیسیا کے لئے جو کہ مسیح کا بدن ہے یہ مثال اور نمونہ کس قدر قابلِ تقلید ہے۔

چند غور طلب باتیں

☆۔اس حوالہ میں ہم اس دور کی کلیسیا میں ایمانداروں کے باہمی تعلقات کے تعلق سے کیا دیکھتے ہیں؟ آپ کی کلیسیا کا اس سے کس طرح موازنہ کیا جا سکتا ہے؟

☆۔ہمارے لئے یہ کس قدر اہم ہے کہ ہم بطور پیروکار وفادار رہیں؟ یہ کیوں کر ایک آزمائش ہے کہ ہم پہلے اپنے آپ کو اچھا پیروکار ثابت کئے بغیر ایک رہنما بننے کی خواہش کریں؟

☆۔پولس رسول نے فلپیوں کو بتایا کہ تیمتھیس نے بے غرض اور بے لوث خدمت کی ہے۔بے لوث خدمت کرنے کا کیا معنی ہے؟

☆۔کیا آپ نے خود کو ایسی جگہ پر پایا ہے جہاں پر آپ جانا یا رہنا پسند نہ کرتے ہوں؟ کیا ایسی صورتحال سے آپ کی خوشی اور شادمانی جاتی رہی؟

چند اہم دُعائیہ نکات

☆۔خداوند سے مدد، فضل اور توفیق چاہیں کہ آپ ہر طرح کے حالات و واقعات میں خوشی اور شادمانی کی زندگی بسر کر سکیں۔

☆۔خداوند سے دُعا کریں کہ وہ آپ کو تیمتھیس جیسی وفاداری، فروتنی اور عاجزی عطا کرے۔

☆۔ایک اچھا پیروکار ہونے کے لئے خداوند سے فروتنی مانگیں۔

☆۔خداوند سے دُعا کریں کہ وہ آپ کی کلیسیا میں ایک دوسرے کے لئے محبت اور احترام کے جذبے کی تجدید نَو کرے۔

باب 7

جسم پر بھروسہ نہیں کرتا

فلپیوں 3 باب 1-9 آیت

پولس رسول نے فلپیوں کو تلقین کی کہ وہ خداوند میں خوش رہیں۔ خدا کے خادم پولس رسول نے اُنہیں یہ تلقین اس وقت کی جب اُس نے اُنہیں ان لوگوں کے تعلق سے خبردار کیا جو فلپیوں کو ایمان سے گمراہ کر رہے تھے اور چاہتے تھے کہ وہ جسم پر بھروسہ کریں۔

(3 آیت) فلپی کلیسیا جھوٹی اور غلط تعلیم کے حملہ اور خطرے میں تھا۔ جھوٹے اُستاد ایمانداروں کو یہ سکھانے کی کوشش میں لگے ہوئے تھے کہ اگر وہ خدا کی خوشنودی حاصل کرنا چاہتے ہیں تو پھر اُنہیں مُوسوی شریعت کی طرف واپس لوٹنا ہو گا۔

ہمارے لئے قابلِ غور بات " خداوند میں خوش رہو" ہے۔ ایمانداروں کے لئے خدا کی بلاہٹ یہ نہیں تھی کہ وہ اپنی کاوٗشوں اور جدوجہد میں خوشی منائیں۔ اُنہیں خدا کو یہ بتاتے ہوئے بھی خوشی نہیں منانی تھی کہ اُنہوں نے اُس کی خوشنودی کے لئے کیا کچھ کیا ہے۔ تاکہ اُس کے معیار پر پورے اُتر سکیں۔ خدا نے اُن کے لئے ہر وہ کام کر دیا تھا جو وہ نہیں کر سکتے تھے اور اُن کی نجات کے لئے اہم اور ضروری تھا۔ اُس نے گناہ کے زور کو توڑ دیا تھا۔ اُس نے راہ کھول دی تھی تاکہ اُس کے لوگ اُس کی حضوری میں داخل ہو سکیں۔ اُس نے اُنہیں اپنا پاک روح بھی ایمانداروں پر نازل کیا تاکہ اُن کے دلوں میں سکونت کرے۔ یہ ساری شادمانی اور مُسرت اُس کام میں تھی جو خداوند نے اُن کے لئے کر دیا تھا۔

غور طلب بات یہ ہے کہ کس طرح پولس رسول فلپیوں کو 1 آیت میں اُن کے اردگرد

پھیلتی ہوئی غلط تعلیمات کے پیشِ نظر خداوند یسوع کی فراہم کردہ محافظت میں خوش رہنے کی تلقین کرتا ہے اگر ہم خداوند اور اُس کے صلیبی کام میں خوش رہنا سیکھ جائیں، تو پھر ہم کئی طرح بلکہ ہر طرح کی روحانی گمراہی سے محفوظ رہ سکتے ہیں۔ تمام مسیحی ایمانداروں کو اس بات پر غور وخوص کرتے ہوئے وقت گزارنا چاہئے کہ خداوند یسوع مسیح نے صلیب پر قربان ہو کر اور مُردوں میں سے زندہ ہو کر اُن کے لئے کیسا کام سر انجام دیا ہے۔ ہمیں خداوند میں خوش رہنا سیکھنا ہوگا۔ اس کے صلیبی کام پر مکمل بھروسہ اور اعتماد رکھیں اور خداوند میں خوش رہیں۔ یوں ہم ابلیس کے حیلوں اور حملوں سے محفوظ رہیں گے جو گمراہی اور بے اعتقادی کی صورت میں وہ ہم پر کرتا ہے۔ اُس کی یہی کوشش ہے کہ ہماری نظر اور توجہ خداوند یسوع مسیح اور اس لے صلیبی کام پر سے ہٹا کر ہماری کاوشوں اور کاموں پر لگائے کہ ہم نے کیا کیا ہے۔

پولس رسول نے واضح طور پر بیان کیا ہے کہ اس کا جھوٹے اُستادوں کے تعلق سے کیا نظریہ تھا۔ اس نے انہیں 2 آیت میں کتے کہا ہے۔ یاد رہیں کہ بائبل مقدس میں کتے ناپاک جانور تھے۔ پولس رسول ان اُستادوں کو ایسے ہی دیکھتا تھا۔ وہ ناپاک جانوروں کی مانند ہی تھے۔ ایک اور وجہ بھی ہے جس کی بنا پر پولس رسول انہیں کتے کہتا ہے وہ ختنہ کی تعلیم میں بھی دلچسپی بلکہ بہت زیادہ لگاؤ رکھتے تھے۔ یوں لگتا ہے کہ یہ مذہبی رسم ان کے لئے توجہ کا مرکز بنی ہوئی تھی۔ وہ یہی سمجھتے تھے کہ ایک مرد تب ہی راستباز اور پاک ٹھہر سکتا ہے اگر وہ ختنہ کرائے۔ بھوکے کتوں کی طرح یہ جھوٹے اُستاد جسم کے کاموں میں مست رہتے تھے۔ بطور ایک یہودی، پولس رسول کا ختنہ ہوا تھا، پولس رسول ختنہ کو محض جسم کے ایک حصے کو الگ کرنے کے طور پر دیکھتا ہے۔ کیونکہ اب اسے ایسا کرنے میں کوئی روحانی اہمیت اور افادیت دیکھنے کو نہیں ملتی تھی۔ فلپی کے جھوٹے اُستاد یہ تعلیم

دیتے تھے کہ اگر وہ ختنہ نہ کرائیں تو وہ نجات نہیں پا سکتے۔ ان اعتراضات کے جواب میں، پولس رسول نے فلپیوں کو بتایا کہ حقیقی طور پر ختنہ یافتہ شخص وہ ہے جو روح اور سچائی سے خدا کے جلال کے لئے خداوند یسوع مسیح کے وسیلہ سے خدا کی پرستش اور عبادت کرتا ہے۔ موسوی شریعت کے مطابق، ختنہ اس بات کی علامت تھا کہ ختنہ یافتہ شخص بنی اسرائیل سے تعلق رکھتا ہے۔ آج ہمارے لئے کون سا نشان ہے کہ ہم خدا کے گھرانے سے تعلق رکھتے ہیں؟ یہ نشان روح القدس کی ہماری زندگیوں میں موجودگی ہے۔ روح القدس ہمیں ایک نشان کے طور پر دیا گیا ہے اور یہ مُہرِ تصدیق ہے کہ ہم خدا کے بیٹے اور بیٹیاں ہیں۔ (افسیوں 1 باب 12 تا 14 آیت)

لیکن اگر خدا کے پاک روح کی حضوری اور موجودگی آپ کی زندگی میں نہیں ہے تو پھر آپ اُس کے نہیں ہیں۔ پولس رسول رومیوں 8 باب 9 آیت میں، واضح طور پر بیان کرتا ہے کہ " اگر کسی میں مسیح کا روح نہیں ہے تو وہ اُس کا نہیں ہے۔" مسیح کے ہونے کا نشان یہی ہے کہ خدا کا روح ہمارے دلوں میں سکونت پذیر ہے۔

آج حقیقی طور پر خداوند یسوع مسیح کے لوگ وہ ہیں جو خدا کے روح کی ہدایت سے چلتے ہیں۔ وہ روح اور سچائی سے خداوند کو جلال دیتے ہیں۔ ایسے لوگ جسم پر بھروسہ نہیں کرتے۔ انہیں معلوم ہے کہ باقاعدگی سے گرجہ گھر جانے سے وہ مسیحی نہیں بن جاتے۔ وہ یہ بھی جانتے ہیں کہ بپتسمہ لینے سے بھی وہ خدا کی بادشاہی کا حصہ نہیں بن جاتے۔ صرف یہی نشان اور علامت اس بات کی تصدیق ہے کہ وہ خدا کے گھرانے کے لوگ ہیں کیونکہ مسیح کا روح ان میں بسا ہوا ہے۔ جب خدا ہم پر نظر کرتا ہے تو یہ دیکھتا ہے کہ آیا مسیح کا روح ہم میں بسا ہوا ہے۔

پولس رسول نے فلپیوں کو یاد دہانی کرائی کہ اگر جسم پر بھروسہ کرنے کی بات ہے تو وہ سب سے زیادہ جسم پر بھروسہ کر سکتا ہے۔ آٹھویں دن پولس رسول کا ختنہ ہوا، وہ ایک اچھا یہودی بھی تھا۔ وہ بنیمین کے قبیلہ سے تعلق رکھتا تھا، وہ عبرانیوں کا عبرانی تھا، وہ پیدائشی یہودی تھا اور یہودی ایمان کے مطابق اُس نے زندگی بھی بسر کی تھی۔ فریسیوں کے فرقہ سے تعلق رکھتا تھا۔ فریسی شریعت کی تابعداری اور لگاؤ کی وجہ سے مشہور تھے ۔اسرائیل میں فریسیوں سے بڑھ کو کوئی بھی شریعت کا علمبردار نہیں تھا۔یہودی ایمان کی بات کریں تو اس دَور میں، پولس رسول سے زیادہ کوئی بھی اس دَوڑ میں اس سے آگے نہیں تھا۔ اُس نے مسیحی کلیسیا کو ستایا بھی تھا کیونکہ ایک وقت تھا جب وہ اسے یہودی ایمان کے لئے خطرہ محسوس کرتا تھا۔ اس کا یہی خیال تھا کہ خدا نے اُسے چن لیا ہے تاکہ وہ دُنیا کو مسیحیت کے خطرہ سے بچالے۔ جب مذہب کے تعلق سے انسانی کاوشوں کی بات آتی ہے تو کوئی بھی اس سے زیادہ سرگرم اور پُرجوش دکھائی نہیں دیتا۔

پولس رسول نے فلپیوں کو یاد دہانی کرائی جب شریعت پرستی کی بنا پر راست بازی کی بات تھی تو وہ اس وقت بھی لاخطا تھا۔ جب پولس رسول شریعت کی بنیاد پر راستبازی کی بات کرتا ہے تو وہ روایتی اور رسمی طریقہ سے شریعت کی تعمیل کی بات کرتا ہے ۔اگر آپ ظاہری طور پر موسوی شریعت کی پابندی کے لحاظ سے پولس رسول کا جائزہ لینا چاہتے ہیں، تو وہ اس سلسلہ میں بہت محتاط اور کٹر قسم کا مذہبی شخص تھا۔ ہو سکتا ہے کہ آپ کی ملاقات ایسے کسی مذہبی شخص سے ہوئی ہو۔ وہ خدا کی خوشنودی حاصل کرنے کے لئے انسانی کاوشوں کے لحاظ سے لاخطا دکھائی دیتے ہیں۔ وہ گرجہ گھر جاتے ہیں، بائبل مقدس بھی پڑھتے ہیں اور صرف یہی نہیں ہر روز دُعا بھی کرتے ہیں۔ اس کے علاوہ نیک اور بھلے کام بھی کرتے ہیں۔ وہ خدا کے ساتھ اپنے رشتہ میں وفادار ہوتے ہیں اور جن چیزوں پر اُن کا

ایمان ہوتا ہے، اُن میں وہ بے نقص دکھائی دیتے ہیں۔

یہاں پر ہمارے سمجھنے کی اہم بات یہ ہے کہ اگرچہ پولس رسول ظاہری طور پر راستباز شخص تھا، تو بھی گناہ میں کھویا ہوا تھا۔ لوگوں کے لئے اس بات کو سمجھنا بہت دشوار معلوم ہوتا ہے۔ کس طرح ایک شخص جس کا ایمان اور عقیدہ دُرست ہے، وہ گناہ میں کھویا ہو سکتا ہے؟ پولس رسول نے 7 آیت میں فلپیوں کو بتایا کہ وہ ہر طرح کے ظاہری رتبے اور مفاد کو بے قدر جانتا ہے۔ کیونکہ جو کچھ مسیح نے پیش کیا ہے وہ اس سے کہیں اعلیٰ اور لاثانی ہے جو اس کے لئے باعثِ فکر ہے یعنی ظاہری راستبازی۔ پولس رسول یہاں پر ظاہری اور انسانی راستبازی کا اس راستبازی سے موازنہ کرتا ہے جو مسیح پیش کرتا ہے۔ پولس رسول اپنی زندگی کے اس مقام پر پہنچ چکا تھا جہاں پر وہ شریعت کے حاصل کو بھول چکا تھا اور اب اس کی توجہ مسیح کی پیش کردہ برکات پر مرکوز ہو چکی تھی۔

8 آیت سے واضح ہوتا ہے کہ پولس رسول نے ظاہری راستبازی میں ہاتھ پاؤں مارے تھے۔ اُس نے بڑی احتیاط سے شریعت کی فرمانبرداری کی تھی۔ لیکن ایک دن اُسے ایک اور راستہ نظر آ گیا۔ خداوند یسوع مسیح اس پر ظاہر ہوا اور پھر اُس کی زندگی بدل گئی۔ جب پولس رسول کی ملاقات خداوند یسوع مسیح سے ہوئی، تو اسے کچھ ایسا ملا گیا جو شریعت اسے کبھی نہ دے سکی تھی۔ 9 آیت میں، پولس رسول نے فلپیوں کو بتایا کہ مسیح یسوع میں اُسے کامل اور حقیقی راستبازی مل گئی ہے۔ راستبازی کا تعلق تو اس بات سے ہے کہ انسان کا رشتہ اور تعلق خدا کے ساتھ درست ہو۔ یہی وہ چیز تھی جو شریعت اُسے نہ دے سکی تھی۔ شریعت انسان کے دل میں موجود گناہ کو ختم کرنے سے قاصر رہی۔ شریعت نے عارضی طور پر گناہ کو ڈھانپا لیکن فردِ جُرم کو مٹانے کی اہلیت شریعت میں نہیں تھی۔ شریعت سے انسان کے دل میں کوئی تبدیلی واقع نہ ہو سکی۔ اس کے برعکس خداوند یسوع مسیح نے ایک

ہی بار گناہ کے معاملہ کو ختم کر دیا۔ اُس کی قربانی نے ہمیشہ کے لئے اور مکمل طور پر خدا کے تقاضوں کو پورا کر دیا ہے۔ اب گناہ کی کسی اور قربانی کی ضرورت باقی نہیں رہی۔ خدا اُن سب کو اپنا پاک روح دیتا ہے جو خداوند یسوع مسیح کو اپنا خداوند اور نجات دہندہ قبول کرتے ہیں۔ خداوند کا پاک روح ایمانداروں کی رہنمائی کرتا اور اُنہیں ایسی زندگی گزارنے کی توفیق عطا کرتا ہے جو وہ پہلے اپنی قوت سے بسر کرنے کی طاقت نہیں رکھتے تھے۔ وہ ایماندار جو اپنے لئے مسیح کے صلیبی کام کو قبول کر لیتے ہیں خداوند کے ساتھ ایسا تعلق اور رشتہ استوار کر لیتے ہیں جسے کوئی چیز ختم نہیں کر سکتی۔ کیونکہ خداوند یسوع مسیح کی قربانی کامل اور قطعی ہے۔ پولس رسول نے اپنی خواہش کا اظہار کیا کہ وہ مسیح کی راستبازی کا طالب ہے۔ (9 آیت) مسیح کی راہ پر کامل معافی اور خداوند کے ساتھ صلح کا بندھن بندھ جاتا ہے۔ مسیح کے نام اور کام میں قدرت پائی جاتی ہے جس سے ایسا کام پایہ تکمیل کو پہنچا جو انسانی کاوشوں سے ممکن نہ تھا۔

پولس رسول ہمیں یہاں پر یہ بتا رہا ہے کہ شریعت پرستی کی راستبازی اور مسیح کے وسیلہ سے حاصل ہونے والی راستبازی میں ایک بڑا فرق پایا جاتا ہے۔ شریعت پرستی کی راستبازی انسانی کاوش ہے۔ جو پرہیز گاری اور خودی کے انکار سے پیدا ہوتی ہے۔ نجات کے حصول کے لئے انسانی کاوشوں کا اس میں عمل دخل ہوتا ہے۔ وہ لوگ جو اپنی کوشش سے راستبازی کی زندگی بسر کرنا چاہتے ہیں، وہ یہی سمجھتے ہیں کہ اُن کے نیک اعمال خداوند کو خوش کرنے کے لئے کافی ہیں اور انہیں خدا کی بادشاہی میں جگہ بھی مل جائے گی۔ اِس کے برعکس، مسیح کی راستبازی بے بس اور کمزور گنہگار انسان کے لئے خدا کی بخشش اور مفت ملنے والا تحفہ ہے۔ وہ ایماندار جو مسیح کی اُس راستبازی کو حاصل کر لیتے ہیں، وہ جانتے ہیں کہ اب وہ پاک اور راستباز ٹھہر چکے ہیں۔ اپنے اعمال سے نہیں بلکہ مسیح کے صلیب پر کیئے گئے

نجات بخش اور کفارہ بخش کام کے وسیلہ سے۔ ایسے لوگ اپنے دلوں کو کھول کر خدا کے اُس فضل کو حاصل کر لیتے ہیں جس کے وہ قطعی مستحق اور قابل نہیں ہوتے۔

خدا کی طرف سے ملنے والی راستبازی خداوند یسوع مسیح پر ایمان لانے سے حاصل ہوتی ہے۔ اس میں انسانی کاوش اور نیک اعمال کا کچھ عمل دخل نہیں ہوتا۔ (9 آیت) خدا کے ساتھ ہمارا تعلق اور رشتہ اس بنا پر درُست نہیں ہو جاتا کیونکہ ہم نے بہت اچھے کام کئے ہوتے ہیں، بلکہ خدا کے ساتھ ہمارا رشتہ اس لئے بحال ہو جاتا ہے کیونکہ خدا نے ہمیں اپنے بیٹے خداوند یسوع مسیح کے وسیلہ سے ہمارے گناہ معاف کرنے کا چناؤ کیا۔ اس نے ہماری ساری ناراستی اور گناہ خداوند یسوع مسیح پر ڈال دئے۔ وہ لوگ جو مسیح یسوع پر ایمان لانے کے لئے اپنے دلوں کو کھولتے ہیں ان کے گناہ معاف ہو جاتے ہیں۔ وہ روح القدس سے ملبس ہو جاتے ہیں جو ان کے دلوں میں سکونت کرنے کے لئے آتا ہے۔

روح القدس اُنہیں نئی فطرت اور نئی زندگی عطا کرتا ہے۔

اس خیال میں ایک بڑی رہائی اور مخلصی کا عنصر پایا جاتا ہے۔ میں اس لئے نجات نہیں پاؤں گا کہ میں نے کس قدر اچھے اور نیک اعمال کئے ہیں بلکہ اس لئے کہ خداوند یسوع مسیح نے میرے سارے گناہ ڈھانپ دئے ہیں اور میری مخلصی اور رہائی کے لئے ہر قانونی تقاضا پورا کر دیا ہے۔ اس دُنیا میں بہت سے ایسے لوگ ہیں جو ہم سے کئی درجے بہتر اور اچھی زندگی بسر کرتے ہیں۔ ان میں خدا کے کلام کے لئے ہم سے کہیں زیادہ جوش و جذبہ پایا جاتا ہے۔ ہو سکتا ہے کہ وہ پولس رسول کی طرح اچھی زندگی بسر کرنے کے دل سے طالب ہوں۔ لیکن پھر بھی وہ مسیح یسوع کے حقیقی لوگ نہ ہوں۔ خدا کا پاک روح ان میں سکونت پذیر نہ ہو۔ اُن کے پاس مذہبی تعلیم، اور مذہبی اصول و ضوابط ہوں، لیکن اُن میں وہ زندگی نہ ہو جو مسیح یسوع دینے کے لئے اس دُنیا میں آیا۔

پولس رسول نے مسیح یسوع کو دریافت کر لیا۔ اس نے یہ معلوم کر لیا کہ اہم یہ نہیں کہ وہ کس قدر اچھا بلکہ اہم ترین بات یہ ہے کہ مسیح کس قدر کامل کفارہ اور نجات دہندہ ہے۔ ابدی زندگی، نجات اور گناہوں کی معافی اُنہیں ہی ملتی ہے جو اپنے دل خداوند یسوع کے لئے کھولتے ہیں۔ اس کے لئے آپ کو کامل ہونے کی ضرورت نہیں۔ صرف اور صرف آپ کو خداوند یسوع مسیح کی ضرورت ہے۔

چند غور طلب باتیں

☆۔خداوند میں شادمان رہنا کس طرح ہمیں گمراہی سے تحفظ فراہم کرتا ہے؟

☆۔وہ کون سا ایک ایسا نشان ہے جو اس بات کی ضمانت ہے کہ ہم خداوند یسوع مسیح کے ہیں؟

☆۔مذہبی راستبازی اور ایمان سے ملنے والی راستبازی میں کیا فرق پایا جاتا ہے؟

☆۔ مسیح کی منادی کرنے اور شریعت کی منادی کرنے میں کیا فرق پایا جاتا ہے؟

☆۔ پولس رسول ہمیں یہاں پر جو تعلیم دے رہا ہے کس طرح ہمارے طرزِ زندگی پر اثرانداز ہوتی ہے؟ اس سے خدا کے تعلق سے ہمارے فہم وادراک میں کیا تبدیلی واقع ہوتی ہے؟

چند اہم دُعائیہ نکات

☆۔خداوند سے مزید فضل اور توفیق چاہیں تاکہ آپ زیادہ سے زیادہ نجات کے اُس کام کے لئے خداوند میں خوش اور شادمان رہ سکیں جو اُس نے آپ کے لئے سرانجام دیا ہے۔

☆۔خداوند کی شکرگزاری کریں کہ آپ کو اپنی نجات کے لئے کسی بھی معیار پر پورا اُترنے کی ضرورت نہیں ہے۔بلکہ یہ ایک مفت بخشش کے طور پر آپ کو ملی ہے۔

☆۔کیا آپ کو ایسے لوگوں کا علم ہے جو مذہبی راستبازی پر بھروسہ کرتے ہیں؟ خداوند سے دُعا کریں کہ وہ ان کی آنکھیں کھول دے تاکہ وہ اُس کام کو دیکھ سکیں جو خداوند نے ان کو راستباز ٹھہرانے کے لئے سرانجام دیا ہے۔

باب 8

دَوڑا ہُوا جاتا ہوں

فلپیوں 3 باب 10- 16 آیت

گزشتہ باب میں ہم نے دیکھا کہ پولس رسول نے فلپیوں کو بتایا کہ اُس کی سب سے بڑی خواہش یہی ہے کہ وہ مسیح یسوع اور اُس کی راستبازی کو جانے اور معلوم کرے۔ پولس رسول نے مذہب اور نیک اعمال کے وسیلہ سے خدا کی خوشنودی حاصل کرنے کی بھرپور کوشش کرلی تھی۔ لیکن پھر بھی اُس کے اندر ایک خالی پن موجود رہا۔ جب اُس کی ملاقات خداوند یسوع مسیح سے ہوئی تو اُسے وہ کچھ مل گیا جو وہ ایک عرصہ سے تلاش کر رہا تھا۔ اب اس کی یہی خواہش تھی کہ مسیح یسوع کو جانے اُس میں افزائش کرے اور اُس کی معرفت اور پہچان میں آگے بڑھتا چلا جائے۔ پولس رسول اسی موضوع کے ساتھ مذکورہ حوالہ میں تعلیمی سلسلہ کو آگے بڑھاتا ہے۔

10 آیت قابل غور ہے، جس میں پولس رسول نے فلپیوں کو بتایا کہ وہ مسیح کا مشتاق ہے۔ در حقیقت، وہ اسے پہلے ہی سے جانتا تھا۔ لیکن اُس کا دل ابھی پورے طور پر مطمئن اور بھرپور نہیں تھا۔ وہ اور زیادہ مسیح کو جاننے کا مشتاق تھا۔ وہ گہرے طور پر مسیح یسوع کو جاننے کا دلدادہ تھا۔ ہمیں بھی پولس رسول کی طرح مسیح خداوند کو جاننے کی تڑپ اور ایسی ہی اشتہا اپنی زندگی میں لینے کی ضرورت ہے۔ بہت سے ایماندار نجات پانے کے بعد مسیح کی پہچان اور معرفت کے حصول کے لئے کوشاں دکھائی نہیں دیتے۔ کیونکہ اُن کی زندگی میں روحانی افزائش اور ترقی دیکھنے کو نہیں ملتی۔ عظیم پولس رسول ہمیں یہ بتا رہا ہے کہ وہ زیادہ

سے زیادہ مسیح یسوع کو جاننا چاہتا ہے۔ ہم اُسے کس قدر جاننے کے مشتاق ہیں؟ ہم مسیح کو تھوڑا بہت جان کر ہی مطمئن ہو گئے ہیں۔ اگر ہم یہ کہتے ہیں کہ ہم اسے پورے طور پر جان گئے ہیں، تو یہ کس قدر بڑی حماقت ہے۔ وہ ہمارے خیالوں، ذہن، عقل اور تصورات سے بالاتر ہے۔

10 آیت پر غور کریں کہ وہ صرف مسیح کو ہی نہیں بلکہ اس کے مُردوں میں سے جی اُٹھنے کی قدرت کو بھی جاننا چاہتا ہے۔ یہ جی اُٹھنے کی قدرت کیا ہے؟ یہ وہی قوت اور قدرت ہے جس نے موت پر فتح پائی۔ خداوند یسوع ہمارے گناہوں کو لے کر صلیب پر قربان ہو گیا۔ موت اُسے اپنے قبضہ میں نہ رکھ سکی۔ جی اُٹھنے کی قدرت میں وہ مُردوں میں سے زندہ ہو گیا۔ جی اُٹھنے کی قدرت کے ساتھ وہ باپ کے پاس گیا۔ اسی قدرت کو پولس رسول جاننے کا مشتاق تھا۔ جی اُٹھنے کی قوت اور قدرت ہی ہے جو اس دُنیا میں گناہ اور موت پر غالب آتی ہے۔ یہی قدرت گناہ پر غالب آتی ہے۔ یہی قدرت موت سے گزر کر باپ کی حضوری تک جا پہنچتی ہے۔ خداوند یسوع نے ایسا ہی کیا۔ جب کمزور اور بیمار لوگ خداوند یسوع مسیح کی قدرت سے شفا پاتے ہیں، تو یہ بڑی خوشی اور مسرت کی بات ہوتی ہے۔ کیونکہ مسیح یسوع کی قوت اور قدرت کا یہ جیتا جاگتا ثبوت ہوتا ہے۔ گناہ اور موت پر غالب آ کر خدا کی ابدی حضوری میں داخل ہو جانا کس قدر بڑی قدرت ہے۔ پولس رسول اسی جی اُٹھی زندگی میں آگے بڑھنا چاہتا تھا۔ وہ مسیح کو جاننا اور اُس کی گناہ، بدی اور موت پر غالب آنے والی قدرت کا تجربہ کرنا اور بڑی فتح اور شادمانی کے ساتھ اس کی ابدی حضوری میں داخل ہونا چاہتا تھا۔

گناہ اور موت پر فتح آسانی سے حاصل نہ ہوئی تھی۔ پولس رسول نے اپنی زندگی میں بہت سے دکھ اٹھائے تھے۔ ابلیس نے اس پر بہت سے تیر چلائے تھے۔ شیطان نے بہت سے

لوگوں کو ابھارا تھا کہ وہ اُس کی جان لے لیں۔ پولس رسول نے فلپیوں کو بتایا کہ وہ مسیح کے دُکھوں میں بھی شریک ہونا چاہتا ہے۔ وہ دُکھ اور مصیبتیں سہنے کے لئے تیار تھا۔ وہ مسیح کے دُکھوں میں بھی اس کے ساتھ رفاقت کا خواہاں تھا۔ وہ پیچھے ہٹنے والوں میں سے نہیں تھا۔ وہ میدان چھوڑ کر بھاگنا نہیں چاہتا تھا۔ وہ مسیح کی طرح دُکھ اٹھاتے ہوئے مرنا چاہتا تھا تاکہ ابدی زندگی کو حاصل کرلے۔ وہ آخر تک وفادار رہنا چاہتا تھا۔ وہ مسیح کے لئے جینا اور مسیح کے لئے ہی مرنا چاہتا تھا۔ کیونکہ اُسے یقین تھا کہ وہ مسیح کی طرح ایک دن مُردوں میں سے زندہ ہو کر آسمانی باپ کی ابدی حضوری میں چلا جائے گا۔

پولس رسول ہمیں یہ بتارہا ہے کہ مسیح کو جاننا ہمیشہ آسان نہیں ہوتا۔ بعض اوقات مسیح خداوند ہمیں کڑے امتحانوں سے گزارے گا اور ہم دشوار گزار راہوں پر چلتے ہوئے اسے جانیں گے۔ اگر آپ مسیح یسوع کو جاننا چاہتے ہیں تو پھر آپ دُکھ اُٹھانے، مشکلات سہنے اور دشوار گزار راہوں پر چلنے کے لئے تیار اور مُستعد رہیں۔ لیکن یاد رہے کہ اُس کے ساتھ ساتھ اچھے وقت بھی آئیں گے جب آپ اس کی شادمانی اور برکات سے محضوظ ہوں گے، آپ اُس کی حضوری اور برکات کا تجربہ بھی کریں گے۔

پولس رسول نے 12 آیت میں فلپیوں کو یاد دہانی کرائی کہ ابھی تک اُسے مسیح کی پوری معرفت اور پہچان حاصل نہیں ہوئی، پولس رسول ابھی تک ضرورت محسوس کرتا تھا کہ وہ مسیح کے ساتھ چلتے ہوئے ترقی کرے۔ وہ ابھی تک خود کو کاملیت سے دُور محسوس کرتا تھا۔ پولس رسول کو یہ بیان کرتے ہوئے جھجک محسوس نہ ہوئی کہ وہ گنہگار ہے۔ ایسے قائدین اور رہنما اس دنیا میں موجود ہیں جو یہ سمجھ بیٹھے ہیں کہ اُنہیں مزید کچھ جاننے کی ضرورت نہیں، وہ پختہ اور مضبوط ایماندار بن چکے ہیں۔ وہ اس لئے بھی اس بات کا اقرار نہیں کرتے کہ وہ کامل نہیں اور اُنہیں مزید جاننے کی ضرورت ہے، کیونکہ وہ یہ سمجھتے ہیں کہ پھر لوگ

اُن کی عزت نہیں کریں گے۔ پولس رسول کو ہرگز یہ خوف نہیں تھا۔ اُس نے اِس بات کا اقرار اور اعتراف کیا کہ ابھی مسیح کے ساتھ اُسے اپنا رشتہ اور تعلق مزید گہرا کرنے کی ضرورت ہے۔

اگر آپ روحانی قائد ہیں، تو اس بات کو جان لیں کہ آپ کے ماتحت کام کرنے والے لوگ، آپ کی کلیسیا اور پیروکار اس بات کو بخوبی جانتے ہیں کہ آپ کامل نہیں ہیں۔ اُنہوں نے آپ کی ناکامیوں اور خامیوں کو اچھی طرح دیکھا ہے۔ وقت ضائع نہ کریں۔ اپنی جھوٹی اَنا اور خود کو لوگوں کے سامنے کامل پیش کرنے کی ناکام کوششیں ترک کر دیں۔ وہی کریں جو پولس رسول نے کیا تھا۔ وہ اس ہدف کی طرف بڑھتا گیا جو مسیح نے اس کے لئے مقرر کیا تھا۔ " بڑھتا چلا جاتا ہوں" کا مطلب یہ بھی ہے کہ اُس کی یہ دَوڑ اور جدوجہد مشکلات سے آزاد نہ تھی۔ پولس رسول جانتا تھا کہ خداوند یسوع مسیح اس کی زندگی کے لئے ایک مقصد رکھتا ہے۔ خداوند یسوع نے ایک مقصد کے تحت اسے نجات بخشی تھی۔ پولس رسول اس مقصد کو اپنی زندگی میں پورا ہوتے دیکھنا چاہتا تھا۔ اس خواب کی تکمیل کے لئے، پولس رسول کو بہت سی مشکلات سہنی تھیں۔ وہ ایسا کرنے کے لئے تیار تھا تا کہ وہ اس مقام تک پہنچ سکے جس مقام تک مسیح خداوند اسے لانا چاہتا تھا۔ ہم میں سے کتنے ہیں جو پورے طور پر مسیح کو جان پائے۔ کتنی ہی بار ہم اس ہدف تک نہ پہنچ پائے جو مسیح نے ہمارے لئے مقرر کیا ہے؟ یہ بات سچ ہے کہ ہم خداوند یسوع مسیح کے فضل اور اُس کے پاک روح کے بغیر کچھ بھی نہیں کر سکتے۔ مسیح کی مانند بننے اور اُس ہدف تک پہنچنا جو مسیح نے ہمارے لیے مقرر کیا ہے، خدا کے پاک روح اور ہماری کوشش اور فیصلے کا مشترکہ کام ہے۔ اگر میں چاہوں تو اُس کام میں رکاوٹ بن سکتا ہوں جو خداوند میری زندگی میں کر رہا ہے۔ میں کچھ وقت کے لئے خدا کی نافرمانی میں زندگی بسر کرنے کا چناؤ کر سکتا ہوں، جو کچھ خدا مجھے کرنے

کے لئے کہہ رہا ہے، میں اُس میں تاخیر سے کام لے سکتا ہوں۔ بہت سے ایماندار پوری زندگی اُس ہدف تک نہیں پہنچ پاتے جو خدا نے اُن کے لئے مقرر کیا ہوتا ہے۔ وہ خوف کو موقع دیتے ہیں کہ ان کی راہ میں کھڑا ہو جائے۔ بہت سے لوگ جس مقام پر ہوتے ہیں، اسی پر قناعت کر کے وہیں کے وہیں رہتے ہیں اور آگے بڑھنے کی مطلق کوشش نہیں کرتے۔ پولس رسول ہمیں آگے بڑھنے کی تلقین کرتا ہے۔ وہ ہمیں مسیح اور اُس کی قدرت کو گہرے طور پر جاننے کے لئے ابھار رہا ہے۔ ہم وفادار رہتے ہوئے ہی ایسا کر سکتے ہیں۔ ہمیں اپنی صلاحیتوں اور لیاقتوں کو خدا کے لئے استعمال کرنے اور میدانِ جنگ میں دشمن اور اپنے جسم سے نبرد آزما ہونے کے لئے تیار رہنا ہو گا۔ پولس رسول کی طرح تیار رہیں کہ بوقت ضرورت دُکھ بھی اُٹھانا پڑے تو پیچھے نہ ہٹیں۔ مسیحی زندگی میں کوئی مختصر اور آسان شاہراہ موجود نہیں ہے۔

13 آیت میں پولس رسول ہمیں ایک بار پھر یہ بتاتا ہے کہ ابھی تک وہ اُس ہدف تک نہیں پہنچا جو مسیح نے اس کے لئے مقرر کیا ہے۔ اُس کی زندگی میں ابھی مزید کام کی ضرورت تھی۔ بہت سا کام تھا جو مسیح اُس کے وسیلہ اور اُس کی زندگی میں کرنا چاہتا تھا۔ اسی بات کو مدِ نظر رکھتے ہوئے پولس رسول نے فلپیوں کو بتایا کہ جو چیزیں پیچھے رہ گئیں انہیں وہ بھول کر نشان کی طرح بڑھا چلا جاتا ہے۔ یہاں پر ہمیں دو چیزیں دیکھنے کی ضرورت ہے۔

غور طلب بات، پولس رسول ہمیں یہ بتا رہا ہے کہ جو چیزیں پیچھے رہ گئیں ہیں، وہ اُنہیں بھول گیا ہے۔ جب ہم ماضی کو چھوڑ دیتے ہیں تو تب ہی ہم آگے بڑھتے ہیں۔ اگر آپ ماضی سے جڑے رہیں گے تو کبھی آگے بڑھنے کا رُجحان اور خیال آپ کی زندگی میں پیدا نہیں ہو گا۔ بعض اوقات ہم میں سے بعض لوگوں کو ایسے افراد کو معاف کرنا ہو گا جنہوں نے ہمیں دُکھ پہنچایا ہے۔ خفگی اور ناراضگی ہمیں ماضی سے جوڑے رکھتی اور آگے بڑھنے سے

روکتی ہے۔

گزشتہ زمانے کو بھولنے کا مطلب صرف معاف کرنا ہی نہیں مسیح کی اس معافی کو بھی قبول کرنا ہے جو ہمیں دینا چاہتا ہے۔ کسی نہ کسی وقت ہم میں سے ہر ایک ناکام ہوتا ہے۔ ہم میں سے ہر ایک نے ایسے کام بھی کئے ہوتے ہیں جن کا ہم اقرار و اعتراف کرنے میں شرمندگی محسوس کرتے ہیں۔ اکثر اوقات ایسی چیزیں ہمیں آگے بڑھنے سے روکے رکھتی ہیں۔ ہماری گزرے وقتوں کی ناکامیاں اور ہمیں مستقبل میں قدم مارنے سے روکتی ہیں۔ ہم شکست خوردہ زندگیاں بسر کرتے ہیں۔ ہمیں خوف ہوتا ہے کہ کہیں ہم پھر ناکام نہ ہو جائیں۔ ہم کسی نئی خدمت کو قبول کرنے کا تصور بھی نہیں کرتے۔ ہم یہی سمجھتے ہیں کہ ہم اس لائق ہی نہیں رہے۔ کیونکہ ہم ماضی کے ساتھ جڑے ہوتے ہیں۔ اگر ہم پولس رسول کے تعلق سے ایک بات کو جانیں، تو وہ اُس گزرے زمانے کو یاد کرتا ہے جب وہ کلیسیا کو ستایا کرتا تھا۔ وہ اپنے آپ کو رسولوں میں سب سے چھوٹا خیال کرتا ہے۔ کیونکہ ایک وقت تھا جب اُس نے خدا کی کلیسیا کو دُکھ دیا تھا۔ (1 کرنتھیوں 15 باب 9 آیت) پولس رسول کے لئے ماضی کو بھولنے کا مطلب ان سب کاموں کے لئے خدا کی معافی کو قبول کرنا تھا جو اس نے خدا کے لوگوں کو دُکھ دینے کے لئے کئے تھے۔ پولس رسول کے لئے کس قدر آسان تھا کہ وہ اسی احساس میں زندگی گزار دے کہ وہ ایک شکست خوردہ اور نااہل شخص ہے۔ کیونکہ اس نے کلیسیا کو بہت نقصان پہنچایا تھا۔ پولس رسول نے اسی احساسِ جرم اور ماضی میں زندگی گزارنے سے انکار کیا۔ وہ ان چیزوں کو بھول کر آگے کی طرف بڑھتا رہا۔ اُس نے مسیح کی معافی کو قبول کر کے نئی زندگی میں قدم بڑھایا۔

جو چیزیں پیچھے رہ گئی ہیں انہیں بھولنے کا مطلب یہ بھی ہے کہ ہم اپنی ماضی کی فتوحات پر ہی مطمئن ہو کر نہ بیٹھ جائیں۔ پولس رسول کے لئے یہ ممکن تھا کہ وہ ان باتوں پر ہی توجہ

مرکوزرکھتا جو خدا نے اس کے وسیلہ سے اور اُس کی زندگی میں کی تھیں۔ کچھ ایسے پاسبان اور خدام بھی ہوتے ہیں جو ماضی کی فتوحات اور برکات پر ہی مطمئن ہو کر بیٹھ جاتے ہیں۔ اگر آپ ماضی سے منسلک رہیں گے تو کبھی آگے بڑھ نہیں پائیں گے۔ آگے بڑھنے کا مطلب یہ بھی ہے کہ گزرے زمانہ میں حاصل ہونے والی برکات کے لئے خدا کی شُکر گزاری کریں لیکن اُنہیں پر قناعت کر کے نہ بیٹھ جائیں۔ مزید کام، برکات اور افزائش کی ضرورت ہمیشہ رہتی ہے۔ خدا نے ابھی اپنا کام ہم میں مکمل نہیں کیا۔ اگر خدا نے آپ کی زندگی میں ایک بڑا کام کر دیا ہے تو رُک نہ جائیں۔ آگے بڑھیں، مزید برکات اور فتوحات کی توقع کریں۔ ماضی کی فتوحات آپ کے ذہن کو اُلجھا نہ دیں۔ موقع نہ دیں کہ گزرے زمانے کی برکات اور خدا کے عظیم کام آپ کے ذہن کو ایسا اُلجھا دیں کہ آپ مستقبل کے لئے خدا کے کام اور برکات کو دیکھنے سے قاصر رہیں۔

پولس رسول نے موقع نہ دیا کہ گزشتہ زمانہ کی برکات اُسے مستقبل کی برکات کو دیکھنے سے روک دیں۔ وہ کسی طور پر بھی ہمت ہارنے اور رُک جانے والوں میں سے نہیں تھا۔ جو وقت خدا نے اُسے دیا تھا وہ اس سے بھرپور فائدہ اُٹھانا چاہتا تھا۔ اپنی زندگی کی دَوڑ کے آخری مرحلہ میں، پولس رسول مزید جانفشانی کرنا چاہتا تھا۔ اگرچہ اس نے پہلے ہی کافی کام سرانجام دیا تھا، لیکن وہ کسی طور پر بھی اس بات سے متفق نہیں تھا کہ گزرے وقت میں ہونے والا کام اسے مزید آگے بڑھنے سے روک دے۔ جب تک وہ کاملیت تک نہ پہنچ جاتا اُس نے اپنی دوڑ، جانفشانی اور جدوجہد کو جاری رکھنا تھا۔

15 آیت میں پولس رسول نے فلپیوں کو بتایا کہ ہر ایک بالغ اور پختہ مسیحی کو ایسا ہی روّیہ رکھنا چاہئے۔ اگر کسی بھی مسیحی میں یہ صحت مند رویہ پایا جاتا ہے کہ وہ مسیح کو مزید جانے تو آپ کہہ سکتے ہیں کہ وہ ایک بالغ مسیحی اور مضبوط ایماندار ہے۔ کیونکہ ایسے مسیحیوں کو اس

بات کا احساس اور ضرورت محسوس ہوتی ہے کہ اُنہیں مسیح یسوع میں مزید آگے بڑھنا ہے۔ ایک مضبوط مسیحی وہی ہوتا ہے جو ماضی کو بھول کر آگے یعنی مستقبل کی طرف نظر کرتا اور آگے بڑھتا رہتا ہے۔ ایک مضبوط مسیحی اپنی ان کامیابیوں کو موقع نہیں دیتا کہ وہ اُسے مستقبل میں خدمت کرنے سے روک دیں۔ پولس رسول نے خدا پر توکل اور بھروسہ کیا کہ فلپی کلیسیا میں ایماندار اس سچائی کو بہتر اور گہرے طور پر سمجھ سکیں۔

(15 آیت)

پولس رسول نے 16 آیت میں اس نکتہ پر فلپیوں کو یہ تلقین کرتے ہوئے اس موضوع کو اختتام پذیر کیا ہے کہ وہ اس علم الٰہی کے مطابق زندگی بسر کریں جو اُنہیں مل چکا ہے۔ خدا نے آپ کو آپ کی زندگی میں کون سا سبق دیا ہے؟ کتنی ہی بار ہم زندگی میں ایک ہی سبق بار بار سیکھتے رہتے ہیں؟ میری زندگی میں ایسے اوقات بھی آئے جب یوں لگتا تھا کہ میں آگے بڑھنے کی بجائے میں پیچھے کی طرف جا رہا ہوں۔ ایسا وقت بھی آیا جب میں نے محسوس کیا کہ میں اس سبق کے مطابق زندگی بسر نہیں کر رہا جو میں نے پہلے ہی سیکھ لیا ہے۔ خدا ہم میں سے ہر ایک کو روحانی سفر میں سے گزار کر کسی نہ کسی مقام تک لایا ہے، لیکن پھر بھی ہم اس مقام سے آگے پیچھے ہوتے رہتے ہیں اور اس مقام اور معیار پر زندگی بسر کرنے سے قاصر رہتے ہیں جہاں پر خدا ہمیں لایا ہوتا ہے۔ خدا نے ہمارے ایمان کو بھی وُسعت دی ہوتی ہے، لیکن پھر بھی ہم کئی ایک مشکلات کا شکار ہو جاتے ہیں، یوں لگتا ہے کہ ہمارا توکل اور بھروسہ خداوند پر نہیں رہا۔ اُس نے ہمیں چلنا سکھایا ہوتا لیکن پھر بھی ہم رینگتے ہی رہتے ہیں۔ اس نے اپنی بڑی قدرت کو ہمارے لئے ظاہر کیا ہوتا ہے اور ہمارے لئے بڑے دروازوں کو کھولا ہوتا ہے لیکن پھر بھی ہم اس پر توکل اور بھروسہ کرنے سے انکار کرتے ہیں۔ حالانکہ اُس نے ہمارے لئے بڑے بڑے کام سر انجام دئے

ہوتے ہیں۔ اگر ہمیں آگے بڑھنا ہے، تو ان اسباق کو یاد کرتے ہوئے جو خدا نے ہمیں سکھائے ہیں، تابعداری سے قدم اُٹھائیں اور آگے بڑھنا شروع کر دیں۔

چند غور طلب باتیں

☆۔ کیا اب آپ مسیح یسوع کو جانتے ہیں؟ کیا آپ اسے مزید جاننے کے لئے پُرجوش ہیں؟ آپ کس حد تک اسے مزید جاننے کے مشتاق ہیں؟

☆۔ یہ حوالہ مسیح کے لئے اپنی ہر ایک حد تک جانے کے تعلق سے کیا سکھاتا ہے؟ کیا آپ نے مسیح کو جاننے کے لئے اپنی توانائیاں استعمال کی ہیں؟ آپ کے خیال میں مسیح مزید کس حد تک آپ کی زندگی میں اور آپ کے وسیلہ سے کام کرے گا؟

☆۔ روحانی طور پر ترقی کرنے اور بڑھنے کے لئے آپ کو کیا کچھ بھولنے کی ضرورت ہے؟ کیا کچھ ایسی ناکامیاں ہیں جو آپ کو بھول جانے کی ضرورت ہے؟ کیا کچھ ایسے لوگ ہیں جنہیں آپ کو معاف کرنے کی ضرورت ہے؟

☆۔ کیا آپ اس علم و معرفت اور مسیح کی پہچان کے مطابق زندگی بسر کرتے ہیں جو اب تک آپ کو حاصل ہے؟ کیا خداوند کو بار بار ایک ہی سبق سکھانا پڑتا ہے؟ وضاحت کریں۔

چند اہم دُعائیہ نکات

☆۔ خداوند سے دُعا کریں کہ اسے جاننے کے لئے مزید آپ میں جلتی ہوئی خواہش پیدا کرے۔ خداوند سے ایسے وقت کے لئے معافی مانگیں جب آپ نے مزید آگے بڑھنا ترک کر دیا۔

☆۔ خداوند سے دُعا کریں کہ وہ گناہ اور موت پر مسیح یسوع کی جی اُٹھی زندگی کی قدرت میں زندگی بسر کرنے کی آپ کو توفیق عطا فرمائے۔

☆۔ خداوند کی شکر گزاری کریں کہ اُس نے آپ کی گزشتہ ناکامیاں آپ کو معاف کر دی ہیں۔ مزید آگے بڑھنے اور ترقی کرنے کے لئے خداوند سے فضل اور توفیق چاہیں۔

☆۔ خداوند سے وہ سبق سیکھنے کے لئے فضل چاہیں جو خداوند آپ کو سکھا رہا ہے۔

باب 9

صلیب کے دُشمن

فلپیوں 3 باب 17-21 آیت

پولس رسول اپنی زندگی میں روحانی ترقی کرنے اور آگے بڑھنے کی گہری خواہش کا اظہار کرتا ہے۔ اس حصہ میں اس نے فلپیوں کو اس بات کے لئے اُبھارا کہ وہ اس کے نقشِ قدم پر چلیں۔ ہمیں اس بات کو سمجھنا ہے کہ پولس رسول نے اس بات کو تسلیم کر لیا تھا کہ اُسے روحانی زندگی اور فہم و فراست، مسیح کی جان پہچان اور اُس کے علم میں مزید ترقی کرنا اور آگے بڑھنا ہے۔ اس نے اس بنیاد پر دوسروں کو اپنی پیروی کرنے کے لئے نہ کہا کیونکہ وہ سمجھتا تھا کہ اس کی زندگی میں سب کچھ اچھی ترتیب میں ہے۔ بلکہ اُس نے پہلے اس بات کو تسلیم کیا کہ ابھی تک وہ اس نشان تک نہیں پہنچا جو مسیح نے اُس کے لے مقرر کیا ہے۔ اس باب کے شروع میں ہی اس کے بیان سے یہ بات بالکل واضح طور پر دیکھی جا سکتی ہے۔

"یہ غرض نہیں کہ میں پا پا چکا یا کام کامل ہو چکا ہوں بلکہ اُس چیز کے پکڑنے کے لئے دَوڑا ہُوا جاتا ہوں جِس کے لئے مسیح یسوع نے مُجھے پکڑا تھا۔" (12 تا 14 آیت)

پولس رسول فلپیوں کو بتا رہا تھا کہ وہ آگے بڑھنے کے لئے اس جیسا روّیہ اپنائیں تا کہ زیادہ سے زیادہ مسیح کی مانند بنتے چلے جائیں۔ پولس رسول جانتا تھا کہ ابھی تک وہ مسیح میں زیادہ مضبوط اور پختہ نہیں ہوا۔ بلکہ ابھی تک اس جدوجہد اور جانفشانی کی حالت میں تھا کہ مسیح کی پوری تقلید کر سکے۔ جب ہماری روحانی ترقی اور نشوونما کی بات آتی ہے، تو ایک ہی شخصیت اور ہستی ہے جس کی ہم پیروی کر سکتے ہیں۔ اور وہ ہے خداوند یسوع مسیح۔ صرف وہی ایک

ہستی ہے جس نے گناہ سے آزاد اور پاک زندگی بسر کی۔ اگر ہم کسی اور شخصیت کے پیروکار بن جائیں، تو ہم گر جائیں گے۔ جب پولس رسول نے فلپیوں کو بتایا کہ وہ اُس کے نقشِ قدم پر چلیں تو وہ اس بات کو جانتا تھا۔ وہ چاہتا تھا کہ فلپیوں اس حد تک اُس کی پیروی کریں جس حد تک وہ مسیح کی تقلید کرنا چاہتا تھا۔ تیمتھیس کو خط لکھتے ہوئے، اس نے اپنے تعلق سے یہ کہا،

"یہ بات سچ اور ہر طرح سے قبول کرنے کے لائق ہے کہ مسیح یسوع گنہگاروں کو نِجات دینے کے لئے دُنیا میں آیا جِن میں سب سے بڑا میں ہوں۔"(1 تیمتھیس 1 باب 15 آیت)

غور کریں کہ وہ کس طرح اپنے آپ کو سب گنہگاروں سے زیادہ بدترین سمجھتا ہے۔ اسے انسانی کاملیت کے تعلق سے کوئی بھی وہم نہیں تھا۔ کیونکہ پولس رسول جانتا تھا کہ وہ ایک گنہگار شخص ہے۔ جن مشکلات، آزمائشوں اور کڑے امتحانوں اور وقتوں سے ہم گزرتے ہیں، وہ بھی اُن سے نبرد آزما ہوا تھا۔ ایک بار پھر وہ رومیوں 7 باب 14 تا 15 آیت میں بیان کرتا ہے۔

"کیونکہ ہم جانتے ہیں کہ شریعت تو روحانی ہے مگر میں جسمانی اور گُناہ کے ہاتھ بِکا ہوا ہوں۔ اور جو میں کرتا ہوں اُس کو نہیں جانتا کیونکہ جِس کا میں اِرادہ کرتا ہوں وہ نہیں کرتا بلکہ جِس سے مُجھ کو نفرت ہے وہی کرتا ہوں۔"

پولس رسول کے پاس ایک چیز تھی جو ہمارے پاس بھی ہونی چاہئے۔ اور وہ تھی خداوند یسوع مسیح کو جاننے کی جلتی ہوئی خواہش۔ اس کے اندر ایک گہری تڑپ تھی تاکہ وہ ویسا ہی بن سکے جو خداوند یسوع مسیح اُسے بنانا چاہتا تھا۔ وہ کامل نہیں تھا۔ بلکہ وہ کاملیت کی طرف بڑھا ہوا جاتا تھا۔ ہم میں سے کوئی بھی یہ جسارت نہیں کر سکتا کہ دوسروں کو دعوت دے

کہ وہ ہماری پیروی اور تقلید کریں۔ ہم یہ کر سکتے ہیں کہ پولس رسول جیسا رویہ اپناتے ہوئے، بڑی دیانتداری سے مسیح کی پرستش اور عبادت کریں، لوگوں کو ہم میں کاملیت دیکھنے کو نہیں ملے گی۔ لیکن وہ ہم میں آگے بڑھنے کی جلتی ہوئی خواہش کو ضرور دیکھ سکیں گے۔ وہ دیکھیں گے کہ ہم نشو و نما پا رہے ہیں اور مسیح میں ہماری افزائش ہو رہی ہے۔ انہیں معلوم ہونا چاہئے کہ ہمارے دلوں میں مسیح اور دُوسروں کے لئے محبت پروان چڑھ رہی ہے۔ پولس رسول فلپیوں کو ذیل میں یہی بتا رہا ہے۔

پولس رسول نے فلپیوں کو یاددہانی کرائی کہ جب وہ مسیح کو جاننے کے لئے آگے بڑھتے ہیں تو انہیں صلیب کے دشمنوں سے بھی نبرد آزما ہونا ہے۔ 17 آیت میں دیکھیں، پولس رسول نے فلپیوں کو بتایا کہ وہ ان لوگوں پر نظر رکھیں جو مسیح خداوند کے بتائے ہوئے نمونے پر چلتے ہیں اور وہ اُن کی تقلید اور پیروی کریں۔

پولس رسول کا دل اس بات پر دُکھتا تھا کہ بہت سے لوگ صلیب کے دشمن بنے ہوئے تھے۔(18 آیت) اس بات کو جاننا بھی اہم ہے کہ یہ لوگ کلیسیا میں سے نہیں تھے، لیکن کلیسیا میں چپکے سے داخل ہو گئے تھے۔ کیا ممکن ہے کہ یہ وہی لوگ تھے جن کے تعلق سے پولس رسول نے اس خط کے شروع میں بیان کیا تھا کہ وہ ایمانداروں کو یہ تعلیم دیتے ہیں کہ جب تک وہ ختنہ نہ کرائیں آسمان کی بادشاہی میں داخل نہیں ہو سکتے؟ تاہم یہ ایماندار کلیسیا کے لئے بہت بڑا خطرہ بنے ہوئے تھے۔

19 آیت میں پولس رسول نے ان لوگوں کے تعلق سے بیان کیا ہے۔ اول۔ ایسے لوگ جو مسیح کے دشمن تھے ابدی تباہی کی راہ پر گامزن تھے۔ عدالت کا دن قریب تھا، اور وہ اس عدالت کی طرف بڑھے چلے جا رہے تھے۔ ایک ہولناک دن اُنہیں قدوس خدا کا سامنا کرنا تھا۔ اُنہوں نے اُوپر نگاہ کرنی تھی تو انہیں معلوم ہونا تھا کہ بس ان کی تباہی آ گئی ہے۔

جو کچھ انہوں نے کلیسیا کے خلاف کیا ہو گا، اُن کی عدالت ہو گی، ہر وہ تباہی جو وہ کلیسیا میں لائے تھے خدا نے ان کی عدالت کرنی تھی۔

دوئم۔ پولس رسول نے فلپیوں کو بتایا کہ صلیب کے دُشمنوں کا خدا اُن کا پیٹ تھا۔ اس کا مطلب یہ تھا کہ ان کو ہر وقت اپنی جسمانی خواہشات اور ضروریات کا ہی خیال رہتا تھا۔ ان کی یہی خواہش تھی کی عیش و عشرت کی زندگی بسر کریں۔ اچھا کھائیں اور دُنیا کی آسائشوں سے لطف اندوز ہوں۔ ان کی زندگی کا نصب والعین یہی تھا کہ جو کچھ بھی وہ اپنے لئے حاصل کر سکتے ہیں، کر لیں۔ وہ اپنی خواہشات اور رغبتوں کے غلام بنے ہوئے تھے۔ وہ جسمانی ضروریات اور خواہشات سے لدے ہوئے تھے۔ اُنہیں روحانی معاملات کی بالکل بھی فکر نہیں تھی۔ پولس رسول نے فلپیوں کو بتایا کہ صلیب کے دشمنوں کے ذہن دُنیوی چیزوں سے بھرے ہوئے تھے۔

آخر پر، پولس رسول نے فلپیوں کو بتایا کہ صلیب کے دشمنوں کو شرمندگی کا سامنا کرنا ہو گا۔ صلیب کے دشمنوں کو کس بات پر فخر تھا؟ انہیں اپنے کارناموں پر فخر تھا۔ اُنہیں اپنی دولت پر ناز تھا۔ اُنہیں اپنی گناہ آلودہ خواہشات اور جسمانی رغبتوں اور خواہشات پر فخر محسوس ہوتا تھا۔ کچھ عرصہ پہلے کی بات ہے کہ میں نے ایک کافی شاپس میں ایک کتاب لکھتے ہوئے کافی وقت گزارا۔ کبھی ایسا بھی ہوتا ہے جب میں کچھ بھی لکھنا محسوس نہیں کرتا ،بلکہ اپنے اردگرد کے لوگوں کی باتیں سنتا ہوں۔ بعض اوقات لوگ فخر محسوس کرتے ہیں کہ گزشتہ رات اُنہوں نے کس قدر شراب پی۔ وہ اپنی جنسی خواہشوں کی تکمیل اور بد عادات اور گناہ آلودہ طرزِ زندگی کا تذکرہ کرتے اور خوشی مناتے ہیں۔ چاہیے تو یہ کہ انہیں ایسی باتوں پر شرمندگی محسوس ہو۔ لیکن وہ ان باتوں پر فخر محسوس کرتے ہیں جنہیں سن کر بھی شرم آتی ہے۔

لیکن وہ لوگ جو واقعی مسیح کے ہو چکے تھے، ان کا طرزِ زندگی قطعی مختلف تھا۔ یہ لوگ مسیح کو جاننے کے لئے پولس رسول کے نقش قدم پر چلتے ہوئے آگے بڑھ رہے تھے۔ اُن کی شہریت آسمانی تھی۔ وہ مسیح کی آمد ثانی کے منتظر اور مشتاق تھے۔ جس نے اُن کے بدنوں کو جلالی بنا دینا تھا تا کہ وہ اس کی مانند بن جائیں۔ اُنہوں نے جسمانی خواہشوں سے آزاد ہو جانا تھا اور جسمانی رغبتوں سے انہیں ہمیشہ کے لئے رہائی اور مخلصی مل جانی تھی۔ انہوں نے ہمیشہ کے لئے اُس کی ابدی حضوری میں داخل ہو جانا تھا۔ یہی ان کی سب سے بڑی خوشی تھی۔ وہ انتہائی مشتاق اور منتظر تھے کہ خداوند آسمان پر ظاہر ہو اور اُنہیں جلالی بدن عطا کر دے۔ اسی اثنا میں، وہ اسے جلال دینے کے لئے آگے بڑھتے رہے۔ اپنی کمزوری کی حالت اور جسمانی بدنوں میں بھی وہ اس کو جلال دینے کے لئے ثابت قدم رہے۔

یہاں پر ہمیں اس حوالہ میں ایک تضاد پر غور کرنے کی ضرورت ہے۔ ایک طرف تو صلیب کے دشمن تھے۔ اور یہ لوگ جسمانی اور دُنیوی چیزوں کے مشتاق تھے۔ وہ اپنے پیٹ اچھی چیزوں سے بھرتے تھے اور دُنیوی چیزوں کے دلدادہ تھے۔ جب لوگ اُن کی عزت افزائی کرتے تھے تو انہیں اچھا لگتا تھا۔ ان کے دل اور دماغ اس دُنیا کی چیزوں میں کھوئے ہوئے تھے۔

اس کے برعکس، کچھ ایسے لوگ تھے جو مسیح کو جاننے اور اس کی معرفت اور پہچان کے حصول کے لئے آگے بڑھتے چلے جا رہے تھے۔ اُنہوں نے اپنی نظریں دُنیوی چیزوں اور جسمانی خواہشوں سے ہٹا کر مسیح یسوع پر لگا لی تھیں۔ دُنیوی چیزیں انہیں بے معنی اور بے قدر معلوم ہوتی تھیں۔ اُن کی ایک ہی خواہش اور ترجیح تھی، یعنی وہ مسیح کے مشتاق تھے۔ جس نے اُنہیں ایسی چیزوں سے معمور کر دیا تھا جو دُنیا انہیں نہ دے سکتی تھی۔

دنیا میں کچھ ایسے لوگ موجود ہیں، جو اس دُنیا کے دلدادہ ہیں، کچھ ایسے ہیں جو اپنے نجات

دہندہ کے مشتاق ہیں۔ ہمارا شمار کس گروپ میں ہوتا ہے؟

چند غور طلب باتیں

☆۔ پولس رسول نے اس حوالہ میں دو طرح کے لوگوں کو بیان کیا ہے۔ وہ کون سے لوگ ہیں؟ آپ ان میں سے کس کی مانند ہیں؟

☆۔ خداوند یسوع کو جاننے کے لئے آپ کی زندگی میں موجود یہ سوچ کس طرح اور کس حد تک آپ کے طرزِ زندگی پر اثر انداز ہوتی ہے؟

☆۔ کون سی ہستی ہمارے لئے کامل نمونہ ہے؟ کیا کچھ اور لوگ بھی ہیں جو " آگے بڑھنے " میں شخصی طور پر آپ کے لئے ایک نمونہ ثابت ہوئے ہیں؟

☆۔ پولس رسول " بڑھتے جانے " کی ایک مثال تھا۔ آپ کی زندگی کس حد تک اس اصول کی زندہ مثال ہے؟ ☆۔ گزشتہ سال کس طرح آپ نے خداوند میں افزائش کی؟

چند اہم دُعائیہ نکات

☆۔ خداوند کو جاننے کے لئے اور اس کی پہچان اور عرفان کا تجربہ کرنے کے لئے اپنی اس خواہش کی تجدید نو کے لئے دُعا کریں۔

☆۔ خداوند سے ایسے وقتوں کے لئے دُعا کریں جب آپ کی توجہ اور دھیان خداوند سے ہٹ کر دُنیا کی چیزوں پر لگ گیا۔

☆۔ خداوند سے دُعا کریں کہ وہ آپ کی زندگی کا کوئی ایسا حصہ آپ پر ظاہر کرے جو آپ کو خداوند میں نشوونما پانے اور ترقی کرنے میں رکاوٹ کا باعث ہے۔

☆۔ خداوند کی شکرگزاری کریں کہ اُس نے ہمیں ایک ایسا کامل نمونہ دیا ہے جس کی ہم پیروی کر سکتے ہیں۔

باب10

مضبوط بنو

فلپیوں4باب 1-9آیت

گزشتہ باب میں ہم نے دیکھا کہ کس طرح پولس رسول نے فلپیوں کو خداوند کے ساتھ اپنے رشتہ میں مضبوط ہونے کے لئے اُبھارا۔اس نے اُن کی ہمت افزائی کرتے ہوئے انہیں نصیحت کی کہ وہ اپنے اعمال و افعال میں خداوند یسوع مسیح کے نمونے کی پیروی کریں۔وہ اس دُنیامیں تو بالکل کامل نہیں ہوسکتے تھے لیکن وہ زیادہ سے زیادہ اپنے آپ کو خداوند یسوع مسیح کے لئے وقف کرسکتے تھے۔

اس حصہ میں پولس رسول نے فلپیوں کو مسیحی زندگی کے کچھ خاص حصوں کے لئے کچھ عملی ہدایات اور نصیحتیں کی ہیں۔اُس نے اُنہیں بتایا کہ وہ اُن سے محبت کرتا اور ان کا مشتاق ہے۔وہ اُن سے جدائی کی تکلیف محسوس کررہا تھا۔فلپی کے ایماندار پولس رسول کے لئے خاص طورپر باعث برکت تھے۔وہ اُنہیں اپنے لئے بڑی خوشی اور عزت سمجھتا تھا۔وہ انہیں اپنے سر کا تاج سمجھتا تھا۔ایک کھلاڑی کے لئے تاج بڑی اہمیت کا حامل تھا۔وہ اس کے لئے فتح کی علامت تھا۔ایک کھلاڑی کی طرح پولس رسول فلپیوں کو اپنے لئے عزت سمجھتا تھا۔وہ اس کی خدمت کا پھل تھے۔وہ ان سے بہت خوش تھا۔اسے اس بات کی بھی بڑی شادمانی تھی کہ وہ خداوند کے ساتھ گہرے رشتہ میں منسلک تھے۔

پولس رسول نے اُنہیں یاددہانی کرائی کہ اگر اُنہیں مضبوط رہنا اور وہ کچھ بننا ہے جو خداوند انہیں بنانا چاہتا ہے تو پھر کئی ایک چیزوں کے واقع ہونے کی ضرورت ہے۔آئیں ان میں

سے ہر ایک چیز پر غور کریں جس کا پولس رسول نے اس باب میں ذکر کیا ہے۔

تعلقات

پولس رسول نے اُنہیں ایک دوسرے کے ساتھ متفق ہونے کا حکم دیتے ہوئے آغاز کیا۔ اُس نے اُن لوگوں کے نام بھی بیان کئے ہیں جنہیں ایک ددوسرے کے ساتھ متفق ہونے کی ضرورت تھی۔ یوؔدیہ اور سُنتُخے۔ ظاہری بات ہے کہ اُن کے درمیان تعلقات کشیدگی کا شکار تھے۔ خدا کی جماعت میں یہ کشیدگی بُری طرح اَثر انداز ہو رہی تھی۔ غور کریں کہ یہ وہ خواتین تھیں جنہوں نے اَنجیل کی خاطر پولس رسول کے ساتھ مل کر جانفشانی کی تھی۔ پولس رسول اُنہیں اپنے ہم خدمت اور حقیقی ایماندار سمجھتا تھا۔ اگرچہ وہ اَنجیل کی خادمائیں تھیں، تو بھی اُن کے تعلقات میں کشیدگی پائی جاتی تھی۔ ہمیں یہ تو نہیں بتایا گیا کہ اُن کی کیا مشکلات کیا تھیں۔ لیکن تعلقات کی کشیدگی کچھ ایسی تھی کہ ان خواتین کی رفاقت میں رکاوٹ پیدا ہو گئی تھی۔ پولس رسول نے ایمانداروں کو اُبھارا اور اُنہیں تلقین کی کہ وہ اُن خواتین کے درمیان تعلقات بحال کریں۔ پولس رسول نے فلپی کلیسیا کو تلقین کی کہ وہ اُن خواتین کی مدد کریں۔ یہاں پر یہ تو بیان نہیں کیا گیا کہ کس طرح کلیسیا اُن کی مدد کر سکتی تھی۔

پولس رسول نے ان خواتین کو اُبھارا کہ وہ ایک دوسرے کے ساتھ " خداوند میں متفق ہوں"(2 آیت) پولس رسول کا یہ کہنے سے کیا مطلب ہے؟ آئیں اس پر غور کریں۔ زندگی میں کچھ ایسے معاملات اور مواقع ہو سکتے ہیں جہاں ہم اپنے بھائیوں اور بہنوں سے پورے طور پر متفق نہیں ہو سکتے۔ ہم میں سے بعض کو پرستش کا ایک مخصوص انداز پسند ہو سکتا ہے۔ جب کہ بعض ایمانداروں کو پرستش کا ایک الگ طریقہ کار دل کو بھاتا ہے۔ مسیح کے بدن میں رہتے ہوئے بھی ہم کئی لحاظ سے ایک دوسرے سے متفق نہیں بلکہ کئی

طرح سے مختلف ہوتے ہیں۔ ایسے اختلافات میں کوئی حرج نہیں ہے۔ خدا کی یہ مرضی نہیں کہ ہم ہر ایک بات میں ایک دوسرے سے متفق ہوں۔ وہ ہمیں " خداوند میں متفق ہونے " کے لئے بلا رہا ہے۔ جب ہم " خداوند میں متفق ہونے " کی بات کرتے ہیں، تو اس کا مطلب اس بات کو پہنچانا ہے کہ اگرچہ ہمارے بھائی یا بہنیں، کسی انداز، ترجیح یا کسی تعلیمی موضوع پر ہم سے تھوڑا بہت اختلاف رکھتے ہیں، تو بھی ہم خداوند یسوع مسیح میں ایک دوسرے کے بھائی اور بہنیں ہیں۔ اگرچہ ہم ہمیشہ اسی طرح سے سب کچھ نہیں دیکھتے، ہمیں ایک دوسرے سے محبت اور عزت سے پیش آنا ہے۔ خداوند نے ہمیں ایک دوسرے کے ساتھ شانہ بشانہ چلنے اور ان بنیادی حصوں میں ایک دوسرے کے ساتھ متفق ہونے کے لئے بلایا ہے جہاں پر ہمیں ایک دوسرے سے حقیقی طور پر متفق ہونے کی ضرورت ہے تاکہ ہم اس کے لئے باہم مل کر کام کر سکیں۔ یہاں پر ہم ان لوگوں کی بات نہیں کر رہے جو ایمان کی بنیادی سچائیوں کے منکر ہیں۔ یہاں پر پولس رسول ان دو خواتین کی بات کر رہا ہے جو خداوند سے محبت کرتی تھیں اور اس کی خدمت کے لئے کمر بستہ رہتی تھیں۔ اکثر اوقات شخصیات میں چھوٹے موٹے اختلافات اور ترجیح ہمارے درمیان جدائی کی لکیر کھینچ دیتے ہیں۔ اکثر اوقات ہم اپنا وقت معمولی اختلاف رائے پر لڑتے جھگڑتے ہوئے ضائع کر دیتے ہیں۔ کچھ ایسے اوقات بھی ہوتے ہیں جب ہمیں یہ سیکھنا ہو گا کہ کس طرح ہم اپنے اختلافات ایک طرف رکھتے ہوئے ایک دوسرے کی عزت کرنے کے لئے متفق ہو سکتے ہیں۔ پولس رسول فلپی میں موجود کلیسیا کو یہی کچھ کرنے کے تلقین کر رہا ہے۔ خدا کی بادشاہی کی خاطر، ان دو خواتین کو ایک دوسرے کے اختلافات قبول کرنا سیکھنا اور ایک دوسرے کے ساتھ صلح و سلامتی سے رہنا تھا۔

ہمارے دور کی کلیسیا بہت سے معاملات پر تقسیم ہو کر رہ گئی ہے۔ ہم اکثر اوقات اپنے

اختلافات اور ترجیحات پر زور دیتے رہتے ہیں۔ ایک کلیسیا بچے کو بپتسمہ دیتی ہے تو دوسری صرف ایمان لانے والے بالغ لوگوں کو بپتسمہ دینے کو ترجیح دیتی ہے۔ ایک کلیسیا سنجیدگی سے خدا کی پرستش اور ستائش کرنے جبکہ دوسری کلیسیا ملے گلے کے ساتھ ناچتے اور جھومتے ہوئے خدا کی پرستش کرنا پسند کرتی ہے۔ ایسی باتوں کی فہرست بہت طویل ہے جو ہمیں ایک دوسرے سے جدا کر دیتی ہیں۔ اگر ہم نے ثابت قدم اور قائم رہنا ہے، تو پھر ہمیں یہ سیکھنا ہو گا کہ کس طرح ہم نے ایک دوسرے کے ساتھ متفق ہونا اور اپنے اختلافات کو ختم کر کے ایک دوسرے کے ساتھ باہم مل کر کام کرنا ہے۔ ایمانداروں کے درمیان یہ اختلافات خداوند کے کام میں رکاوٹ کا باعث بنتے ہیں۔ ہمیں اس بات کو تسلیم کرنا ہو گا کہ وہ لوگ جو ہم سے تعلیمی اختلافات رکھتے اور جن کلیسیاؤں کا انداز پرستش ہم سے مختلف ہے، خدا اُنہیں بھی برکت دیتا ہے۔ ایک دوسرے کے ساتھ دلیل بازی کرنے کی بجائے، ہمیں ایک دوسرے کے ساتھ خدا کی بادشاہی کی خاطر مل کر کام کرنا ہو گا۔

خوش رہنا

دوسرا معاملہ جسے پولس رسول فلپیوں کی توجہ کا مرکز بناتا ہے، وہ ہے خوش رہنا۔ خوشی اور شادمانی مسیحی زندگی کے اہم اجزا تھے۔ غور کریں کہ پولس رسول نے روم میں موجود کلیسیا کو کیا لکھا۔

"کیونکہ خُدا کی بادشاہی کھانے پینے پر نہیں بلکہ راستبازی اور میل ملاپ اور اُس خوشی پر موقوف ہے جو روح اُلقدس کی طرف سے ہوتی ہے۔" (رومیوں 14 باب 17 آیت)

پولس رسول خدا کی بادشاہی کو تین الفاظ میں مختصر بیان کر سکتا تھا۔ یہ بات بڑی دلچسپی کی حامل ہے کہ پولس رسول خوشی کو اہم ترین چیز سمجھتا ہے۔

غور طلب بات یہ ہے کہ پولس رسول نے فلپی میں موجود کلیسیا کو یہ کہا کہ انہیں ہمیشہ

خداوند میں خوش اور شادمان رہنا ہے۔ اس نے 4 آیت میں اُس پر زور دیتے ہوئے اس بات کو دہرایا ہے۔ یہاں پر پولس رسول خداوند میں خوش رہنے کی بات کر رہا ہے۔ پولس رسول یہ نہیں کہہ رہا کہ ہم اپنے ارد گرد بدی کو دیکھ کر خوش اور شادمان ہوں۔ نہ ہی وہ یہ کہہ رہا ہے کہ ہم زندگی میں در پیش کڑے امتحانوں اور دُکھوں کے وقت خوش ہوں۔ وہ ہمیں خداوند میں خوش رہنے کی تلقین کر رہا ہے۔ جب ہم خداوند کو جان لیتے ہیں تو اس سے کیا فرق پڑتا ہے۔ ہم اس لئے خوش اور شادمان ہو سکتے ہیں کیونکہ وہ خداوند اور مالک ہے اور ہر ایک چیز کو ہماری بھلائی اور بہتری کے لئے استعمال کرنے کی قدرت رکھتا ہے اور وہ ہمارے لئے یقیناً ایسا ہی کرے گا۔ ہم اس لئے شادمان ہو سکتے ہیں کیونکہ وہ ہماری فکر کرتا ہے، ہر طرح کے حالات اور صورتحال میں وہ ہمارا خیال رکھتا ہے۔ اگرچہ ہمیں اپنے دُکھوں اور امتحانوں میں بڑی خوشی اور مسرت تو نہیں ہوتی، تاہم یہ حقیقت ہمارے لئے خوشی کا باعث ہوتی ہے کہ ہم خداوند کے ہاتھوں میں ہیں۔ جو ہمیں بہت محبت کرتا ہے۔ جب ہم اپنی نظریں اپنے دُکھوں اور مصائب پر سے ہٹا کر خداوند پر لگا لیتے ہیں، تو پھر ہمیں خوش اور شادمان ہونے کی بہت بڑی وجہ مل جاتی ہے۔

خداوند میں مضبوط رہنے اور خداوند میں خوش رہنے میں ایک بڑا تعلق پایا جاتا ہے۔ خداوند کے ساتھ ہمارا تعلق اور رشتہ سر گرم پُر جوش ہونا چاہئے۔ خداوند میں ہم اسی صورت میں قائم اور مضبوط رہ سکتے ہیں جب ہم اپنی مشکلات سے نظریں ہٹا کر خداوند میں اپنے مقام کو دیکھتے ہیں۔ جب ہم مسیح میں شادمان رہنا سیکھ جاتے ہیں، اور اُس کے مقصد کو اپنی خوشی اور شادمانی بنا لیتے ہیں تو پھر خداوند کی خدمت اور اُس کی پرستش میں گہرا فرق دیکھنے کو ملتا ہے۔ جب ہم شادمان دل کے ساتھ خداوند کے پاس نہیں آتے تو اس سے خداوند کی تعظیم نہیں ہوتی۔ خداوند کے دل کی یہی لالسا ہے کہ ہم اپنی نجات میں خوشی اور

شادمانی کرتے ہوئے زندگی بسر کریں۔ اگرچہ میرے حالات و واقعات میں تبدیلی واقع ہو، خداوند یسوع مسیح لاتبدیل ہے۔ میری زندگی کے لئے اس کا مقصد اور میرے لئے اس کی محبت یکساں رہے گی۔ میں اس بات میں بھی خوشی منا سکتا ہوں کیونکہ یہ ایک عظیم اور زبردست حقیقت ہے۔ اگرچہ میں اپنی تکلیف، دُکھ اور مشکل حالت میں خوشی اور شادمانی محسوس نہ بھی کروں، تاہم میں اس حقیقت میں خوشی منا سکتا ہوں کہ میرا نجات دہندہ عظیم اور درپیش مشکل اور امتحان سے بالاتر ہے۔ میں اُس کے وعدوں اور اس کی فراہم کردہ قدرت میں شادمان رہ سکتا ہوں۔ ایک شادمان مسیح اِس دُنیامیں خداوند کے لئے ایک زبردست گواہی ہے۔

نرم مزاجی

5 آیت میں پولس رسول نے ایمانداروں کو تلقین کی کہ سب میں نرم مزاجی نمایاں ہونی چاہیئے، صرف یہی کافی نہیں کہ وہ اپنے دوست احباب اور عزیز و اقارب کے ساتھ ہی شائستہ رویہ اپنائیں، بلکہ دشمنوں کے ساتھ بھی ان کا رویہ شائستہ ہونا چاہیئے۔ لفظ " سب" میں ہر ایک شامل ہے۔

شائستگی ایک ایسی خوبی ہے جو فضل سے ہر اُس چیز کو قبول کر لیتی ہے جو ہماری زندگی میں پیش آتی ہے۔ جب خداوند یسوع مسیح کو ستایا، مارا کوٹا اور دُکھ دیا گیا، اُس پر آوازیں کسی گئیں تو اُس نے شائستگی کا مظاہرہ کیا۔ اس نے اپنے دُشمنوں کے لئے بھی نرمی اختیار کی۔ جب ستفنس کو سنگسار کیا جارہا تھا، تو اس نے خداوند سے درخواست کی کہ وہ اس گناہ کو ان کے ذمہ نہ لگائے۔ شائستگی اور نرم مزاجی انتقام نہیں لیتی۔ شائستگی ظلم و ستم کا جواب برکت سے دیتی ہے۔ شائستگی کا معنی ہے معاف کرنا، خیال رکھنا اور ظلم و ستم ڈھانے والوں کے لئے صبر و تحمل کا مظاہرہ کرنا۔

غور کریں کہ پولس رسول نے فلپیوں کو بتایا کہ اُنہیں اس لئے شائستہ روّیہ اپنانا ہے کیونکہ خداوند قریب ہے۔ اس کا مطلب یہ ہے کہ خداوند ان کے دُکھوں میں اُن سے دُور نہیں تھا۔ جب اُن کے دشمن اُنہیں دُکھ دے رہے اور ستا رہے تھے تو خداوند اُن کے قریب تھا۔ نزدیک ہوتے ہوئے، خداوند دیکھ رہا تھا کہ ان کے ساتھ کیا پیش آرہا ہے۔ جو دُکھ وہ اٹھا رہے تھے ، خداوند اُن سے بے خبر اور غافل نہیں تھا۔ سب کچھ اس کے سامنے تھا، خداوند نے ان کے مخالفین کی عدالت کرنی تھی۔ بدلہ لینا ان کا کام نہیں تھا۔ اُن کا کام تابعداری میں زندگی بسر کرنا تھا اور اپنے دشمنوں کے لئے محبت اور شائستگی کا روّیہ اپنانا تھا۔ کسی بھی اور طریقہ سے اُنہیں ردِ عمل کا مظاہرہ نہیں کرنا تھا۔ کیونکہ خدا ابدی کی عدالت کرنا اور اُن کا خیال رکھنا جانتا ہے۔

پریشانی کو غالب نہ آنے دیں

6 آیت میں پولس رسول نے فلپیوں کو بتایا کہ اُنہیں کسی چیز کی فکر نہیں کرنی۔ جب حالات وواقعات ہمارے ہاتھ سے نکلتے ہوئے دکھائی دیتے ہیں تو ہم فکر مند ہو جاتے ہیں۔ کیونکہ ہمیں معلوم نہیں ہوتا کہ آنے والی گھڑی میں کیا ہونے والا ہے۔ خدا کے فرزند ہوتے ہوئے، ہمیں یہ سیکھنا ہو گا کہ کس طرح ہم نے دُعا میں خداوند کے سامنے اپنی درخواستیں، بوجھ اور ضروریات پیش کرنی ہیں۔ ہمیں اس بات کو سمجھنا اور تسلیم کرنا ہو گا کہ خداوند عظیم، محبت کرنے اور اپنے بچوں کا خیال رکھنے والا ہے۔ ہمیں اپنی ضروریات اُس کے ہاتھوں میں دینی اور اس پر توکل اور بھروسہ کرنا ہے۔ غور کریں کہ پولس رسول نے فلپیوں کو بتایا کہ اُنہیں خداوند سے دُعا کرنی اور شکر گزاری کے ساتھ اپنی دُعائیں اور مناجاتیں خداوند کے سامنے پیش کرنی ہیں۔ (6 آیت) ہمیں اس لئے ایسا کرنا ہے کیونکہ ہم جانتے ہیں کہ خداوند ہماری فکر کرتا ہے۔ اگر ہم خداوند کے ہاتھوں میں ہیں تو پھر ہمیں

کس بات کا خوف ہے؟ کیا وہ ہمیں یہ نہیں کہتا کہ ہم اپنی ضروریات اور احتیاجیں اس کے پاس لے کر آئیں۔ کیا وہ ہمیں اپنے فرزندوں کی طرح پیار نہیں کرتا؟

پولس رسول نے فلپیوں کو بتایا کہ اگر وہ اپنی احتیاجیں خداوند کے سامنے پیش کریں اور خداوند پر توکل کرنا سیکھیں، تو پھر خدا کا اطمینان ان کے دلوں کو معمور کرے گا۔ اطمینان ان کے دلوں اور ذہنوں کو خداوند میں محفوظ رکھے گا۔ کتنی ہی بار پریشانی اور بے چینی ہمارے دلوں سے خداوند کی خوشی اور شادمانی چھین لیتی ہے؟ کتنی ہی بار ہم پریشانی سے جنجھلا جاتے ہیں؟ کئی بار ہم یونہی معمولی باتوں پر بے حد پریشانی اور بے چینی کا اظہار کرتے ہیں۔ یہ صورتحال خداوند سے ہماری نظریں ہٹا دیتی ہے۔ ہمارے ذہن بے اعتقادی سے بھر جاتے اور خداوند پر توکل اور بھروسے سے خالی ہو جاتے ہیں۔ اگر آپ اپنے دل اور ذہن کو بدی سے محفوظ رکھنا چاہتے ہیں، تو پھر لازم ہے کہ آپ انہیں خدا کے اطمینان سے معمور رکھیں۔

ثابت قدم رہیں

جب آپ خود کو بے چین، بے قرار اور مُضطرب حالت میں پائیں، ضرورت ہے کہ آپ اپنی مشکلات اور ضروریات خداوند کے پاس لانا سیکھیں۔ خداوند کا انتظار کرنا سیکھیں، جب تک وہ آپ کے دل و دماغ کو اپنے اطمینان سے معمور نہ کر دے۔ بطور ایماندار جب ہم پریشانی کو اپنی زندگی میں جگہ دیتے ہیں تو ہماری گواہی خراب ہو جاتی ہے۔ پولس رسول یہی کہہ رہا ہے کہ ہم اس بے چینی اور بے اطمینانی کو اپنی زندگی سے خارج کریں اور اپنے خداوند خدا پر بھروسہ اور توکل کرنا سیکھیں، جو ہماری ضروریات میں ہمارا خیال رکھے گا اور ہمارا محافظ اور نگہبان ہو گا۔

خیالات

ایک اور کام کرنے کے لئے بھی پولس رسول فلپیوں کو ابھار رہا ہے، 8 آیت میں، پولس رسول نے انہیں تلقین کی کہ وہ اپنے ذہنوں سے منفی خیالات کو نکال دیں۔ انہیں سچی، شائستہ، دُرست، پاک، محبت بھری، قابلِ تعریف، دلکش باتوں پر غور و فکر کرنا تھا۔ وہ خیالات جو ناپاک، ناواجب اور غیر ضروری تصورات جنہیں ہم اپنی زندگی میں رہنے کا موقع دیتے ہیں، ہمارے لئے مشکلات، آزمائشیں اور کڑے امتحانوں کا باعث ہوتے ہیں۔ آپ کس طرح کے خیالات کو اپنے ذہن میں جگہ دیتے ہیں؟ آپ کس طرح کی کتابیں پڑھتے ہیں؟ اگر آپ کے پاس ٹیلی ویژن ہے، تو آپ کس طرح کے پروگرام دیکھتے ہیں، اگر آپ اپنے ذہنوں کو بُرے اور ناپاک خیالات اور بُرے روّیوں سے بھریں گے، تو کیا یہ سب کچھ آپ کی زندگی میں نمایاں طور پر دیکھنے کو نہیں ملے گا؟ آپ کا بدن اور ذہن خدا کے پاک روح کا مسکن ہے۔ آپ کس طرح کی چیزیں اس ہیکل میں لا رہے ہیں؟

پولس رسول 8 آیت میں بیان کرتا ہے کہ بُرائی کو اپنے دلوں میں جگہ دینے کی بجائے، ہمیں پاک باتوں پر غور کرنا ہے۔ منفی خیالات اور روّیہ اپنانے کی بجائے اور دوسروں پر تنقید کے تیر برسانے کی بہ نسبت دوسروں کی بہتری اور بھلائی چاہیں۔ اگر آپ ذہن میں منفی خیالات کو جگہ دیں تو پھر کس قسم کے پھل کی توقع کریں گے؟ اس کے برعکس، پاک اور عمدہ خیالات کو اپنے ذہن کا حصہ بنائیں، کیونکہ اس سے آپ کے اعمال و افعال اور تعلقات پر گہرا اثر پڑے گا۔

پولس رسول کے نقشِ قدم پر چلیں

ان عملی معاملات سے ہٹ کر، پولس رسول نے فلپیوں کو تاکید کی کہ وہ ان باتوں کو عملی

جامہ پہنائیں جو انہوں نے اس سے سیکھی ہیں۔ اس بات کا تعلق اس سچائی سے تھا جو پولس رسول نے انہیں سکھائی تھی، اس کے ساتھ اس کا تعلق اس سچائی سے بھی تھا جو اُنہوں نے پولس رسول کے طرز زندگی سے سیکھی تھی جب وہ اُن کے ساتھ تھا۔ پولس رسول کو اعتماد تھا کہ اس نے ان کے درمیان اچھی زندگی بسر کی ہے۔ اس کی خواہش صرف یہی نہ تھی کہ وہ اُنہیں راہِ حق کی تعلیم دے بلکہ خود بھی اس تعلیم کے مطابق حقیقی طور پر زندگی بسر کرے۔ اس نے فلپیوں کو 9 آیت میں یاد دہانی کرائی کہ اگر وہ ان سب باتوں پر عمل پیرا ہوں تو خدا جو اطمینان کا چشمہ ہے اُن کے ساتھ ہو گا۔ وہ اُنہیں طاقت بخشے گا اور ہر اس نیک کام کے لئے تیار کرے گا جس کے لئے اُس نے اُنہیں اپنی بادشاہی میں بلایا ہے۔

اس آخری حصہ میں پولس رسول خاص طور پر بہت عملی زندگی سے تعلق رکھنے والی باتوں کو بیان کر رہا ہے۔ پولس رسول کے لئے مسیحی زندگی محض تعلیم اور سچائی کی باتیں ہی نہیں تھی، بلکہ یہ حقیقی دُنیا میں زندگی بسر کرنے کی بات بھی تھی۔ مسیحی زندگی ان لوگوں کے ساتھ گزر بسر کرنے کا نام بھی ہے جو کئی لحاظ سے ہم سے مختلف ہوتے ہیں۔ مسیحی زندگی پریشانی، بے اطمینانی اور اظطراب کی حالت کو دُور کرنے اور شائستہ روّیہ اپنانے اور اس بات پر ایمان رکھنے کا نام ہے کہ خداوند ہماری فکر کرے گا۔ مسیحی زندگی میں سب سے بڑا چیلنج درست تعلیم پانا نہیں ہے بلکہ حاصل شدہ مسیحی تعلیم کو روز مرّہ زندگی کا حصہ بنانا ہے۔ جب غیر ایماندار لوگ ہمیں دیکھتے ہیں تو وہ ہماری باتوں اور ہمارے ایمان میں دلچسپی نہیں رکھتے، بلکہ وہ ہمارے طرزِ زندگی کو دیکھتے ہیں کہ آیا یہ اس تعلیم کے مطابق ہے جس کا ہم پرچار کرتے ہیں۔ کیا آپ ایماندار ہیں؟ کیا یہ بات آپ کے ارد گرد کے لوگوں پر عیاں ہے؟ کیا اس بات کا اظہار اس خوشی سے بھی ہوتا ہے جس سے آپ خداوند کی خدمت کرتے ہیں؟ کیا اس کا اظہار آپ کے مثبت روّیوں اور دُکھوں اور مصائب میں شائستگی سے

بھی ہوتا ہے۔ جب پولس رسول نے فلپیوں کو تاکید کی کہ وہ ثابت قدم رہیں، تو دراصل وہ اُنہیں یہ تاکید کر رہا تھا کہ وہ اس تعلیم اور ایمان کے مطابق زندگی بسر کریں جو اُن کے دل میں موجود ہے۔

چند غور طلب باتیں

☆۔ کیا کچھ ایسے ایماندار ہیں جن کے ساتھ آپ کو کچھ مسائل درپیش ہیں؟ کیا ایسا ممکن ہے کہ ایماندار ہمیشہ ایک دوسرے کے ساتھ پورے طور پر متفق ہوں؟ پولس رسول ایسے تعلقات کے بارے میں ہمیں کیا کرنے کی تلقین کرتا ہے؟

☆۔ آج آپ خداوند میں کس قدر شادمان ہیں؟ خداوند میں مزید شادمانی کا تجربہ کرنے کی راہ میں کون سی رکاوٹ حائل ہے؟

☆۔ آپ کی زندگی میں کون سی چیز بے چینی اور بے قراری کا باعث ہے؟ ایسی پریشانیوں اور ذہنی الجھنوں سے نبرد آزما ہونے کے لئے پولس رسول ہمیں کیا تلقین کرتا ہے؟

☆۔ غور کریں کہ آپ کس طرح کے خیالات کو اپنے ذہن میں گردش کرنے کا موقع دے رہے ہیں؟ ایسے منفی روّیوں اور خیالات کے تعلق سے آپ کو کیا کرنے کی ضرورت ہے؟

چند اہم دُعائیہ نکات

☆۔ خداوند سے مدد چاہیں تاکہ آپ زیادہ سے زیادہ اُس میں شادمان رہ سکیں۔

☆۔ کچھ وقت دُعا میں گزاریں اور اپنی پریشانیاں اور مسائل خداوند کے پاس لائیں۔

☆۔ خداوند سے دُعا کریں کہ وہ آپ کے دل کو اپنے اطمینان سے معمور کر دے اور آپ کو یہ علم و فہم عطا کرے کہ وہ آپ کی فکر کرتا ہے۔

☆۔ کیا آپ کے ارد گرد کچھ ایسے لوگ ہوں جو آپ سے بد سلوکی کرتے اور آپ کے تعلق سے بُری باتیں کہتے ہیں؟ ایسے لوگوں کے لئے خداوند سے شائستہ روّیہ اپنانے کی توفیق مانگیں۔

☆۔ اپنے علاقہ میں موجود کسی دوسری کلیسیا کے لئے دعا کرنے میں وقت گزاریں۔ ان کے لئے خداوند کی شکر گزاری کریں اور خداوند کے حضور اس کلیسیا کے لئے برکت چاہیں۔

باب 11

ہر ایک صورتحال میں مطمئن

فلپیوں 4 باب 10-23 آیت

فلپیوں کے نام خط کے آخری حصہ میں، پولس رسول نے اُس مدد و معاونت اور حوصلہ افزائی کے لئے فلپیوں کا شکریہ ادا کیا ہے جو اُنہوں نے بوقت ضرورت اور احتیاج اس کے لئے کی تھی۔ پولس رسول جانتا تھا کہ احتیاج کی حالت میں انسان کیسا محسوس کرتا ہے۔ اگرچہ وہ خداوند کی خدمت کرتا تھا لیکن بعض اوقات اسے کئی ایک ضروریات کے بغیر ہی گزارا کرنا پڑتا تھا۔ اسے علم تھا کہ ضرورت کسے کہتے ہیں۔ اسی لئے تو اُس نے دل کی گہرائیوں سے فلپیوں کا اُس مدد کے لئے شکریہ ادا کیا ہے جو اُنہوں نے اُس کے لئے بھیجی تھی۔

10 آیت میں، پولس رسول نے فلپیوں کو بتایا کہ اُسے یہ جان کر بہت خوشی ہوئی کہ ان کے دلوں میں اس کی فکر تھی۔ وہ ہمیشہ ہی اس کے لئے فکر مند رہتے تھے۔ لیکن ہمیشہ ہی وہ اس کے لئے اپنی فکر کا عملی اظہار نہ کر پاتے تھے۔ لیکن اب اِپفُردِتُس کے ہاتھ اُنہوں نے پولس رسول کی مدد کے لئے کچھ بھیجا تھا۔ (18 آیت) پولس رسول اب اُسے فلپی واپس بھیج رہا تھا کیونکہ وہ بیمار ہو گیا تھا (2 باب 25 آیت) پولس رسول نے فلپی میں موجود کلیسیا سے ملنے والے اس ہدیہ کے لئے تہہ دل سے ان کی اس مدد کو سراہا۔

11 آیت میں پولس رسول نے کلیسیا کو بتایا کہ وہ ان کی طرف سے کسی ہدیے کا منتظر نہیں ہے۔ اس نے سیکھ لیا ہے کہ جیسی بھی صورتحال ہو اس میں کیسے گزر بسر کرنی ہے۔ لیکن

اس ہدیہ کے آنے سے اُس کی صورتحال میں بہتری پیدا ہوئی تھی۔ اور اس کے لئے وہ بہت شکر گزار تھا۔

پولس رسول کے دور میں کچھ ایسے خدام تھے جو دورانِ خدمت اس بات کی توقع کرتے تھے کہ لوگ اُنہیں کچھ نہ کچھ دیں۔ حتیٰ کہ ہمارے دَور میں بھی، کچھ ایسے پاسبان ہیں جو کسی کلیسیا میں جانے سے پہلے یہ سوچتے ہیں کہ اُنہیں وہاں سے کیا ملے گا۔ پولس رسول نے روپے پیسے کو اپنی خدمت میں رکاوٹ نہ بننے دیا۔ اُس نے بے لوث خداوند کی مرضی کو پورا کرتے ہوئے انجیل کی منادی کی۔ جہاں کہیں خدا اُسے بھیجتا تھا، وہ جاتا تھا۔ خواہ وہاں سے کچھ ملتا یا نہ ملتا۔ اس نے سیکھ لیا تھا کہ جیسے بھی حالات اور صورتحال ہوں، اُس نے خداوند کی خدمت جاری رکھنی ہے۔ اگر کبھی بھوکا بھی رہنا پڑتا تو پولس رسول اس کے لئے بھی تیار رہتا تھا۔ وہ اس تعلق سے کبھی حرف شکایت زبان پر نہ لایا۔ غور کریں کہ اس آخری حصہ میں پولس رسول فلپیوں کو تاکید کرتا ہے کہ وہ کسی چیز کی فکر نہ کریں۔ اِس کی بجائے، انہیں خداوند پر توکل اور بھروسہ کرتے ہوئے، اس کے مقصد کی تکمیل کے لئے اپنی درخواستیں اور مناجاتیں خداوند کے حضور لانی تھیں۔

حقیقی قناعت پسندی اسی وقت آتی ہے جب ہم حقیقی طور پر خداوند کے مقصد اور اس کی مرضی کے تابع ہو جاتے ہیں۔ قناعت خدا کے مقصد کو اپنی زندگی میں قبول کرنے کا پھل ہے، خواہ حالات کیسے بھی کیوں نہ ہوں۔ یہ خداوند پر توکل اور بھروسہ کرنے اور اُس کے مقاصد کی تکمیل کے لئے اس پر ایمان رکھنے کا نام ہے کہ وہ ہماری بھلائی اور اپنی بادشاہی کی وسعت کے لئے کام کرے گا۔

پولس رسول کے لئے خدا نے صرف اچھے وقتوں پر ہی اپنا کنٹرول اور اختیار نہ رکھا بلکہ برے اور ناگوار حالات میں بھی خدا کی گرفت اور اختیار ہر طرح کی صورتحال پر مضبوط

رہی۔ پولس رسول جانتا تھا کہ ضرورت اور احتیاج کی صورتحال کیسی ہوتی ہے۔ بعض اوقات وہ بھوکا بھی رہا۔ اسے یہ بھی علم تھا کہ کثرت اور افراط کی زندگی کیا ہوتی ہے۔ اسے یہ سیکھنا پڑا کہ کیسے اس نے دونوں قسم کے حالات میں زندگی بسر کرنی ہے۔ پولس رسول ہر طرح کی صورتحال میں مطمئن رہا۔ کیونکہ اسے خداوند کی طرف سے تقویت ملتی تھی۔ اس نے فلپیوں کو یاددہانی کرائی کہ اس نے ہر طرح کی صورتحال میں گزر بسر اور قناعت خداوند کی اس قوت سے کی جو اسے بخشی گئی۔ قناعت پولس رسول کے لئے خدا کی بخشش تھی۔

شائد بعض لوگ کہیں کہ خوشحالی اور افراط کی حالت میں قناعت پسندی بہت آسان ہے، لیکن سچ تو یہ ہے کہ وہ لوگ جو خوشحالی اور کثرت کی زندگی بسر کرتے ہیں، انہیں عام پسماندہ لوگوں کی بہ نسبت مطمئن اور قناعت پسند ہونے کے لئے جدوجہد کرنا پڑتی ہے۔ جس قدر ہمارے پاس ہوتا ہے، اسی قدر ہم اور زیادہ لینا چاہتے ہیں۔ جو لوگ خوشحالی کی زندگی بسر کرتے ہیں، انہیں مطمئن اور قناعت پسند رہنا بھی سیکھنا ہوگا۔

مسیحی زندگی میں قناعت پسندی بہت اہم ہے۔ آئیں کچھ وقت کے لئے قناعت پسندی کے فقدان (کمی) کے نتائج پر غور و خوص کریں۔ قناعت پسندی کا فقدان ہمیں بددیانتی کی طرف لے جاسکتا ہے۔ غصہ اور لڑائی جھگڑا بھی اسی سے پیدا ہوتا ہے۔ یہ ایک ایسی زرخیز زمین ہے جہاں پر قہر اور حسد بھی پروان چڑھتا ہے۔ ملکوں کے درمیان جنگ و جدل بھی اسی کا نتیجہ ہے۔ قتل و غارت، چوری چکاری، ہر طرح کی بربریت بھی اسی کی پیداوار ہے۔ قناعت پسندی کا فقدان، لوگوں کی سوچوں پر غالب آجاتا ہے، اور ان کا معبود بن جاتا ہے۔ ان کی زندگی کا مرکز و محور یہی ہوتا ہے کہ وہ زیادہ سے زیادہ حاصل کرلیں۔ بالآخر، تسلی اور مطمئن ہونے کا فقدان سب کچھ تباہ کرکے رکھ دیتا ہے۔ پولس رسول نے

مطمئن اور قناعت پسند رہنا سیکھ لیا تھا۔ یہ کس قدر اہم ہے کہ ہم پولس رسول کی طرح سیکھیں کہ ہم نے مطمئن اور ہر طرح کی صورتحال میں شکر گزار اور قناعت پسند رہنا ہے۔ اگر ایسا نہیں ہو گا تو پھر ہم خدا کی مرضی اور مقصد کو رد کر کے اپنی خوشی کے طالب ہوتے ہوئے اپنی ڈگر پر آگے بڑھتے رہیں گے۔

پولس رسول یہ نہیں کہہ رہا تھا کہ وہ اس ہدیہ کے لئے فلپیوں کا شکر گزار نہیں جو اُنہوں نے اُس کے لئے بھیجا ہے۔ اِس کے برعکس، اُس نے خدا کے لوگوں کی طرف سے ہدیہ جات قبول کرنا سیکھ لیا تھا۔ اس کی یہ خواہش نہیں تھی کہ وہ کسی اچھی نعمت کو ٹھکرا دے جو خدا کسی کے وسیلہ سے اسے دے رہا ہوتا تھا۔ پولس رسول ہمیشہ مادی اشیا کی جستجو میں نہیں رہتا تھا۔

پولس رسول نے اس بات کو تسلیم کیا کہ فلپی کے لوگ اس کی خدمت میں اس کے لئے بہت زیادہ باعث برکت ہوئے ہیں۔ اُنہوں نے اس وقت بھی اپنی مدد کا عملی ثبوت پولس رسول کو دیا جب دوسری کسی کلیسیا نے اس کے لئے کوئی عملی قدم نہ اُٹھایا۔ فلپیوں پولس رسول کی خدمت کو نہیں بھولے تھے۔ پولس رسول نے اُنہیں یاد کرایا کہ جب وہ مکدونیہ سے روانہ ہوا تھا تو کس طرح اُنہوں نے اسے کچھ دیا تھا۔ 16 آیت میں، اس نے لکھا کہ تھسلنیکے میں، اسے فلپی سے بہت سے ہدیہ جات ملے تھے۔ اب فلپی میں موجود کلیسیا نے اسے اپفردتس کے ہاتھ کچھ بھیجا تھا۔ (18 آیت) یہ ہدیہ جات خدا کے حضور خوشبو کی مانند تھے ۔پولس رسول جانتا تھا کہ جب فلپی میں موجود کلیسیا اسے کچھ دیتی ہے تو دراصل وہ خدا کے حضور اپنے ہدیہ جات گزرانتے ہیں۔ خدا اس سے بے خبر نہیں تھا۔ پولس رسول کو اس بات کی خوشی تھی کہ فلپی میں موجود کلیسیا کے لئے آسمان پر خزانہ جمع ہو رہا ہے۔

خدا ہمیں اس لئے دیتا ہے تا کہ ہم محتاجوں اور ضرورت مندوں کو دے سکیں۔ یہ سچ ہے کہ ہماری بھی ضروریات ہوتی ہیں، خدا ہماری ضروریات کو بھی پورا کرتا ہے۔ ہمارے وسائل، ہمارا خزانہ نہیں ہیں کہ ہم جیسے بھی چاہیں ان کا استعمال کریں۔ جو کچھ بھی ہمارے پاس ہے اس کو خداوند کے تابع کر دیں اور اُس کی رہنمائی کے لئے اپنے دلوں کو کھلا رکھیں تا کہ جیسے بھی خدا چاہے ہم اس کے عطا کردہ وسائل کو خدا کی بادشاہی اور محتاجوں اور ضرورت مندوں کے لئے استعمال کر سکیں۔ خدا کا وعدہ یہ ہے کہ اگر ہم اُس کی رہنمائی کے مطابق اپنے وسائل استعمال میں لائیں گے، تو ضرورت کے وقت وہ ہماری بھی مدد کرے گا۔ خدا کے کلام کی یہ واضح تعلیم ہے۔ واعظ کا مصنف ہمیں بتاتا ہے کہ

" اپنی روٹی پانی میں ڈال دے، تو بہت دنوں کے بعد اسے پائے گا۔"

(واعظ 11 باب 1 آیت) اسی خیال کو امثال 11 باب 25 آیت میں دھرایا گیا ہے۔

"فیاض دِل موٹا ہو جائے گا اور سیراب کرنے والا خود بھی سیراب ہو گا۔"

کچھ ایسے لوگ بھی ہیں جو ان حوالہ جات کو لے کر خوشحالی پیدا کرنے والی انجیل کی منادی کرتے ہیں ۔ وہ اس بات کا تقاضا کرتے ہوئے خوشحال ہونا چاہتے ہیں کہ خدا اُن کی فیاض دلی کا اجر اُنہیں کثرت سے دے۔ وہ لوگوں کو اس بات کے لئے اُبھارتے ہیں کہ وہ دیں کیونکہ خدا انہیں اس کے بدلہ میں اور زیادہ سے نوازے گا۔

کئی ایک وجوہات کی بنا پر ہمیں اس تعلیم کا بغور جائزہ لینا ہو گا۔ اول۔ اگر ہم لوگوں کو یہ تعلیم دیتے ہیں کہ وہ زیادہ حاصل کرنے کے پیش نظر دیں، تو ہم لالچ، حرص و ہوس کو ہوا دے رہے ہیں۔ ہمیں پولس رسول یہاں پر یہ تعلیم دے رہا ہے کہ ہم قناعت پسندی سیکھیں۔ خواہ کیسی بھی صورتحال اور حالات سے گزریں، شکر گزار رہیں اور قناعت پسندی سے کام لیں۔ لوگوں کو اس بات کے لئے اُبھارنا کہ وہ دیں تا کہ اُنہیں زیادہ ملے، اصل میں

مادہ پرستی کی حوصلہ افزائی کے مترادف ہے۔ یہ تو لوگوں کی توجہ اور دھیان دُنیوی چیزوں پر مرکوز کرنے کے برابر ہے نہ کہ روحانی چیزوں پر۔

دوئم، یہ تعلیم مسیح اور رسولوں کی تعلیم کے متضاد ہے۔ خداوند یسوع سے بڑھ کر کسی نے نہیں دیا۔ تو بھی وہ بیان کرتا ہے کہ اُس کے پاس سر دھرنے کی جگہ نہیں ہے۔ لوقا9 باب 58 آیت میں لکھا ہے۔

"یسوع نے اُس سے کہا کہ لُومڑیوں کے بھٹ ہوتے ہیں اور ہوا کے پرندوں کے گھونسلے مگر اِبنِ آدم کے لئے سر دھرنے کی بھی جگہ نہیں۔"

پولس رسول بیان کرتا ہے کہ اس کی زندگی اور خدمت کے دوران ایسے وقت بھی آئے جب اسے بھوکا رہنا پڑا۔ سارے متن کا مقصد، مطلب اور مفہوم یہی ہے کہ ہم ہر طرح کی صورتحال میں مطمئن، خوش اور شکرگزار رہیں۔ خواہ غریبی ہو یا امیری، کثرت ہو یا فقدان۔ کیا خداوند یسوع اور پولس سے بڑھ کر کس نے کچھ دیا ہو گا؟ تو بھی ان کے پاس بہت کم تھا جسے وہ اپنی ملکیت کہہ سکتے۔ وہ باعث برکت تھے تو بھی اُن کے پاس دنیوی مال و متاع اور جائیداد نہ تھی۔

بالعموم ہم لوگوں کو یہی تعلیم دیتے ہیں کہ وہ دیں تاکہ خدا انہیں زیادہ دے، دراصل یہ تعلیم دینے کے تعلق سے ان کے محرکات اور نیت میں خرابی کا باعث ہوتی ہے۔ جب خداوند یسوع مسیح نے دیا تو بے لوث اور بے غرض روّیہ کے ساتھ دیا۔ بالفاظ دیگر، اُس نے واپس لینے کی نیت اور ارادے سے کچھ نہیں دیا۔ اگر ہم واپس اور وہ بھی زیادہ واپس لینے کی نیت سے کچھ دے رہے ہیں تو پھر ہم خداوند کو نہیں بلکہ اپنے آپ کو دے رہے ہیں۔

یہ انتباہ اور آگاہی دینے کے بعد، سچائی قائم رہتی ہے۔ مسیح کے لئے دیتے ہوئے، فلپی کلیسیا بابرکت کلیسیا تھی۔ وہ آسمان پر اپنا خزانہ جمع کر رہی تھی ۔ اگر خداوند دینے

کے تعلق سے آپ کی رہنمائی کر رہا ہے، اور لوگوں کی ضروریات آپ کے دل پر رکھ رہا ہے تو خدا کی تابعداری کرنے میں جھجک محسوس نہ کریں۔ خدا کو علم ہے کہ وہ کیا کر رہا ہے۔ تابعداری اور فرمانبرداری کی زندگی بسر کریں۔ خدا آپ کی ضروریات پوری کرے گا۔ یہاں پر قلید یہی ہے کہ خدا کی تابعداری کریں اور اُس کے دیئے ہوئے وسائل کو اس کی مرضی، رہنمائی اور ارادے کے مطابق استعمال کریں۔ پولس رسول نے خدا کی رہنمائی سے دیتے ہوئے بڑی برکت کا تجربہ کیا تھا۔ اس نے توقع کی کہ فلپیوں بھی کثرت سے برکت پائیں۔ اس کے لئے پولس رسول خداوند کو جلال دیتا ہے جو کہ سب کا اور کثرت سے مہیا کرنے والا ہے۔ (20 آیت)

پولس رسول نے اپنے ساتھ موجود بھائیوں کی طرف سے سلام لکھتے ہوئے خط کا اختتام کیا ہے۔ (21 آیت) قیصریہ کے گھرانے کی طرف سے بھی خصوصی سلام دعا لکھی گئی۔ امکان غالب ہے کہ یہی وہ گھرانہ ہے جو پولس رسول کی حالت قید میں نجات پا گیا تھا۔ خدا پولس رسول کی زندگی کے لئے ایک مقصد رکھتا تھا۔ حتیٰ کہ جب پولس رسول قید میں بھی ہوتا تھا، تو خدا اسے اپنی بادشاہی میں روحیں جیتنے کے لئے استعمال کرتا تھا۔ پولس رسول حالتِ قید میں بھی مطمئن تھا۔ اس حالت میں بھی اُس نے خدا کے مقصد اور ارادے کو دریافت کر لیا تھا۔

پولس رسول قناعت پسندی کے تعلق سے اس حوالہ کے ذریعہ بہت کچھ سکھا رہا ہے۔ مطمئن ہو کر، خوشدلی سے دیں۔ ہر طرح کے حالات میں خداوند کو دیں۔ اگر ہمارے دل اور ذہن خداوند کو دینے کے لئے کھلے رہیں گے، تو پھر ہر طرح کے حالات و واقعات میں ہم اُس کے مقصد اور مرضی کو دریافت کر لیں گے۔ اسی میں ہماری خوشی اور شادمانی ہے کہ ہم اس کی مرضی اور ارادے کو پایہ تکمیل تک پہنچائیں۔ پولس رسول نے قناعت

پسندی کا فن سیکھ لیا تھا۔ کیا ہم نے یہ فن سیکھ لیا ہے؟

چند غور طلب باتیں

☆۔جو لوگ اپنے حالات و واقعات میں مطمئن رہتے ہیں اپنی ہر طرح کی صورتحال میں خداوند کا تجربہ کرتے ہیں۔ یہی وہ لوگ ہوتے ہیں جو خداوند اور اس کے مقصد کے سامنے جھک جاتے اور خداوند کی اطاعت اور فرمانبرداری میں زندگی بسر کرتے ہیں۔ کیا آپ اس بات سے متفق ہیں؟ آج آپ کس مقام پر ہیں؟ یہ بات کس طرح سے آپ پر صادق آتی ہے؟ ☆۔ قناعت پسندی کیوں کر اہم ہے؟ یہ قناعت پسندی آپ کو کہاں لے جاتی ہے؟

☆۔اس طرح دینے والے روّیہ کو ترک کرنا کیوں کر اہم ہے تاکہ یہ بدلہ میں کچھ حاصل کر سکے؟ کیا یہ بائبل مقدس کے عین مطابق ہے؟

☆۔واپسی کی توقع کے ساتھ دینے اور خداوند کی فرمانبرداری کرتے ہوئے دینے میں کیا فرق ہے؟

چند اہم دُعائیہ نکات

☆۔ جس طرح کے حالات و واقعات سے آپ گزر رہے ہیں، کیا آپ اس سے مطمئن ہیں؟ خداوند سے دُعا کریں کہ وہ آپ کو تعلیم دے کہ آپ نے اس میں کس طرح مطمئن رہنا ہے؟

☆۔ خداوند سے سننے والا دل مانگیں، ایسا دل جب دینے کا موقع ہو تو وہ آگے بڑھ کر دینے میں خوشی محسوس کرے۔

☆۔ خداوند کی شکر گزاری کریں کہ اُس نے آپ کو وسائل سے نوازا ہے۔ اس رویے کے لئے خداوند کے حضور معافی چاہیں کہ آپ یہی سمجھتے رہے کہ وہ برکات جو خداوند نے آپ

کو دی ہیں، صرف اُن پر آپ ہی کا حق ہے۔

کلسیوں کے خط کا تعارف

تعارف

اپنے روایتی انداز میں پولس رسول کلسیوں 1:1 میں خط کے مصنف کے طور پر اپنا تعارف کراتا ہے۔ خط لکھتے وقت، پولس رسول روم کے قید خانہ میں تھا۔ کلسیوں 4 باب 10 آیت سے یہ واضح ہے کہ ارسترخُس بھی پولس رسول کے ساتھ قید تھا۔ "اِرسترخُس جو میرے ساتھ قید میں ہے تُم کو سلام کہتا ہے اور برنباس کا رشتہ کا بھائی مرقس (جِس کی بابت تُمہیں حکم مِلے تھے اگر وہ تُمہارے پاس آئے تواُس سے اچھی طرح مِلنا)۔" اُس نے کلسے کے ایمانداروں کو یہ بھی لکھا کہ وہ اُس کی زنجیروں کو یاد رکھیں۔ (کلسیوں 4 باب 18 آیت)

پس منظر

کلسے فرگیہ کے علاقہ میں تجارتی اہمیت کا حامل ایک شہر تھا۔ اگرچہ اس بات کا کوئی ثبوت نہیں ملتا کہ پولس رسول نے کبھی اس کلیسیا کو وزٹ کیا ہو۔ اُس نے اُن کے ایمان اور محبت کا تذکرہ سن رکھا تھا۔ تاہم وہ باقاعدگی سے اُن کے لئے دعُا کیا کرتا تھا۔ (1 باب 4 تا 9 آیت)

اس کلیسیا میں اہم روحانی قائد اپفراس تھا۔ پولس اپفراس کو اچھی طرح جانتا تھا۔ اور وہ اسے " پیارا ہم خدمت " کہہ کر مخاطب کرتا ہے۔ (کلسیوں 1 باب 7 آیت) فلیمون کے نام خط میں، (کلسے کا رہائشی) پولس رسول فلیمون کو " اپنے ساتھ قیدی " بیان کرتا ہے۔ (فلیمون 1 باب 23 آیت) اس سے ہمیں واضح ہو جاتا ہے کہ وہ بھی پولس رسول کے

ساتھ قید تھا جب پولس رسول کلسے کی کلیسیا کے نام یہ خط لکھ رہا تھا۔ پولس رسول اپفراس کی طرف سے بھی کلسے کی کلیسیا کو سلام دُعا بھیجتا ہے۔ وہ بیان کرتا ہے کہ کس قدر یہ وفادار خادم اُن کی فلاح اور بھلائی کے لئے فکر مند ہے۔ (کلیسیوں 4 باب 12 آیت) تخیکس غلام اُنیسمس کے ہمراہ گیا تھا۔ (فلیمون کی کتاب کا مطالعہ کریں) اور پولس رسول کا خط کلسیوں کی کلیسیا کے پاس لے کر آیا تھا۔ (کلسیوں 4 باب 7 تا 9 آیت) خط کی تحریر سے ہمیں اشارے ملتے ہیں کہ اس وقت کلسے شہر میں بہت سی جھوٹی تعلیمات گردش کر رہی تھیں۔ کلیسیوں 2 باب 6 آیت میں، پولس رسول نے ایمانداروں کو تلقین کی کہ وہ فریب میں مبتلا کرنے والی فلسوفی تعلیم کے پھندے میں نہ پھنسیں۔ وہ یہودی شریعت پرستی کے رُجحان اور میلان کا حوالہ بھی دیتا ہے۔ (کلیسیوں 2 باب 16 اور 17 آیت) اس کے ساتھ وہ فرشتوں کی عبادت کا بھی ذکر کرتا ہے۔ (کلسیوں 2 باب 18 آیت) پولس اور اپفراس کے لئے یہ بہت اہم تھا کہ کلیسیا کسی طرح کی گمراہی کا شکار نہ ہو۔

کلسیوں کی کلیسیا کے نام یہ خط انہیں یہ تلقین کرنے کے لئے لکھا گیا کہ وہ مسیح یسوع اور اس کے صلیبی کام پر اپنی توجہ مرکوز رکھیں اور کسی بھی طرح سے شہر میں گردش کرنے والے جھوٹے استادوں کے جھانسے میں نہ آئیں۔ 3 اور 4 باب میں، پولس رسول مسیحی معاشرہ میں پاکیزہ طرزِ زندگی اپنانے کے لئے چند عملی ہدایات بھی بیان کرتا ہے۔ وہ کلسے کے ایمانداروں کو نصیحت کرتا ہے کہ وہ بدی کے اعتبار سے مر کر دینداری اور راستبازی کے اعتبار سے جئیں اور محبت میں ایک دوسرے کی خدمت کے لئے کمربستہ ہو جائیں۔ پولس رسول کے دل کی یہی لالسا تھی کہ وہ محبت میں ایک دوسرے پر فضیلت لے جائیں۔

دَورِ حاضرہ میں کتاب کی اہمیت

کلسے میں موجود کلیسیا اپنے ایمان اور محبت کی بنا پر جانی اور پہچانی جاتی تھی۔ لیکن وہ جھوٹی تعلیمات کے خطرے سے دوچار تھی۔ اس خط سے ہمیں معلوم ہوتا ہے کہ دُشمن بڑی مستعدی سے مصروفِ عمل تھا کہ کسی نہ کسی طرح سے ایمانداروں کو خدا کے کلام کی سچائی سے گمراہ کر دے۔ کلسیوں کے نام یہ خط دَورِ جدید میں بہت سی کلیسیاؤں میں شریعت پرستی کے رُجحان سے بھی پردہ اُٹھاتا ہے۔ لیکن اس خط سے ہمیں تقویت ملتی ہے کہ ہم اپنی توجہ اس بات پر مرکوز نہ کریں کہ ہم مسیح کے لئے کیا کر سکتے ہیں بلکہ ہمارا دھیان اسی بات پر مرکوز رہے کہ مسیح نے ہمارے لئے کیا کام سرانجام دیا ہے۔ پولس رسول اس تعلق سے اہم ہدایات دیتا ہے کہ مسیحی ایمانداروں کی رفاقت رکھنے اور فعال زندگی بسر کرنے کا کیا معنی ہے۔ یہ کتاب دورِ جدید کی کلیسیا کو تلقین کرتی ہے کہ وہ سچائی کے تعلق سے ہوشیار اور بیدار رہیں اور ایک دوسرے کے ساتھ محبت بھرا روّیہ اختیار کریں۔

باب 12

کلسیوں کا ایمان اور محبت

کلسیوں 1 باب 1-12 آیت

پولس رسول کا یہ خط کُلسے میں موجود ایمانداروں کے نام ہے۔ غور کریں کہ کس طرح پولس رسول اُنہیں تیمتھیس کی طرف سے بھی سلام دُعا بھیجتا ہے۔ یہاں پر تیمتھیس کا خصوصی ذکر پولس اور اُس کے درمیان تعلقات کو بیان کرتا ہے۔ بعض لوگ یہ بھی سمجھتے ہیں کہ تیمتھیس نے پولس رسول کے سیکریٹری کے طور پر کام کیا۔ پولس رسول اس وقت قید میں تھا جب اُس نے یہ خط لکھا۔

پولس رسول خط کا آغاز خود کو خدا کی مرضی سے رسول ہونے کے بیان سے کرتا ہے۔ یہ وہ عہدہ اور مقام نہیں تھا جس کا پولس رسول دلدادہ تھا۔ اُس دَور میں بہت سے ایسے لوگ تھے جو اس عہدے اور مقام کو حاصل کرنا چاہتے تھے۔ بہت سے لوگوں نے دعویٰ بھی کیا کہ وہ کلیسیا میں بطور رسول مقرر ہوئے ہیں۔ لیکن وہ جھوٹے اور جعلی قسم کے رسول تھے۔ خدا پولس رسول کے لئے ایک خاص مقصد رکھتا تھا۔ اسے ضرورت نہیں تھی کہ وہ کلیسیا میں اس عہدے یا مقام کے حصول کے لئے بھاگ دوڑ کرے۔ میری بھی کچھ ایسی شخصیات سے ملاقات ہوئی ہے جنہیں خدا کی طرف سے رسول ہونے کا اعزاز ملا ہے۔ اگر آپ خدا کی مرضی کے مشتاق ہیں، تو پھر خدا آپ کا وہ مقام اور رُتبہ آپ پر ظاہر کرے گا جو اس نے کلیسیا میں آپ کے لئے رکھا ہے۔ آپ کے اردگرد سب لوگوں پر ظاہر ہو جائے گا کہ خدا کی طرف سے آپ کو یہ مقام ملا ہے۔ خدا آپ کے لئے دروازے

کھولے گا۔ وہ اس کام کے لئے آپ کو برکت دے گا جس کے لئے اس نے آپ کو چُنا ہے۔

پولس رسول کو علم تھا کہ وہ ایک رسول ہے، کیونکہ خدا نے اس پر واضح کر دیا تھا۔

پولس رسول نے کلسے میں موجود ایمانداروں کو سلام بھیجا، 2 آیت پر غور کریں، کہ اس نے ان ایمانداروں سے کیا کہا۔ اُس نے اُنہیں "پاک اور وفادار بھائی" کہا۔ اس سے ہمیں کلسے میں موجود کلیسیا کے تعلق سے کچھ دیکھنے کو ملتا ہے۔ یہ ایک پاک کلیسیا تھی جسے خدا نے اپنے مقصد کے لئے مخصوص کر لیا تھا۔ نہ صرف یہ خدا کے لئے تقدیس شدہ تھی بلکہ یہ وفادار بھی تھی۔ یہاں پر ایسی کلیسیا تھی جو انجیل کی سچائی پر قائم اور وفادار رہی۔ اب ان کی یہ گواہی تھی کہ وہ مقدس اور وفادار لوگ ہیں۔ پولس نے اس خوبی کی بنا پر اُنہیں سراہا۔

پولس رسول نے انہیں بتایا کہ جب وہ ان کے لئے دعا کرتا ہے تو خدا کی شکر گزاری کرتا ہے کیونکہ اس نے اُن کے ایمان اور مقدسوں کے لئے محبت کا حال سن رکھا ہے۔

(3 آیت) وہ نہ صرف ایک دوسرے سے محبت رکھتے تھے بلکہ دیگر ہم ایمان بھائیوں اور بہنوں سے بھی ان کے پر محبت تعلقات تھے۔ وہ اپنی محبت کی وجہ سے مشہور تھے۔ یہ کس قدر زبردست گواہی تھی۔ پولس رسول نے کلسے کے ایمانداروں کے اس ایمان اور محبت کا جائزہ لیا، اس نے انہیں بتایا کہ ایمان اور محبت اس اُمید کی وجہ ہی سے جو انجیل کے پیغام کے وسیلہ سے آسمان پر اُن کے لئے رکھی ہوئی ہے۔ آئیں پولس رسول کی اس بات کا یہاں پر جائزہ لینے کے لئے کچھ وقت صرف کرتے ہیں۔

ایمان اور محبت اس امید سے پھوٹتی ہے جو آسمان پر ہمارے لئے موجود ہے۔ یہ اُمید کیا ہے؟ بطور ایماندار ہمارے لئے یہ اُمید گناہوں کی معافی ہے جو ہمیں خداوند یسوع مسیح اور اس کے صلیبی کام کے وسیلہ سے حاصل ہوتی ہے۔ ہماری اُمید یہ ہے کہ ہم اس معافی کے

وسیلہ سے ایک روز خدا کی حضوری میں داخل ہو کر ہمیشہ اس کے ساتھ رہیں گے۔ اس وقت گناہ کا ہم پر کچھ اثر نہ ہو گا۔ ہماری اُمید یہ ہے کہ ہم خدا کے ساتھ گہری، مضبوط اور کبھی نہ ٹوٹنے والی رفاقت میں رہیں گے کیونکہ وہ ہمارا خالق اور مالک ہے۔

اگر یہی وہ امید ہے جس کا پولس رسول یہاں پر ذکر کر رہا ہے تو کس طرح یہ امید ہم میں ایمان اور محبت پیدا کرتی ہے؟ جب ہم خداوند یسوع مسیح کے اس کام کو دیکھتے ہیں جو اس نے ہمارے لئے صلیب پر سرانجام دیا ہے تو پھر ہمارے ایمان کو تقویت ملتی ہے۔ آزمائشیں تو آئیں گی لیکن ہماری توجہ اور دھیان آسمان پر ہی مرکوز رہے گا۔ ہمیں اپنے ارادوں میں مضبوطی ملتی ہے۔ ہم اس لئے اپنے امتحانوں میں ثابت قدم رہیں گے کیونکہ ہم جانتے ہیں کہ آسمان ہمارا گھر ہے۔ اس دُنیا میں خواہ کچھ بھی ہو، ہمارا انجام اس دنیا میں بے بس اور ناامید موت مرنا نہیں ہے۔ تصوّر کریں کہ آج آپ کہاں ہوتے، اگر آپ کے پاس یہ آسمانی امید نہ ہوتی؟ آج آپ کہاں ہوتے اگر آپ کے پاس یہ اُمید اور یقین دہانی نہ ہوتی کہ آپ کا نام آسمان پر کتاب حیات میں لکھا ہوا ہے؟ کیا یہ دُرست اور سچ نہیں کہ یہ آسمانی اُمید ہمارے ایمان کو زمین پر تقویت دیتی ہے؟

یہ آسمانی امید ہمیں محبت میں بھی مضبوط کرتی ہے۔ اس اُمید کا تعلق خداوند یسوع سے ملنے والی گناہوں کی معافی سے بھی ہے۔ اُس نے ہم تک رسائی حاصل کی اور ہم جیسے بھی تھے اس نے ہم سے محبت کی۔ یہ جان کر کہ وہ ہم سے محبت رکھتا ہے اور اُس نے آسمان پر ہمارے لئے گھر تیار کیا ہوا ہے، ہم بھی اس کی محبت کے اسیر ہو جاتے ہیں۔ اس سے ہمیں ایک دوسرے کو محبت کرنے کا جذبہ بھی ملتا ہے۔ جیسا کہ یہ ہمارے خداوند یسوع مسیح کا حکم ہے۔ وہ لوگ جو خداوند یسوع مسیح اور اس اُمید کو جان چکے ہیں، جو اس کی طرف سے ملتی ہے، وہ اُس کی محبت کے گرویدہ ہو کر اُس کی محبت میں گرفتار ہو جاتے ہیں۔ ہم اس

لئے خدا سے پیار کرتے ہیں کیونکہ پہلے اس نے ہم سے محبت رکھی۔ ہم اس لئے ایک دوسرے سے محبت رکھتے ہیں کیونکہ وہ اُمید جو ہمیں حاصل ہے، اس نے ہمیں محبت سے معمور کر دیا ہے۔ محبت کا سرچشمہ یہ حقیقت ہے کہ خداوند یسوع مسیح نے ہماری نجات کے لئے ایک عظیم اور کامل کام سرانجام دیا ہے۔ جس کے باعث ہمیں آسمان پر زندہ اُمید حاصل ہے۔

5 آیت پر بھی غور کریں، یہ امید ہمیں انجیل کی سچائی کے باعث حاصل ہوئی ہے۔ اگر ہم نے خوشخبری کا پیغام نہ سنا ہوتا تو ہمارے پاس یہ اُمید نہ ہوتی۔ اس پیغام نے ہمیں نجات دہندہ کی خوشخبری سے آگاہ کیا جو گناہ آلودہ دُنیا کو نجات دینے کے لے آیا۔ یہ خوشخبری ہمارے پاس کس قدر عظیم سچائی کو پہنچاتی ہے۔ ہمیں انجیل کے پیغام کے باعث ہی اُمید حاصل ہے۔ بہت سے لوگ ہیں جنہوں نے انجیل کا پیغام نہیں سنا۔ اس لئے انہیں وہ اُمید حاصل نہیں ہے جو خداوند یسوع مسیح کے وسیلہ سے حاصل ہو سکتی ہے۔ اب ہماری ذمہ داری ہے کہ ہم انہیں خوشخبری کا یہ پیغام سنائیں۔

پولس رسول نے فلپیوں کو یاددہانی کرائی کہ خوشخبری کا سادہ سا پیغام پوری دُنیا میں پھل لا رہا ہے۔ انجیل کا پیغام پیچیدہ اور سمجھنے میں مشکل نہیں ہے۔ یہ پیغام آسمانی خزانوں کو ہم پر منکشف کرتا ہے۔ یہی پیغام ہمیں گناہوں کی معافی کی خبر دیتا ہے۔ وہ لوگ جو اس پیغام کو سن کر قبول کر لیتے ہیں ان کی زندگیاں یکسر بدل جاتی ہیں۔ خوشخبری زرخیز دلوں میں پھل لاتی ہے۔ جو شخص بھی دل سے اس پیغام کو قبول کرتا ہے، وہ اس سادہ سے پیغام سے اپنی زندگی میں گہری تبدیلی کا تجربہ کرتا ہے۔ جب روشنی ظاہر ہوتی ہے تو تاریکی بھاگ جاتی ہے۔ پھر زندگی کا معنی اور مفہوم سمجھ میں آنے لگتا ہے۔ تب ہی ہمیں سمجھ آتی ہے کہ اس زمین پر ہمارے وجود کا کوئی مقصد ہے۔ کلسے کے ایمانداروں نے انجیل کا پیغام سنا تھا اور ان

کی زندگیاں پہلے جیسی نہیں رہی تھیں۔ انجیل کا بیج ایمان اور محبت کا پھل ہمارے دلوں میں پیدا کرتا ہے۔

7 آیت میں پولس رسول کلسے کے ایمانداروں کو بتاتا ہے کہ اُنہوں نے یہ سادہ سا پیغام اپفراس سے سنا تھا۔ پولس رسول نے اس شخص کی تعریف کی کہ وہ انجیل کا وفادار خادم ہے۔ اپفراس کے وسیلہ سے ہی پولس رسول کو کلسے کے ایمانداروں کی محبت اور ایمان کی جانکاری حاصل ہوئی تھی۔

یہاں پر ہمیں انجیل کے سادہ سے پیغام کی قوت اور قدرت کو سمجھنے کی ضرورت ہے۔ اپفراس نے کلسے میں انجیل کی منادی کی۔ اس کے نتیجہ میں پاک روح نے زندگیوں میں زبردست کام کیا، اور اس شہر میں گہری تبدیلی واقع ہوئی۔ اپفراس کی کامیابی کا راز یہی تھا کہ اُس نے انجیل کا پیغام لوگوں کو سنایا تھا۔ روح القدس کی قوت اور قدرت نے ہی کلسے شہر میں لوگوں کی زندگیوں میں گہری تبدیلی پیدا کی تھی۔ اس سادہ سے پیغام میں زندگیوں کو بدلنے کی قوت اور قدرت موجود ہے۔ اس پیغام سے تاریکی بھاگ جاتی ہے اور روحانی اندھے دیکھنے لگتے ہیں۔ کبھی بھی انجیل کے پیغام کی قدرت کو کم تر نہ سمجھیں۔ اُس نے کلسے شہر کو بدل کر رکھ دیا۔ اسی طرح آج پوری دُنیا میں اَن گنت ویران زندگیوں میں نجات کی خوشی اور شادمانی دیکھنے کو ملتی ہے۔ کیونکہ انجیل کا پیغام اُن کے دلوں میں سرایت کر چکا ہے۔

جب پولس رسول نے کلسے کے ایمانداروں کی محبت اور ایمان کا حال سنا، تو وہ اُن کے لئے دُعا کرنے لگا۔ غور کریں کہ اس نے کلسے کے ایمانداروں کے لئے کیا دُعا کی۔ پولس رسول نے دعا کی کہ خدا انہیں اپنی مرضی کی معرفت اور پہچان، روحانی حکمت اور فہم عطا کرے۔ یہ زبردست اور بڑی خوشی کی بات تھی کہ خدا نے کلسے کے ایمانداروں کو نجات

بخشی تھی۔ لیکن نجات تو محض آغاز تھا۔ اب اُنہیں یہ معلوم کرنا تھا کہ خدا اس نجات کے وسیلہ سے اُن کی زندگیوں کے لئے کیا مقصد اور مرضی رکھتا ہے۔ خدا نے اُنہیں ایک مقصد کے تحت نجات بخشی تھی۔ خدا نے آپ کو کیوں نجات بخشی ہے؟ آپ اس کے فرزند ہیں، تو خدا آپ کی زندگی کے لئے کیا مقصد رکھتا ہے؟ خدا نے آپ کو کونسی نعمتیں عطا کی ہیں؟ انجیل کے پیغام سے نجات پانے اور خدا کو جاننے کے بعد اب کلسے کے ایمانداروں کو ان سوالات کے جوابات جاننے کی ضرورت تھی۔ پولس رسول نے دعا کی کہ خدا انہیں اپنی مرضی اور ارادے کو جاننے کے لئے حکمت اور دانائی عطا کرے۔

یہ علم و فہم دنیوی یا فطرتی نہیں تھا۔ پولس رسول نے کلسے کے ایمانداروں کو بتایا کہ وہ دُعا کر رہا ہے کہ خدا نے روحانی فہم و فراست اور علم و معرفت عطا کرے۔ دُنیوی علم و حکمت اور روحانی فہم و فراست میں بہت فرق پایا جاتا ہے۔ پولس رسول کی دُعا یہ تھی کہ خدا کلسے کے ایمانداروں کو اپنی مرضی اور ارادے کو جاننے کے لئے مکاشفہ عطا کرے، کیونکہ اب وہ خداوند یسوع مسیح کو جان چکے تھے۔ دراصل پولس رسول کی یہ دُعا اور دل کی لالسا تھی کہ کلسے کے ایماندار وہ سب کچھ جان جائیں جس کے لئے خدا نے انہیں نجات بخشی تھی۔ وہ چاہتا تھا کہ کلسے کے ایماندار ویسے ہی بن جائیں جیسا خدا اُنہیں بنانا چاہتا تھا۔

پولس رسول کی یہ بھی دُعا تھی کہ کلسے کے ایماندار ایسی زندگی بسر کریں جو خداوند یسوع مسیح کے لائق ہے۔ (10 آیت) پولس رسول نے واضح کیا کہ کس طرح وہ خدا کی خوشنودی حاصل کر سکتے ہیں۔ اول۔ وہ پھل لا کر خدا کی خوشنودی حاصل کر سکتے تھے۔ خدا کی یہ مرضی ہے کہ ہم اس کے فرزند ہوتے ہوئے خدا کی بادشاہی کے لئے پھل دار زندگیاں بسر کریں۔ خدا کی خوشنودی اسی بات میں ہے کہ ہم اس کے جلال کے لئے اس کی عطا کردہ نعمتوں اور لیاقتوں کو استعمال میں لائیں۔

دوئم۔ پولس رسول نے لکھا کہ خدا کی خوشنودی اسی بات میں ہے کہ ہم خدا کی معرفت اور پہچان میں ہر طرح سے بڑھتے اور ترقی کرتے چلے جائیں۔ یہ دو طرح سے ہو سکتا ہے۔ خدا کے کلام کے وسیلہ سے خدا کو سمجھیں اور جانیں۔ اس کے کلام کی تابعداری میں زندگی بسر کرتے ہوئے اس کی قوت اور قدرت کے کاموں کی اپنی زندگی میں توقع کریں۔ خدا کے بارے میں جاننے کے لئے بائبل مقدس کا مطالعہ اچھی بات ہے۔ لیکن اگر آپ اپنی زندگی میں سچائی کی حقیقت کا تجربہ نہیں کر پاتے، تو پھر آپ خدا کو بالکل بھی نہیں جانتے۔ آپ خدا کی محبت کے بارے میں جان سکتے ہیں، آپ کے دماغ میں خدا کی محبت کا علم ہو سکتا ہے، آپ خدا کی محبت کے بارے میں پڑھ سکتے ہیں۔ لیکن اس وقت تک آپ خدا کی محبت کو جان نہیں سکتے جب تک آپ اس کی محبت کا شخصی طور پر تجربہ نہ کرلیں۔ آپ کتابوں اور رسالوں میں یہ پڑھ سکتے ہیں کہ کس طرح خدا ایمانداروں کو اپنی قوت اور قدرت سے معمور کر کے اپنی خدمت کے لئے استعمال کرتا اور اُن کی ضروریات کو پورا کرتا ہے۔ لیکن در حقیقت آپ اس سچائی کو نہیں جان سکتے، تاوقتیکہ آپ اس کا شخصی طور تجربہ نہ کرلیں۔ خدا کی معرفت اور پہچان میں بڑھنے اور ترقی کرنا صرف یہ نہیں کہ آپ اس کے کلام کی سچائیوں کو سمجھیں بلکہ یہ بھی ضروری ہے کہ آپ حقیقی زندگی میں ان کا تجربہ بھی کریں۔

پولس رسول نے کلسے کے ایمانداروں کو یہ بھی بتایا کہ اگر اُنہوں نے ہر طرح سے خدا کی خوشنودی حاصل کرنی ہے، تو پھر ضرورت اس بات کی ہے کہ وہ اس کی قدرت میں زور آور بنیں۔ (11 آیت) تین وجوہات کی بنا پر اُنہیں خدا کی قدرت میں زور آور بننے کی ضرورت تھی۔ برداشت، صبر و تحمل اور شکر گزاری۔ اُنہیں مضبوط اور زور آور بننے کی ضرورت تھی تاکہ وہ قوت برداشت اپنی زندگی میں لے سکیں۔ جس خدمت کے لئے خدا

نے انہیں بلایا تھا وہ آسان زندگی نہیں تھی، ان کی راہ میں کئی طرح کی دشواریاں، نامساعد حالات، ناگوار صورتحال اور طرح طرح کی مشکلات اور مصائب تھے۔ اگر وہ ہر لحاظ سے خدا کی خوشنودی کے طالب ہوتے تو پھر آخری دم تک اُنہیں مصائب اور مشکلات برداشت کرنے کے لئے زور آور بننے کی ضرورت تھی۔

صبر و تحمل سے کام لینے کے لئے بھی انہیں زور آور بننے کی ضرورت تھی۔ صبر و تحمل ایسی لیاقت اور صلاحیت ہے جس میں آپ شکست خوردہ ہوئے بغیر ثابت قدم اور قائم رہتے ہیں خواہ آپ کیسے بھی بوجھ اور مشکل میں زندگی بسر کر رہے ہوں۔ جب دباؤ بڑھے اور مشکلات پر مشکلات سر اُٹھانے لگیں، تو اس وقت کلسے کے ایمانداروں کو بڑے صبر و تحمل کی ضرورت تھی تاکہ وہ اس وقت تک ثابت قدم اور قائم رہ سکیں جب تک خداوند انہیں رہائی اور مخلصی نہ دے دیتا۔ کیونکہ خدا اُن کے دُکھوں، مصائب اور مشکلات کے ذریعہ اپنے مقاصد کی تکمیل کرنا چاہتا تھا، اس لئے انہیں صبر و تحمل سے اس وقت تک انتظار کرنا تھا جب خدا اُنہیں رہائی دے۔ ایسے وقتوں میں ہی ایک ایماندار مضبوط ہوتا، اس کی روحانی سیرت خوبصورت بنتی اور اس کی روح تازگی پاتی ہے۔ پولس رسول نے دُعا کی کہ کُلسے کے ایماندار مشکل گھڑی میں ہمت نہ ہار جائیں۔ اس کے دل کی لالسا یہی تھی کہ کلسے کے ایماندار مسیح کے ساتھ وفادار رہیں اور مضبوطی سے اس کے ساتھ لپٹے رہیں۔ اگر آپ مسیحی ایماندار ہیں تو آپ کو مخالفت کا سامنا ہوگا۔ اگر آپ ہر لحاظ سے خدا کی خوشنودی حاصل کرنا چاہتے ہیں، تو پھر موقع دیں کہ درپیش مشکلات اور مصائب آپ کو مضبوط بنائیں۔ آپ وفادار رہیں نہ کہ میدان چھوڑ کر بھاگنے والوں میں سے ہوں۔

کلسے کے ایمانداروں کو دل سے خداوند کی شکرگزاری کرنے کے لئے بھی مضبوط ہونے کی ضرورت تھی۔ خوشی اور شادمانی کی حالت کو قائم رکھنا آسان کام نہیں تھا۔ جب حالات و

واقعات ناگوار ہو جائیں، مشکلات دبانے لگیں اور صورتحال ناخوشگوار ہونے لگے تو فطری طور پر بڑبڑاہٹ اور کڑکڑاہٹ ہی پیدا ہوتی ہے، لیکن اگر وہ ہر لحاظ سے خدا کی خوشنودی حاصل کرنا چاہتے تھے، تو پھر انہیں شکر گزار لوگ بننے کی ضرورت تھی۔ کوئی شخص بھی کڑکڑاتے اور بڑبڑاتے ہوئے خدا کی شکر گزاری نہیں کر سکتا۔ انہیں اس لئے بھی شکر گزار ہونا تھا کیونکہ خدا ان کی مشکلات اور نامساعد حالات و واقعات میں اپنی مرضی اور ارادے کو پایہ تکمیل تک پہنچا رہا تھا۔ اُنہیں اس لئے بھی شکر گزاری کا روّیہ اپنانا تھا کیونکہ کسی اور دوسرے روّیہ سے خدا کی مرضی اور ارادہ پایہ تکمیل کو نہیں پہنچنا تھا۔

پولس رسول کلسیوں کو یاد دہانی کراتے ہوئے اس خط کو اختتام پذیر کرتا ہے کہ اُن کے پاس شکر گزاری کے لئے بہت کچھ ہے۔ اُس نے اُنہیں 12 آیت میں بتایا کہ خدا نے انہیں اس لائق کیا ہے کہ وہ مقدسوں کے ساتھ اس کی میراث میں شامل ہوں۔ وہ از خود اِس لائق نہیں ہوئے تھے۔ اُس نے اپنے بیٹے خداوند یسوع مسیح کے وسیلہ سے اس لائق کیا تھا۔ اس کے بیٹے خداوند یسوع مسیح کے وسیلہ سے خدا نے کلسیوں کے گناہ معاف کر کے اُنہیں اپنے فرزند بننے کا حق بخشا تھا۔ گناہوں کی معافی حاصل کر کے وہ نُور کی بادشاہی کے وارث ہو گئے تھے۔

پولس رسول کی یہی خواہش تھی کہ کلُسے کے مسیحی ایمان میں مزید ترقی کریں، اسے اس بات سے ہی تسلی نہ تھی کہ وہ مسیح کے پاس آ گئے ہیں۔ وہ چاہتا تھا کہ وہ بالغ، پختہ اور مضبوط مسیحی بنیں اور خدا کی مرضی اور ارادے کو اپنی زندگی میں تکمیل تک پہنچائیں۔ ہم میں سے ہر ایک کے لئے خدا کی یہی مرضی اور خواہش ہے۔ کیا ہم خدا کی معرفت اور اپنی زندگی میں اُس کے خوبصورت ارادے کے تجربہ اور پہچان میں بڑھ رہے ہیں؟

چند غور طلب باتیں

☆۔جو اُمید ہمیں حاصل ہے، کس طرح وہ آپ کے ایمان کے لئے تقویت کا باعث ہے؟ مثال دے کر واضح کریں۔

☆۔خوشخبری کی قوت اور قدرت کے تعلق سے ہم یہاں پر کیا سیکھتے ہیں؟

☆۔آپ کو نجات دینے میں خداوند کا کیا مقصد تھا؟ خداوند نے آپ کو کیا کرنے اور کیا بننے کے لئے بلایا ہے؟

☆۔خداوند نے آپ کو کیسے امتحانوں سے گزرنے اور ثابت قدم رہنے کے لئے بلایا ہے؟ خداوند نے کس طرح آپ کو صبر و تحمل سے ان امتحانوں اور کڑے وقتوں کو برداشت کرنے کی قوت بخشی ہے؟

چند اہم دُعائیہ نکات

☆۔خداوند کی شکر گزاری کریں کہ اس نے آسمان پر آپ کو اُمید بخشی ہے؟

☆۔خداوند سے دعا کریں کہ وہ آپ کی زندگی کے لئے اپنے مقصد اور منصوبوں کو واضح کرے۔

☆۔خداوند سے دعا کریں کہ وہ آپ کی خوشی، شادمانی اور شکر گزار روّیے میں اضافہ کرے۔

☆۔نہ صرف آپ اسے ذہنی طور پر جانیں بلکہ خداوند سے دُعا کریں کہ آپ روزمرّہ زندگی میں اس کی ذات اور ہستی کا تجربہ کر سکیں کہ وہ کون ہے۔

باب 13

وہ ہے

کلسیوں 1 باب 13-20 آیت

پچھلے باب میں ہم نے دیکھا کہ پولس رسول نے کلسے کے ایمانداروں کو یاددہانی کرائی کہ وہ اُن کے لئے دُعا گو ہے۔ اس کی یہ دُعا تھی کہ نجات پانے کے بعد وہ نشو و نما اور افزائش پا کر پھل دار زندگیاں بسر کریں۔ جو کچھ خداوند نے ان کے لئے کیا تھا، اس کے لئے اُن کا یہی بہترین ردِ عمل ہو سکتا تھا۔ پہلے باب کے اس حصہ میں، پولس رسول نے کلسے کے ایمانداروں کو اس بڑے اور عظیم کام کی یاددہانی کرائی جو خداوند یسوع نے ان کے لئے سر انجام دیا تھا۔ بالخصوص اس نے خداوند یسوع کی ذاتِ اقدس بات پر زور دیا ہے خداوند یسوع کون ہے۔

پولس رسول کلسے کے ایمانداروں کو یہ بتاتے ہوئے آغاز کرتا ہے کہ خداوند یسوع مسیح نے اُن کی نجات کے لئے کیسا کام سر انجام دیا ہے،۔ 13 آیت میں وہ اُنہیں یاد دہانی کراتا ہے کہ خداوند خدا نے انہیں تاریکی کے قبضہ سے چھڑایا ہے۔ یہ تاریکی شیطان کی گناہ اور بغاوت سے معمور بادشاہی تھی۔ آج بہت سے لوگ اس بدی کے عالم میں پھنسے ہوئے ہیں۔ وہ گناہ کی غلامی میں جکڑے اور پکڑے ہوئے ہیں۔ وہ اس دُنیا میں زندگی بسر کرتے اور اُس کی عیش و عشرت کے بندے ہیں، وہ خداوند یسوع کی حقیقت کے علم سے بے بہرہ ہیں۔ وہ اس اُمید کو بھی نہیں جانتے جو خداوند یسوع مسیح سے ملتی ہے۔ ضرورت ہے کہ انہیں اس بادشاہی سے رہائی دلائی جائے۔ کیونکہ وہ سب جو شیطان کی بادشاہی سے منسلک

ہیں، انہیں ایک دن خدا کی عدالت کا سامنا ہو گا۔

پولس رسول نے تاریکی کی بادشاہی کا ذکر کیا ہے۔ یہاں پر یونانی زبان میں یہ لفظ بڑی اہمیت کا حامل ہے۔ اس کا معنی ہے، "قدرت، اختیار اور غلبہ۔ "پولس رسول کلسے کے ایمانداروں کو یہ بتا رہا تھا کہ ایک وقت تھا کہ وہ ابلیسی تاریکی اور قوت سے مغلوب تھے۔ اس سے ہم یہ سمجھ سکتے ہیں کہ ان کے لئے از خود اس تاریکی اور اختیار سے آزاد ہونا ممکن نہیں تھا۔ وہ اس وقت تک تاریکی، جہالت اور بدی کی قوتوں کے اختیار میں رہے جب تک کسی نے آکر اُنہیں رہا نہ کر دیا۔ وہ بڑی سنجیدہ صورتحال کا شکار تھے۔ وہ خود سے اپنے آپ کو آزاد نہ کر سکتے تھے۔ اُن کے پاس کوئی اُمید نہ تھی۔ اور خدا کی ہولناک عدالت کا انہیں سامنا کرنا تھا۔ اسی حالت میں خدا نے اُن پر مہربانی کی تھی۔

پولس رسول نے کلسیوں کو یاد کرایا کہ خداوند یسوع مسیح نے انہیں تاریکی کی قوت اور خدا کی ابدی عدالت سے رہائی بخشی ہے۔ مسیح نے بدی کی قوتوں کا زور توڑ کر انہیں غلامی سے رہائی بخش دی۔ خداوند خدا اُنہیں اپنے عزیز بیٹے کی بادشاہی میں لے آیا تھا۔ غور کریں کہ ایمانداروں کو بیٹے کی بادشاہی میں لایا گیا تھا۔ اس سے ہمیں یہ بھی سیکھنے کو ملتا ہے کہ خدا ہمارے تعلق سے کیسا محسوس کرتا ہے۔ اُس نے ہمیں لے پالک بنالیا اور اپنے بیٹے کی بادشاہی میں رکھا ہے۔ ہم مسیح کے ساتھ ہم میراث ہوتے ہیں، مسیح کے وسیلہ سے ہی خدا کے ساتھ ہمارا رشتہ بحال اور مضبوط ہوتا ہے۔

خداوند یسوع مسیح کے وسیلہ سے ہمیں بڑی برکات ملی ہیں۔ پولس رسول 14 آیت میں ہمیں بتاتا ہے کہ ہمیں گناہوں کی معافی اور رہائی مل گئی ہے۔ جب کسی چیز کو چھڑایا جاتا ہے، تو اسے واپس لایا جاتا ہے۔ گناہ کی وجہ سے ہم خدا کے دشمن تھے، اس لئے ہم تاریکی کی بادشاہت کے شہری تھی۔ خداوند یسوع مسیح نے ہمیں تاریکی کی بادشاہت سے اپنے بیٹے

یسوع کی قیمت دے کر چھڑایا ہے۔ اس نے دشمن سے ہمیں چھڑانے کے لئے انتہائی قیمت ادا کی ہے تا کہ ہم خدا کے بیٹے اور بیٹیاں بن سکیں۔ ہمیں نجات کا خلعت پہنا دیا گیا ہے۔ ہم گنہگار اور خدا کے خلاف بغاوت کر رہے تھے۔ لیکن سب کچھ معاف ہو چکا ہے۔ جب ہم خدا باپ کے سامنے کھڑے ہوتے ہیں تو بالکل پاک اور راستباز دکھائی دیتے ہیں۔ ایسے کہ جیسے ہم نے کبھی گناہ کیا ہی نہیں۔ ہم اس رحم وترس کے مستحق نہ تھے۔ لیکن مسیح کی موت کے وسیلہ سے ہمیں یہ سب کچھ مفت میں مل گیا۔ اب جب خدا آسمان پر سے ہمیں دیکھتا ہے تو وہ ہمیں اپنے بچوں کی حیثیت سے دیکھتا ہے۔ کیونکہ ہم خداوند یسوع مسیح کی پیش کردہ معافی کو حاصل کر چکے ہیں۔ مسیح ہمیں خدا کی بادشاہی میں واپس لے آیا ہے۔ اب خدا ہمارے گناہوں کو ہمارے ذمہ نہ لگائے گا، کیونکہ وہ خداوند یسوع مسیح پر لاد دئے گئے تھے۔ اس کے بیٹے نے ہر ایک گناہ کی قیمت ادا کر دی ہے۔

پولس رسول نے خداوند یسوع مسیح کو خدا کی نادیدنی صورت کے طور پر بیان کیا ہے۔

(15 آیت) صورت یا شبیہ کسی چیز کی ہو بہو تصویر ہوتی ہے۔ یہاں پر، پولس رسول ہمیں بتاتا ہے کہ خداوند یسوع مسیح نادیدنی خدا کی ظاہری صورت ہے۔ بالفاظ دیگر، جب خداوند یسوع مسیح ہمارے درمیان رہنے کے لئے آیا، تو اس نے ہمیں دکھایا کہ خدا کون اور کیسا ہے۔ جب ہم مسیح خداوند پر نظر کرتے ہیں تو ہم خدا کو دیکھتے ہیں۔ ہم بیٹے میں خدا کی خوبیوں کو دیکھتے ہیں۔ ہم خداوند یسوع مسیح میں خدا باپ کے دل کو دیکھتے ہیں۔ اگر ہم یہ دیکھنا چاہتے ہیں کہ خدا کون ہے، تو کتاب مقدس کو پڑھیں اور خداوند یسوع کو دیکھیں۔ کیونکہ وہ خدا کی کامل تصویر ہے۔

15 آیت میں ہم پڑھتے ہیں کہ خداوند یسوع تمام تخلیقات میں پہلوٹھا ہے۔ بائبل مقدس کے دَور میں، پہلوٹھے کو خاندان میں خاص عزت ملتی تھی۔ اُس کی ذمہ داریاں بھی منفرد

ہوتی تھیں۔ وہ باب کی جائیداد یا سلطنت کا بھی وارث ہوتا تھا۔ صرف یہی نہیں باپ کے بعد گھرانے کا سربراہ بھی وہی ہوتا تھا۔ پہلوٹھا ہونے کی وجہ سے خصوصی عزت اور احترام اسے ملتا تھا۔ خداوند یسوع مسیح نے تمام تخلیقات میں اس مقام کی برکت پائی۔ باپ نے ساری چیزیں اس کے اختیار میں کر دیں ہیں۔ خداوند یسوع مسیح باپ کے گھرانے میں مقدم اور مقدس ہے۔ وہ ابدی خدا کا بیٹا ہے اور ہر ایک چیز پر اختیار رکھتا ہے۔ وہ واقعی عزت اور وقار کے لائق ہے۔ وہ نئے روحانی گھرانے کا سربراہ بھی ہے جسے خدا اس زمین پر قائم کر رہا ہے۔ یہ گھرانہ معاف شدہ اور گناہ کی غلامی سے چھڑائے ہوئے لوگوں کا گھرانہ ہے جو اب خدا باپ کے بیٹے اور بیٹیاں بن چکے ہیں۔

16 آیت پر غور کریں، سب چیزیں خداوند یسوع مسیح کے لئے اور اس کے وسیلہ سی پیدا ہوئی ہیں۔ وہ مخلوق نہیں بلکہ خالق ہے۔ پولس رسول ہمیں بتاتا ہے کہ آسمان اور مین پر ہر ایک چیز مسیح کے لئے اور مسیح کے وسیلہ سے وجود میں آئی ہے۔ زمین اور اُس کی معموری اُسی کی ہے، ہر ایک چیز خواہ دیکھی ہوں یا ان دیکھی سبھی کچھ اسی کا ہے۔ پہاڑ جنہیں ہم دیکھتے ہیں، نادیدنی ہوائیں سبھی کچھ اُس کا ہے۔ یہ سب کچھ اسی نے خلق کیا ہے۔ اُسے ہر طرح کا اختیار اور مقام دیا گیا ہے۔ ساری عزت اور جلال بھی اسی کا ہے۔ اس زمین کے سبھی حاکم اس کے خادم ہیں۔ ہر ایک گھٹنہ اس کے سامنے جھکے گا۔ روزِ عدالت سبھی کو احساس ہو گا اور ہر ایک اسے اپنا خداوند اور مالک جانے گا۔

پولس رسول ہمیں 17 آیت میں یاددہانی کراتا ہے کہ خداوند یسوع مسیح تمام مخلوقات سے پہلے تھا۔ اس زمین پر کچھ بھی نظر آنے سے پہلے وہ موجود تھا۔ وہ ابدی خدا ہے جو ساری عزت اور تعریف کے لائق ہے۔ بطور خدا، خداوند یسوع مسیح ہر ایک چیز کے سانس اور حیات پر اختیار رکھتا ہے۔

18 آیت میں، مقدس پولس رسول کلسے کے ایمانداروں کو بتاتا ہے کہ یہی یسوع کلیسیا کا سر ہے۔ ایماندار اس کے بدن کا حصہ ہیں۔ حقیقی کلیسیا ایسے لوگوں پر مشتمل ہوتی ہے جو تاریکی کی بادشاہت سے چھڑائے گئے ہیں اور جن کے سارے گناہ معاف ہو چکے ہیں۔ خداوند یسوع مسیح ہی ان کا مالک، ابدی بادشاہ اور حاکم ہے۔

پولس رسول مزید بیان کرتا ہے کہ خداوند یسوع مسیح" ابتدا ہے" اس بات کو ہم پہلے بھی دیکھ چکے ہیں کیونکہ اس بات کا تعلق دُنیا کی تخلیق سے ہے۔ وہ روحانی تخلیق کی بھی ابتدا ہے۔ جو خدا نے اسی کے لئے مخصوص کی ہے۔ اُس کی صلیبی موت کے وسیلہ سے، خداوند یسوع مسیح نے کلیسیا کو خلق کیا۔ اسی کے لئے کاہنوں کی ایک بادشاہت وجود میں آئی ہے۔ اس کی موت نے ہمارے لئے دروازہ کھول دیا ہے تاکہ ہم اس کے گھرانے میں نئے سرے سے پیدا ہو سکیں۔ خداوند یسوع مسیح ہی اس نئی تخلیق کا مبدّہ ہے۔

خداوند یسوع مسیح "مردوں میں سے جی اٹھنے والوں میں پہلوٹھا ہے۔" اس نے موت پر فتح پائی جو اسے اپنے قبضہ میں نہ رکھ سکی۔ خداوند یسوع مسیح نے بنی نوع انسان پر سے موت کی جکڑ کو ختم کر دیا ہے۔ بطور ایماندار ہمیں بھی مُردوں میں سے جی اُٹھنے کی امید ملتی ہے۔ اس کے وسیلہ سے ہم بھی موت پر فتح پا سکتے ہیں۔ ہماری فتح کی اُمید اسی سے وابستہ ہے۔

وہ ہر ایک چیز سے اُتم، بلند و بالا اور حاکمِ اعلیٰ ہے۔ بالفاظ دیگر، وہ اس لائق ہے کہ اسے ہر ایک چیز میں مقدم درجہ دیا جائے۔ وہی ہر ایک تعظیم، پرستش اور عبادت کے لائق ہے۔ ساری تعریفیں اسی کے لئے ہیں۔ وہ ہمارا خالق اور مالک ہے۔ وہی روز بروز ہماری پالنا کرتا ہے۔ وہ ہمارا نجات دہندہ اور سربراہ ہے۔ اس کے بغیر، ہمارے پاس کچھ بھی نہیں ہے۔ اس کے بغیر تو ہمارا وجود ناتمام اور بے مقصد ہے۔ ہم ہر ایک چیز کے لئے اس کے ہی مقروض اور ممنون ہیں۔

19 آیت میں پولس رسول نے کلسیوں کو بتایا کہ خدا کو یہ پسند آیا کہ اُس کی ساری معموری مسیح میں سکونت کرے۔ یعنی خدا کی ساری ھستی اور وجود بیٹا ہے۔ ہر لفظ کی ہر ایک تشریح اور مفہوم میں خدا ہے۔ بیٹے کی عزت کرنا باپ کی عزت کرنے کے مترادف ہے۔ بیٹے کی طرح بیٹا ستائش اور حمد کے لائق ہے۔ بیٹے کی عزت باپ کی عزت ہے۔ بیٹا ہر طرح سے کامل خدا ہے۔

بیٹے کے وسیلہ سے خدا باپ نے تمام چیزوں کا اپنے ساتھ ملاپ کر لیا ہے۔ خواہ یہ چیزیں آسمان کی ہوں یا زمین کی۔ (20 آیت) ۔ اس نے بیٹے کے خون کے وسیلہ سے جو صلیب پر بہا یہ سارا کام سر انجام دیا۔ یہاں پر چند ایک چیزوں پر غور کرنے کی ضرورت ہے۔

یہاں پر باپ اور بیٹے کی خواہش کو دیکھیں۔ یہ ان کی خواہش تھی کہ وہ سب چیزوں کا اپنے ساتھ میل کر لیں۔ خاص طور پر پولس رسول ہمیں بتاتا ہے کہ خدا نے آسمان اور زمین کی چیزوں کا اپنے ساتھ میل کر لیا ہے۔ گناہ کے وسیلہ سے خدا اور انسان میں جدائی پیدا ہو گئی۔ خدا چاہتا تو اس دُنیا کو اس کے حال پر چھوڑ سکتا تھا۔ وہ چاہتا تو ہمیں گناہ اور بغاوت کی حالت میں ہلاک اور برباد ہونے کے لئے چھوڑ سکتا تھا۔ لیکن اس نے ایسا نہ چاہا۔ اس نے یہی چاہا کہ ہمارا اس کے ساتھ تعلق اور رشتہ بحال ہو جائے۔ خدا کے دل کی یہی لالسا ہے۔ شائد آپ سمجھتے ہوں کہ آپ اس کی محبت اور توجہ کے لائق نہیں ہیں۔ ہو سکتا ہے کہ آپ نے گناہ میں زندگی بسر کی ہے، آپ اس سے باغی رہے ہیں اور سمجھتے ہیں کہ خدا آپ کو معاف نہیں کر سکتا۔ یہاں پر خالق، دنیا کے حاکم اور سنبھالنے والے کی خواہش کو دیکھیں۔ وہ اپنی محبت میں ہم تک پہنچا، اور خدا اور گناہ آلودہ انسان کے درمیان رفاقت میں حائل ہر طرح کی رکاوٹ کو ختم کر دیا جو انسان کے گناہ کی وجہ سے تھی۔ اس کی سب سے بڑی خواہش یہی ہے کہ ہمارے ساتھ اپنی رفاقت کو بحال کر دے۔ شائد آپ کی سمجھ

سے یہ بات بالاتر ہو، لیکن عقل اور فہم سے بالاتر کوئی چیز بھی آپ کی زندگی میں ایسی رکاوٹ نہ بنے کہ آپ وہ سب کچھ حاصل کرنے سے رہ جائیں جو خداوند آپ کو دینا چاہتا ہے۔ خدا فی الحقیقت آپ کو اپنے لئے حاصل کرنا چاہتا ہے۔ اس نے بخوشی ورضا اپنے بیٹے کو اس دنیا میں بھیجا تاکہ گناہ کی قربانی کے لئے اس دُنیا میں صلیبی موت مرے تاکہ آپ کو اس گناہ آلودہ تاریکی کی بادشاہت سے رہائی دے سکے۔ اُس سے منہ نہ موڑیں۔

یہاں پر دوسری چیز جو ہمیں دیکھنے کی ضرورت ہے وہ یہ ہے کہ پولس رسول نے ہمیں بتایا ہے کہ خداوند کی یہی خواہش ہے کہ وہ سب چیزوں کا اپنے ساتھ میل کرلے۔ درحقیقت، ساری دُنیا پر گناہ کے اثرات مرتب ہوئے ہیں۔ جس روز گناہ دنیا میں داخل ہوا، اس وقت سے ہی لعنت کے نیچے یہ دنیا کراہ رہی ہے۔ آدم کو سخت محنت کرنا پڑی، تاکہ اپنے گھرانے کے لئے اناج پیدا کرے۔ ہر ایک چیز زوال پذیر ہوگئی۔ انسان بوڑھا ہونے لگا۔ بیماری اور روگ اس دنیا میں پھیل گئے۔ آفات، المیات، مصائب اور مشکلات نے اس دُنیا کو گھیر لیا۔ گناہ کے سبب سے ہر ایک تخلیق شدہ چیز نے دُکھ اٹھایا۔

جب پولس رسول ہمیں یہ بتاتا ہے کہ خدا کی یہ خواہش تھی کہ سب چیزوں کا اپنے ساتھ میل کرلے تو اُس میں ساری تخلیقات شامل ہیں۔ خدا کی یہ مرضی اور خواہش ہے کہ اس زمین پر اپنی برکات نازل کرے۔ وہ اپنے بچوں پر بھی اپنی برکات نچھاور کرنا چاہتا ہے۔ پرانے عہد نامہ میں اس کے شواہد دیکھنے کو ملتے ہیں۔ جب خدا کے لوگوں نے اس سے منہ موڑا۔ فصلوں پر بھی اثرات مرتب ہوئے، خدا کی برکات صرف اس کے لوگوں پر ہی سے نہ اٹھ گئیں بلکہ زمین بھی خدا کی برکات کی غیر موجودگی سے متاثر ہوئی۔ ہوسیع کی کتاب میں اُس کی واضح تصویر دیکھنے کو ملتی ہے۔

"اے بنی اسرائیل خُدا کا کلام سُنو کیونکہ اُس مُلک کے رہنے والوں سے خُداوند کا جھگڑا ہے

کیونکہ یہ مُلک راستی و شفقت اور خُدا شناسی سے خالی ہے۔" (ہوسیع 4 باب 1 تا 3 آیت)
نافرمانی اور سمندر میں مچھلیوں کی تعداد میں ایک واضح تعلق موجود تھا۔ سمندر میں مچھلیاں اس لیے مر رہی تھیں کیونکہ زمین بنجر اور ویران تھی۔ اسی طرح ہوا کے پرندے اور جنگل کے درندے بھی دکھ اٹھا رہے تھے۔ زمین پر گناہ کے اثرات تباہ کن ہوتے ہیں۔

جب ہم پورے دل سے خدا کی طرف رجوع لاتے ہیں، نہ صرف ہماری زندگیوں میں بلکہ ہمارے ملک اور سرزمین پر بھی اس کی برکات نازل ہوتی ہیں۔ 2 تواریخ میں خدا کے کلام کو سنیں (7 باب 13 تا 14 آیت)

"اگر میں آسمان کو بند کر دوں کہ بارش نہ ہو یا ٹڈیوں کو حکم دوں کہ ملک کو اُجاڑ ڈالیں یا اپنے لوگوں کے درمیان وَبا بھیجوں تب اگ میرے لوگ جو میرے نام سے کہلاتے ہیں خاکسار بن کر دُعا کریں اور میرے دیدار کے طالب ہوں اور اپنی بُری راہوں سے پھریں تو میں آسمان پر سے سن کر اُن کا گناہ معاف کروں گا اور اُن کے ملک کو بحال کر دوں گا۔"

لوگوں کے گناہ کی وجہ سے زمین دُکھ اُٹھا رہی تھی۔ 2 تواریخ کا مصنف ہمیں بتاتا ہے کہ خدا کے لوگوں کو عاجزی اختیار کر کے اُس کی طرف رجوع لانا اور گناہ سے منہ موڑنا تھا۔ تب خدا نے اُن کی سرزمین کو شفا بخشنی تھی۔ خدا نے صرف زمین کو بحال ہی نہیں کرنا تھا بلکہ برکت بھی دینی تھی۔

اس سے ہم اس بات کو سمجھ سکتے ہیں کہ خدا صرف یہی نہ چاہتا تھا کہ بنی نوع انسان کا اپنے سے میل کرلے بلکہ یہ اس کی خواہش تھی اور ہے کہ ساری کائنات کو بحال کرے۔ وہ ہر ایک چیز کو اپنی اصل حالت میں واپس لانا چاہتا ہے۔ خدا نے اس زمین کو ہمارے لئے باعث برکت ہونے کے لئے تخلیق کیا تھا۔ لیکن گناہ نے اسے باعث لعنت بناڈالا۔ خدا کی یہی خواہش ہے کہ اس لعنت کو زمین پر سے ختم کردے۔ شیطان اور گناہ نے زمین پر سے

برکات ختم کر دیں ہیں۔ خدا پھر سے مسیح کے وسیلہ سے ہر ایک چیز کو برکت دینا چاہتا ہے۔ وہ ہر ایک جگہ سے لعنت کو ختم کرنا چاہتا ہے۔ مسیح کی معاف کر دینے والی قدرت، ہر اس چیز کو بحال کر سکتی ہے جو گناہ نے ہم سے چھین لی ہے۔

چند غور طلب باتیں

☆۔اس حوالہ کی روشنی میں خداوند مسیح یسوع سے ہمیں کیسی برکات ملی ہیں؟

☆جب پولس رسول یہ بیان کرتا ہے کہ خداوند یسوع پہلوٹھا ہے تو اس سے اس کا کیا مطلب ہے؟اس بات کا کہاں اور کیسے کیسے اطلاق کیا جا سکتا ہے؟

☆۔اپنی تخلیق کے لئے خدا کیسا دل رکھتا ہے؟

☆۔خداوند کے اس کام کے لئے دلوں کو کھولنا لوگوں کے لئے کیوں کر مشکل ہوتا ہے جو خداوند ان کی زندگی میں کرنا چاہتا ہے؟

☆۔ تاریکی کے قبضہ اور اختیار میں رہنا کیسا لگتا تھا؟ خدا کے عزیز بیٹے کی بادشاہی کا حصہ بننے سے آپ کی زندگی میں کیا فرق پیدا ہوا ہے؟

☆۔گناہ کے خدا کی تخلیقات پر کیا اثرات مرتب ہوئے ہیں؟

چند اہم دُعائیہ نکات

☆۔خداوند کی شکر گزاری کریں کہ اس نے آپ کو تاریکی کے قبضہ سے چھڑایا ہے؟

☆۔اگر آپ کو علم نہیں کہ آپ تاریکی کے قبضہ سے چھڑا لئے گئے ہیں تو خداوند سے دُعا کریں کہ وہ آج ہی آپ کو رہائی بخشے۔

☆۔ مسیح میں آپ کو کیسی برکات ملی ہیں؟ خداوند کی برکات کے لئے اس کی شکر گزاری کریں۔

☆۔اگر آپ کے کچھ عزیز و اقارب اور دوست احباب ہیں جو ابھی تک تاریکی کے قبضہ میں ہیں تو خداوند سے دُعا کریں کہ وہ اُنہیں رہائی بخشے۔

باب14

اُس کی نظر میں کامل

کلسیوں 1 باب 21-29 آیت

پولس رسول نے کلسے کے ایمانداروں کو بتایا کہ خدا کی یہ خواہش ہے کہ مسیح خداوند یسوع کی صلیب کے وسیلہ سے ہر ایک چیز کا اپنے ساتھ میل کر لے۔ کلسے کے ایماندار انجیل کے پیغام کے باعث خدا کے ساتھ صلح کر چکے تھے۔ ان لوگوں نے خداوند یسوع مسیح کے صلیبی کام کو قبول کر لیا تھا اور اب خدا باپ کے ساتھ اُن کا رشتہ بحال ہو گیا تھا۔ پولس رسول یہ چاہتا تھا کہ کلسے کے ایماندار اس بات کو سمجھیں اور جانیں کہ نجات محض آغاز ہے۔ چونکہ وہ خدا کے قہر و غضب سے نجات پا گئے تھے، اب ضرورت تھی کہ وہ خدا کے ساتھ اپنے تعلق اور رشتہ میں مضبوط اور گہرے ہوتے چلے جاتے۔ پولس رسول یہ سمجھتا تھا کہ یہ اس کی خدمت ہے کہ وہ مسیح کے بدن کو آمدِ ثانی کے لئے تیار کرے۔ وہ کلسیوں کو خدا کے حضور، کامل، بے عیب اور پاک حالت میں پیش کرنے کا خواہشمند تھا۔

پولس رسول نے کلسیوں کو ان کی اس حالت کی یاددہانی کرائی جب خداوند کے پاس نہیں آئے تھے۔ وہ خدا سے الگ اور اپنی ذہنی حالت اور سوچ میں خدا کے دشمن تھے۔ ایک وقت تھا کہ وہ خدا کے ساتھ کوئی تعلق اور واسطہ نہیں رکھنا چاہتے تھے۔ وہ خدا کے مخالفین میں سے تھے۔ خدا تو پاک اور قدوس ہے، جبکہ وہ گناہ میں زندگی بسر کرتے تھے۔ خدا کی ذات میں کوئی گناہ نہیں ہے، لیکن وہ گناہ تلے دبے ہوئے تھے۔ خدا ان کی سوچ اور خیال سے کہیں دُور تھا۔ چونکہ وہ خدا کے دشمن تھے، اس لئے خدا کی عدالت کے نیچے تھے۔ وہ

ہمیشہ کے لئے خدا سے جدا اور جہنم کی شاہراہ پر تیزی سے گامزن تھے۔ وہ خدا کے قہر و غضب کے نیچے تھے اور اُنہوں نے اُس کے قہر و غضب کے نتائج کا بھی سامنا کرنا تھا، کیونکہ وہ اس کے خلاف گناہ اور بغاوت کی زندگی بسر کر رہے تھے۔

اگرچہ وہ کبھی خدا کے دشمن تھے، لیکن صلیب کے پیغام کے باعث وہ خدا کے ساتھ صلح کر چکے تھے۔ گناہ کی سزا موت ہے۔ (رومیوں 6باب 23 آیت) وہ موت کے مستحق تھے۔ لیکن خداوند یسوع نے ان کے لئے صلیب پر جان قربان کر دی تھی۔ اس نے ان کی سزا اپنے اوپر لے لی تھی اور گناہ کی سزا کو برداشت کر لیا تھا۔ مسیح کے صلیبی کام کو قبول کرنے کے باعث کُلسے کے ایماندار لوگ گناہ کی سزا سے بچ گئے تھے۔ خدا اور اُن کے رشتے کے درمیان حائل ہر ایک رکاوٹ کا خاتمہ ہو چکا تھا۔

غور کریں کہ اگرچہ مسیح کے وسیلہ سے خدا کے ساتھ اُن کا میل ہو گیا تھا۔ تاہم وہ ابھی تک پورے طور پر کامل نہیں ہوئے تھے۔ پولس رسول نے کُلسے کے ایمانداروں کو بتایا کہ خدا نے مسیح کے وسیلہ سے اُنہیں اپنے ساتھ ملا لیا ہے تاکہ اُنہیں اپنے حضور پاک اور ہر طرح کے الزام اور عیب سے پاک کر کے پیش کرے۔ پولس رسول کُلسے کے ایمانداروں کو بتا رہا ہے کہ وہ ایک مقصد کے تحت مسیح کے ساتھ ایک ہوئے ہیں۔ اور وہ مقصد انہیں گناہ سے آزاد کرنا تھا۔ نجات محض آغاز تھا، ابھی خدا اُن کی زندگی میں مزید بہت کچھ کرنا چاہتا تھا۔

بطور ایماندار ہمیں اِس بات کا علم ہے کہ ہمیں اپنی زندگی میں ابھی اور بہت سی چیزوں سے نبرد آزما ہونا ہے۔ خدا کا کلام ہمیں تنبیہ کرتا ہے کہ ہم گناہ اور جسم کے خلاف مستعد رہیں۔ اگرچہ گناہ کی قیمت ادا کر دی گئی ہے، تاہم اس کا ہرگز یہ مطلب نہیں ہے کہ ہم گناہ میں نہیں گر سکتے، خدا نے ہمیں اپنی پرانی انسانیت کے اعتبار سے مرنے کے لئے اپنی بادشاہی میں بلایا ہے۔ ہم بری فطرت اور گناہ کی رغبتوں کے اعتبار سے مر کر اُس کے لئے

زندہ رہیں جس نے ہمیں تاریکی کی بادشاہت سے اپنے بیٹے کے وسیلہ سے چھڑایا ہے۔ (رومیوں 8 باب 13 آیت) روحانی زندگی میں یہ ایک جاری رہنے والا عمل ہے۔

پولس رسول کلسے کے ایمانداروں پر یہ واضح کرتا ہے کہ جسم، گناہ آلودہ رغبتوں اور بُری خواہشوں سے نبرد آزما ہونے کے لئے ہمیں اپنی طرف سے جانفشانی اور جدوجہد کرتے ہوئے اپنا کردار ادا کرنا ہو گا۔ اس نے 23 آیت میں انہیں بتایا کہ ایمان میں ثابت قدم اور قائم رہتے ہوئے ہی وہ خدا کے حضور پاک، بے عیب اور بے الزام ٹھہر سکتے ہیں۔ اس کے ساتھ یہ بھی لازمی ہے کہ وہ اس اُمید کو ہاتھ سے نہ جانے دیں جو انہیں یسوع میں حاصل ہے۔ کبھی بھی گناہ اور دنیا کی خواہشوں اور رغبتوں کو اپنی زندگی میں رکاوٹ نہ بننے دیں کہ ہم مسیح میں حاصل شدہ گناہوں کی معافی کو بھول جائیں۔ ہمیں لازمی طور پر اس اُمید میں قائم رہنا ہے کہ مسیح یسوع ہی فتح کا منبع ہے۔

ایمان میں ثابت قدم رہنے کے لئے ایک جدوجہد درکار ہوتی ہے۔ خدا نے کبھی وعدہ نہیں کیا کہ مسیحی زندگی کا یہ سفر بالکل سیدھی اور ہموار شاہراہ پر ہو گا۔ ہم میں سے بہتوں نے سخت مخالفت اور حتیٰ کہ موت کا بھی سامنا کیا ہے۔ اگرچہ ایمانداروں کا مسیح یسوع کے صلیبی کام کے وسیلہ سے خدا کے ساتھ میل ہو گیا ہے۔ لیکن اُن کی زندگی کے بہت سے پہلو ایسے ہیں جو ابھی پورے طور پر مسیح یسوع کے تابع نہیں ہوئے۔ ہو سکتا ہے کہ آپ نے مسیح یسوع کی قربانی کو قبول کر لیا ہے اور آپ اُس کے فرزند بن چکے ہیں، کیا آپ پاکیزگی کے لئے ہاتھ پاؤں مار رہے ہیں؟ پولس رسول کُلسے کے ایمانداروں اور اس کے ساتھ ہم سب کو تلقین کرتا ہے کہ ہم سب باتوں میں پاک بنیں، یہی ہماری زندگی کا نصب العین ہونا چاہئے۔

پولس رسول نے خود کو انجیل کے خادم کے طور پر دیکھا۔ (23 آیت) اس نے اپنی

زندگی انجیل کے پیغام کی منادی کے لئے وقف کر رکھی تھی۔ اس کی زندگی کا یہ نصب العین تھا کہ وہ لوگوں کی مدد کرے تاکہ وہ اس اُمید کی حقیقت میں زندگی بسر کریں جو انہیں مسیح یسوع میں حاصل ہے۔ پولس رسول یہ سمجھتا تھا کہ یہ اس کا فرض اور ذمہ داری ہے کہ وہ نہ صرف لوگوں کی رہنمائی نجات کی طرف کرے اور اُنہیں تعلیم دے کہ اس کام پر دھیان کریں جو مسیح یسوع نے ان کے لئے کیا ہے۔ بلکہ اس کے ساتھ ساتھ اس کا یہ بوجھ اور خدمت بھی تھی کہ انہیں مسیح یسوع میں حاصل شدہ نجات میں پختہ اور بالغ اور مضبوط کرے۔ بشارت اور شاگردیت شانہ بشانہ چلتی ہیں۔ ایسا کبھی نہیں ہوتا کہ ایک بچے کو جنم دے کر تنہا چھوڑ دیا جائے، ہم اس بچے کو خوراک دیتے ہیں، اس کی دیکھ بھال کرتے ہیں، موسم کی شدت، آب و ہوا کے اثرات اور ماحول کا خیال بھی رکھا جاتا ہے تاکہ وہ مناسب طور پر پرورش پائے، صحت مند رہے اور نشوونما پاتا چلا جائے۔ اس وقت تک بچے کی پرورش، دیکھ بھال اور تحفظ کا خیال رکھا جاتا ہے جب تک وہ پورے طور پر سمجھدار اور مضبوط نہ ہو جائے۔ پولس رسول کُلسے کے ایمانداروں کے تعلق سے بھی ایسا ہی محسوس کرتا تھا۔ اس نے ایک ذمہ داری کے طور پر دیکھا کہ وہ نہ صرف خدا کی بادشاہی میں داخل ہوں بلکہ وہ مسیح کے حضور پاک، بے عیب اور بے نقص فرزند بن کر حاضر ہوں۔

24 آیت سمجھنے میں تھوڑی مشکل ہو سکتی ہے۔ پولس رسول نے کُلسے کے ایمانداروں کو بتایا کہ وہ ان کی خاطر دکھ اٹھانے میں خوشی محسوس کرتا ہے تاکہ مسیح کے دُکھوں کی کمی کو اپنے بدن کے وسیلہ سے پورا کر سکے۔ ہم اس آیت کو کس طرح سمجھیں؟ ہمیں یہ دیکھنے کی ضرورت ہے کہ پولس رسول کسی طور پر بھی مسیح کے صلیبی کام کو کم تر قرار نہیں دے رہا۔ مسیح یسوع نے اپنی صلیبی موت کے وسیلہ ہر ایک کام کو پورے طور پر سرانجام دیا ہے۔ اُس نے وہ سب کچھ مکمل طور پر کیا ہے جو ہماری نجات کے لئے درکار ہے۔ اُس نے

ہمارے دُکھوں، گناہوں اور بدیوں کو اپنے اوپر لے لیا۔ تاکہ ہم پورے طور پر مخلصی پائیں۔

مقدس پولس رسول نے 2 کرنتھیوں میں یاددہانی کرائی۔

"کیونکہ جِس طرح مسیح کے دُکھ ہم کو زیادہ پہنچتے ہیں اُسی طرح ہماری تسلی بھی مسیح کے وسیلہ سے زیادہ ہوتی ہے۔" (2 کرنتھیوں 1 باب 5 آیت)

مسیح کے فرزند اور پیروکار ہوتے ہوئے، ہمیں بھی مسیح کے لئے دُکھ اٹھانا ہوں گے۔ اس دنیا میں انجیل کا پیغام اور خدا کی بادشاہی میں وسعت قربانیوں کے وسیلہ سے ہی آئی۔ اگر ہم نے خدا کے کام کو اس دُنیا میں مستحکم کرنا اور اس کی بادشاہی کو قائم کرنا ہے تو پھر یہ اسی صورت میں ہوگا کہ ہم مسیح کے نقشِ قدم پر چلیں۔ کوئی بھی سپاہی یہ توقع نہیں کرتا کہ جنگ بغیر تکلیف یا دکھ سہے جیتی جائے گی۔ مسیح یسوع کے نام سے ہم ہر طرح کے خطرہ کو مول لیتے ہیں تاکہ اس کے نام کو جلال اور اُس کی بادشاہی کو وسعت ملے۔ جب اس بات کو اپنا نصب العین بنا کر آگے بڑھتے ہیں تو پھر ہمیں دُکھ بھی اٹھانا پڑتے ہیں۔

پولس رسول نے کلسے کے ایمانداروں کو یاددہانی کرائی کہ خدا نے اسے یہ اختیار دیا ہے کہ وہ پورے طور پر خدا کے کلام کو پیش کرے۔ یہ کلام زمانوں سے پوشیدہ تھا لیکن اب مقدسوں پر عیاں ہو گیا ہے۔ حتیٰ کہ غیر قوموں تک بھی انجیل کا پیغام پہنچ گیا ہے۔ یہ کون سا کلام ہے جو پہلے پوشیدہ تھا لیکن اب ظاہر ہوا ہے؟ پولس رسول بیان کرتا ہے کہ "مسیح جو تم میں ہے۔" (26 آیت) آئیں اس بات کو مزید تفصیل کے ساتھ دیکھیں۔

ابتدا ہی سے، ہر انسان کا ایک ہی مسئلہ رہا ہے، اور یہ مسئلہ گناہ ہے۔ یہ کس طرح ہمیں خدا سے جدا کرتا ہے۔ کیونکہ اس مسئلے کی وجہ سے، بنی نوع انسان ہمیشہ کے لئے خدا سے جدا ہو گئی۔ باغِ عدن میں، خدا نے گناہ کے زور کو توڑنے کا وعدہ کیا۔ آنے والی نسلوں میں لوگ

سوچتے اور غور ہی کرتے رہے کہ آیا یہ سب کچھ کیسے ہو گا۔ کس طرح گناہ آلودہ انسان اور قدوُس اور پاک خدا ایک ہو سکتے ہیں؟ یہ ایک بہت بڑا راز تھا۔ نجات دہندہ اور نجات کا منصوبہ نسلوں تک لوگوں سے پوشیدہ رہا۔ مقدس پولس رسول نے کُلسے کے ایمانداروں کو بتایا کہ مسیح یسوع کے وسیلہ سے خدا کی نجات کا منصوبہ ظاہر ہو گیا ہے۔

خدا اپنے بیٹے کا پاک روح اا پنے لوگوں کی زندگیوں اور دلوں میں دینے والا تھا۔ اس کے وسیلہ سے، اُس نے نہ صرف اُنہیں ان کے گناہ معاف کرنے تھے بلکہ اُس نے اُنہیں اپنی صورت اور شبیہ پر بھی ڈھالنا اور بنانا تھا۔ اُن میں رہتے ہوئے خدا کے بیٹے یسوع نے اُنہیں خدا باپ کی حضوری سے جلالی اُمید عطا کرنا تھی۔ خداوند یسوع مسیح ہی اس بات کی واحد ضمانت تھا کہ وہ ایک روز خدا باپ کے حضور پاک اور بے عیب حاضر ہوں گے۔ (متی 10 باب 32 آیت) اپنے صلیبی کام اور ایمانداروں میں اپنی مسلسل سکونت سے مسیح نے ان میں خدا باپ کے مقصد اور منصوبہ کو پایہ تکمیل تک پہنچانا تھا۔

ہمارے لئے کس قدر شرف و استحقاق کی بات ہے، ہم نے خدا کے منصوبے کو ظاہر ہوتے دیکھ لیا ہے۔ ہم نجات دہندہ سے مل چکے ہیں۔ ہم نے اپنی زندگیوں میں پاک روح کی حقیقت کا تجربہ بھی کر لیا ہے۔ ہم اپنے دلوں میں خدا باپ کی حضوری سے جلالی اور خوبصورت اُمید بھی رکھتے ہیں۔ 28 آیت میں پولس رسول کلسے کے ایمانداروں کو یاد کراتا ہے کہ اس نے تعلیم اور تنبیہ سے اس بھید کی منادی کی ہے۔

تنبیہ کا معنی ہے آگاہ یا خبردار کرنا۔ پولس رسول نے اپنے سننے والوں کو تنبیہ کی۔ شائد ہمیں بھی اس پیغام کی تنبیہ اور آگاہی کو اپنے دَور میں دوبارہ سے سننے کی ضرورت ہے۔ ہمیں اسی طور سے اپنی زندگیوں میں مسیح کے اس پیغام کو سنجیدگی سے عملی جامہ پہنانا چاہئے۔ اگر خدا کا روح ہم میں سکونت پذیر ہے، تو کبھی اسے رنجیدہ کرنے کے لئے کچھ بھی

اس کی مرضی کے خلاف نہ کریں۔ اگر ہم اس بات کو سمجھتے ہیں کہ مسیح کا پاک روح ہم میں سکونت پذیر ہے، تو پھر ہم اپنے کلام، کام، کہیں آنے یا جانے کے تعلق سے محتاط ہوں گے۔ ہم عام نہیں بلکہ خاص لوگ ہیں۔ ہم لوگوں کے سامنے ایک گواہی ہیں۔ ہم خداوند یسوع مسیح کے نمائندگان ہیں۔ ہمارے بدن روح القدس کا زندہ مسکن ہیں۔ اس حقیقت سے ہمارے طرزِ زندگی اور طرزِ عمل میں ایک تبدیلی واقع ہونی چاہئے۔ پولس رسول کے دل کی یہی لالسا تھی کہ ایمانداروں کو روحانی زندگی میں بالغ اور مضبوط ہوتے ہوئے دیکھے، تاکہ وہ ویسے ہی بن سکیں جیسا خداوند انہیں بنانا چاہتا تھا۔

تنبیہ کا ایک اور پہلو بھی ہے۔ کتنی ہی بار لوگ اپنے زورِ بازو سے مسیحی زندگی بسر کرنے کی کوشش کرتے ہیں؟ ان کا یہی ایمان ہے کہ خدا کی بادشاہی میں جگہ پانے کے لئے نیک اعمال کافی ہیں۔ آپ میں مسیح کا پیغام یاد دلاتا ہے کہ نجات پانے کا کوئی دوسرا راستہ نہیں ہے۔ صرف اور صرف مسیح ہی وہ واحد ہستی ہے جو خدا اور انسان کو ملا سکتی ہے۔ پولس رسول نے نجات کے لئے انسانی کاوشوں پر بھروسے کی مذمت کی

اس نے اپنے قارئین کو یاد دلایا کہ اُن میں جلال کی واحد اُمید خدا کے پاک روح کی حضوری ہے۔

پولس رسول جہاں کہیں گیا اس نے سچائی کی تعلیم دی۔ جیسا کہ ہم پہلے ہی دیکھ چکے ہیں، مسیح ہم میں ہے، اس کے کئی ایک مفہوم ہو سکتے ہیں اور کئی طرح سے ہم اس حقیقت اور سچائی کو اپنی زندگی میں لے سکتے ہیں۔ اس سچائی اور حقیقت سے ہماری زندگیاں یکسر بدل جانی چاہئے۔ پولس رسول کی یہ خواہش تھی کہ وہ ایمانداروں کو یہ تعلیم دے کہ اس حقیقت کو جاننے کے بعد انہیں کیسا طرزِ زندگی اپنانا ہے کہ مسیح ان میں ہے۔ غور کریں، پولس رسول نے انہیں نصیحت کی اور تعلیم دی تاکہ سننے والے اپنے کردار اور چال چلن

میں مضبوط بنیں۔ (28 آیت) اگر آپ روحانی طور پر بالغ، پختہ اور مضبوط ہونا چاہتے ہیں، تو پھر آپ اس پیغام "مسیح تم میں ہے" کو سمجھیں۔ اپنی طاقت، سمجھ اور کاوشوں سے مسیحی زندگی بسر کرنا چھوڑ دیں۔ اس کی بجائے خدا کا پاک روح آپ کی رہنمائی کرے اور آپ کا زور بنے۔ صرف روح القدس ہی آپ کو کامل کر سکتا ہے۔

پولس رسول کے دل کی یہی لالسا تھی کہ ایمانداروں کو کامل پختگی اور مضبوطی کی طرف قدم مارتے ہوئے دیکھے۔ 29 آیت میں دیکھیں کہ اس نے اپنی ساری توانائی، جدوجہد اور محنت سے ایسا کیا۔ جو خدام ایمانداروں کی پختگی اور مضبوطی کے لئے خدمات سرانجام دے رہے ہیں انہیں معلوم ہے کہ یہ کس قدر مشکل کام ہے۔ ایسے لوگوں کے لئے خدا کا شکر اور اس کے نام کی تمجید ہو جو یہ بہترین خدمت سرانجام دے رہے ہیں۔ اسی مقصد کے لئے خدا نے پاسبان، استاد اور مبشران تیار کئے ہیں۔ یہ خدام، لوگوں سے شخصی ملاقات، مشاورت، صلاح کاری اور ایمانداروں کو نصیحت کرتے ہوئے ایسا کر رہے ہیں۔ یہ خدام مسیح کے بدن کی ترقی، مضبوطی، تعمیر اور ترقی کے لئے فکر مندی سے سوئے بغیر راتیں صرف کرتے اور دن بھر محنت کرتے ہیں۔ وہ دعا کرتے، منادی کرتے اور آنسو بھی بہاتے ہیں۔ وہ ایسا کرتے ہیں کیونکہ پولس رسول کی طرح اُن کی بھی سب سے بڑی خوشی یہی ہوتی ہے کہ ایماندار بلوغت، مضبوطی اور پختگی کی شاہراہ پر گامزن رہیں۔

29 آیت میں ایک اور بات بھی ہمیں تفصیل سے دیکھنے کی ضرورت ہے۔ غور کریں کہ پولس رسول نے اپنے زور بازو، اپنی سمجھ اور جدوجہد سے ایسا نہیں کیا۔ بلکہ اس نے یہ سب کچھ اس پاک روح کے وسیلہ سے کیا جو اس میں بسا ہوا تھا۔ ہمارے لئے یہ کس قدر آسان ہے کہ ہم اِس نکتہ کو نظر انداز کر دیں۔ پولس رسول نے اپنی ہر ایک کاوش، جدوجہد اور جانفشانی کو اس روح کے نام کیا جو اس میں بسا ہوا تھا۔ واقعی اس بات سے بہت فرق پڑتا ہے

جب ہم خدا کے پاک روح کو اپنی زندگیوں میں ہر قدم پر رہنمائی اور قیادت کرنے کا موقع دیتے ہیں۔ ایمانداروں کو مضبوط کرنا اور اُن کی تعمیر و ترقی پاک روح کا کام ہے۔ وہی ہمیں ہر ایک ذمہ داری کے لئے مضبوط، مسلح اور پختہ کرے گا۔ کس قدر ضروری ہے کہ وہ ہمارے وسیلہ سے کام کرے۔

اس حوالہ میں ہم پڑھتے ہیں نکہ خدا نے ہم تک رسائی حاصل کر کے ہمیں نجات دی اور مسیح یسوع میں ہمیں کامل کیا۔ مسیح یسوع کے وسیلہ سے ہر ایک رکاوٹ دُور ہو گئی ہے تاکہ خدا کا پاک روح ہم میں اور ہمارے وسیلہ سے کام کر سکے۔ پولس رسول کی یہی خواہش تھی کہ وہ لوگ جنہوں نے مسیح یسوع میں نئ زندگی کا آغاز کیا ہے وہ اس کام کو کامیابی سے پایہ تکمیل تک پہنچائیں۔ پولس رسول یہی چاہتا تھا کہ ایماندار روزِ آخرت بے عیب، پاک، بے نقص اور بغیر کسی داغ یا جھری خدا کے حضور کھڑے ہوں۔ اسی مقصد کے تحت، اس نے سخت محنت اور جدوجہد کی۔ خدا ہمارے دور میں بھی ایسے لوگ کھڑے کرے جن کے دل کی لالسا خداوند مسیح کی قربت اور نزدیکی ہو۔ میری دُعا ہے کہ خدا کا پاک روح ہماری زندگیوں میں اپنا پورا اختیار اور قبضہ جمائے تاکہ اُس کی قابل اور کامل بنانے والی قدرت ہمیں وہ سب کچھ بنا ڈالے جو خدا ہمیں بنانا چاہتا ہے۔

چند غور طلب باتیں

☆۔ خدا نے ہمیں کیوں گناہ سے نجات بخشی ہے؟ کیا نجات آغاز ہے یا اختتام؟ وضاحت کریں۔

☆۔ یہاں پر ہم اپنی زندگی میں مسیح کی اہمیت کے بارے میں کیا سیکھتے ہیں؟ یہ کیوں کر اہم ہے کہ ہم اپنی زندگی میں مسیح کے پیغام کو سمجھیں؟

☆۔ آپ کو کیسے علم ہوتا ہے کہ مسیح آپ میں موجود ہے؟ اس بات کے کیا شواہد ہیں؟

☆۔ اس حوالہ میں پولس رسول کا ایمانداروں کے لئے کیسا دل ہے؟ کیا ہم بھی کلیسیا میں آج ایسے ہی بوجھ سے معمور ہیں؟

چند اہم دُعائیہ نکات

☆۔ خداوند کی شکر گزاری کریں کہ اُس نے اپنا پاک روح آپ کو دیا ہے۔

☆۔ کس چیز کو آپ میں کامل ہونے کی ضرورت ہے؟ خداوند سے دُعا کریں کہ وہ آپ کی زندگی میں ان چیزوں کو توڑے جنہیں ٹوٹنے کی ضرورت ہے اور ان چیزوں کو شفا بخشے جنہیں شفا پانے کی ضرورت ہے؟ خداوند سے دُعا کریں کہ وہ آپ کو اپنی قربت میں ترقی بخشے اور آپ کی زندگی کے لئے اپنے مقصد اور ارادے کے اور قریب لے آئے۔

☆۔ خداوند سے دُعا کریں کہ آپ پر ظاہر کرے کہ آپ کس طرح مقدسوں کو کامل بننے میں اُن کی مدد کر سکتے ہیں۔

☆۔ خداوند سے دعا کریں کہ آپ اور زیادہ اپنی زندگی میں خدا کے پاک روح کے کامل کرنے والے کام کے تابع ہو سکیں۔

باب 15

کامل فہم کی دَولت

کلسیوں 2 باب 1-7 آیت

پولس رسول کے تعلق سے ہم ایک بات کو بغور دیکھ سکتے ہیں کہ اُس کے دل پر ایمانداروں کی مضبوطی اور پختگی کا گہرا بوجھ تھا۔ گزشتہ باب میں، پولس رسول نے ہمیں بتایا کہ اس کی بڑی فکر اور دلچسپی یہی ہے کہ وہ کلسے کے ایمانداروں کو پاک، بے عیب اور بے نقص فرزندوں کے طور پر مسیح کے سامنے پیش کرے۔ پولس رسول کی یہی تڑپ تھی کہ خداوند یسوع مسیح پر ایمان رکھنے والے وہ سب کچھ بن جائیں جو خدا انہیں بنانا چاہتا ہے۔

جب ہم 2 باب شروع کرتے ہیں، تو یہاں پر بھی ہم پولس رسول کے اسی جذبہ کو دیکھتے ہیں۔ وہ اپنے قارئین کو بتاتا ہے کہ وہ ان کے لئے اور لودیکیہ کے علاقہ میں موجود ایمانداروں کے لئے کس قدر جدوجہد کر رہا ہے، پولس رسول کی کئی ایک ایمانداروں سے کبھی ملاقات اور شناسائی بھی نہیں ہوئی تھی۔ لیکن پھر بھی وہ اُن کے لئے دل سے جدوجہد اور کوشش کر رہا تھا۔

میرے لئے یہ بات بڑی دلچسپی کی حامل ہے کہ پولس اپنی جان اور ذہن میں کس قدر جدوجہد کر رہا تھا۔ ہمارے لئے آرام کا وقت ہوتا ہے اس کے ساتھ ساتھ ہمارے پاس سخت محنت اور جدوجہد کا بھی وقت ہوتا ہے۔ کچھ ایسے لوگ بھی ہیں جو یہ کہتے ہیں کہ مسیحی زندگی میں کوئی جدوجہد اور کشمکش نہیں ہونی چاہئے۔ تاہم یاد رہے کہ ہر وہ شخص خدا کی بادشاہی میں آگے بڑھنا اور ترقی کرنا چاہتا ہے پولس رسول جیسی کشمکش اور جدوجہد کا تجربہ

اپنی زندگی میں کرے گا۔ یاد رکھیں ہم نیکی اور بدی کی جنگ میں مبتلا ہیں۔(افسیوں 6 باب 12 آیت) اگر ہمیں خدا کی بادشاہی کی فکر ہے، تو ہمیں اس وقت سخت تکلیف اور دُکھ ہو گا جب ہم خدا کے جلال اور اس کی بزرگی کو خطرہ محسوس کریں گے۔ ہمیں ان کے لئے دُکھ محسوس ہو گا جو گناہ میں کھوئے ہیں۔ ہمیں ان لوگوں کے لئے تکلیف محسوس ہو گی جو گناہ کے بندھنوں اور اپنی زندگی میں ابلیس کی کارستانیوں سے پریشان ہیں۔ ہمارے دل خدا کے حضور ان لوگوں کی زندگیوں میں خدا کی بادشاہت کی وسعت کے لئے تڑپ اُٹھیں گے۔ پولس رسول کو خدا کی بادشاہی کی بڑی تڑپ تھی۔ اسی تڑپ کے تحت اس نے بڑے جذبے سے خدا کے جلال کے لئے اَن تھک محنت کے ساتھ کام کیا۔ ہم میں سے ہر ایک کے دل میں ایسا ہی جذبہ ہونا چاہئے۔ آپ کو خدمت میں کیسی کشمکش کا سامنا ہے؟ کون سی چیز آپ کے دل کو شکستہ کرتی ہے؟ خدا کی بادشاہی کے لئے آپ کو کون سی خاص تڑپ اور جذبہ ہے؟ کچھ ایسے وقت بھی ہوں گے جب خدا ہمیں آرام نہیں دے گا۔ وہ اس لئے ایسا کرتا ہے تا کہ ہم خدمت کے جذبہ سے عاری نہ ہو جائیں۔ خدا ہمیں کشمکش سے اس لئے بھی دوچار رکھتا ہے تا کہ ہم آرام پسند، بے فکر، لاپرواہ اور روحانی زندگی میں سُست روی کا شکار نہ ہو جائیں۔

پولس رسول نے 2 آیت میں کلسے کے ایمانداروں کو بتایا کہ اسے کیسی کشمکش کا سامنا ہے۔ اس کے دل پر بڑا بوجھ تھا کہ وہ کلسے اور لودیکیہ کے ایمانداروں کو محبت میں مضبوط، متفق اور ان کے دلوں کو دلیر پائے۔ تا کہ وہ مسیح یسوع میں اپنے مقام اور رُتبے کے مکمل فہم کی دولت سے مالامال ہو جائیں۔ یہاں پر ہمیں سمجھنے کی ضرورت ہے کہ پولس رسول یہاں پر کیا کہہ رہا ہے۔

پولس رسول کی یہی خواہش تھی کہ یہ لوگ مسیح کی محبت میں تسلی اور حوصلہ افزائی پائیں۔

ہم سمجھ سکتے ہیں کہ یہ لوگ خداوند یسوع مسیح کو اپنا نجات دہندہ پہلے ہی سے جانتے تھے۔اس حقیقت کے باوجود کہ وہ خدا کے فرزند تھے، پھر بھی اُنہیں حوصلہ افزائی کی ضرورت تھی۔ حتیٰ کہ ایمانداروں کی آنکھوں پر بھی پردے پڑ سکتے ہیں تاکہ وہ اس حقیقت کو نہ سمجھیں کہ خداوند یسوع میں ہوتے ہوئے ان کے پاس کیا کچھ ہے۔اس دُنیا کی فکریں اور دلچسپیاں مسیح کی خوبصورتی کو ہماری آنکھوں سے اوجھل کر سکتی ہیں۔ذمہ داریوں اور فکر کا بوجھ ہمیں دبا سکتا ہے۔ منسٹری ہمارے لئے ایک بوجھ بن سکتی ہے۔ ہمیں وقتاًفوقتاً مسیح کے ساتھ اپنے رشتے میں تازگی اور یقین دہانی کی ضرورت پیش آتی ہے۔

پولس رسول ان ایمانداروں کو محبت میں گٹھے ہوئے دیکھنا چاہتا تھا۔ یہ بات ہمارے لئے تعجب کا باعث نہیں ہونی چاہئے کہ ایماندار مختلف شخصیات اور ترجیحات رکھتے ہیں۔ ہمیشہ حالات و واقعات اور صورتحال ایک جیسی نہیں رہتی۔ جس سے مسیح کے بدن میں بے اتفاقی پیدا ہو جاتی ہے۔ اس تفرقے بازی سے ہم اپنے لئے مسیح کی محبت کی حقیقت کو دیکھنے سے قاصر ہو جاتے ہیں۔ دوسروں سے محبت بھرا روّیہ اختیار کرتے اور دوسروں کو قبول کرتے ہوئے ہم اپنے بھائیوں اور بہنوں کے لئے مسیح کی محبت کا عملی مظاہرہ کرتے ہیں۔ وہ مسیح کی محبت کو ہمارے وسیلہ سے اپنے لئے دیکھتے ہیں۔ جب ہمیں اس بات کا فہم حاصل ہو جاتا ہے کہ خدا کس قدر اپنے لوگوں سے پیار کرتا ہے، تو پھر ہم ان کے لئے کوئی منفی بات کرنے سے گریز کریں گے۔ پولس رسول مسیح کے بدن کو ایک دوسرے کے لئے پیار و محبت کی ڈوریوں میں بندھا ہوا دیکھنا چاہتا تھا۔ کیونکہ خدا کے لوگوں کے لئے دنیا کے سامنے خدا کی محبت کا یہی ایک عملی ثبوت اور اظہار تھا۔

غور کریں کہ پولس رسول ایمانداروں کو محبت میں مضبوط اور گٹھا ہوا دیکھنا چاہتا تھا۔

(2 آیت) ان کی حوصلہ افزائی اور محبت میں یگانگت اور مسیح میں فہم کی دولت میں ایک

تعلق پایا جاتا ہے۔ ہمیں اس تعلق کو دیکھنے کی ضرورت ہے۔

مسیح کے بدن میں بے اتفاقی ہمیں مسیح میں حاصل شدہ دولت کی معموری کو دیکھنے سے روکے رکھتی ہے۔ بہت دفعہ خدا اپنی محبت کے اظہار کے لئے اپنے لوگوں کو استعمال کرے گا۔ جب خدا ہماری حوصلہ افزائی کرنا چاہتا ہے تو وہ ایسا کرتا ہے، وہ کسی بھائی یا بہن کو ہم تک رسائی حاصل کرنے کے لئے بھیجے گا۔ جب خدا ہماری ضروریات پوری کرنا چاہے گا تو پھر وہ کسی نہ کسی ایماندار شخص کو ہمارے لئے کھڑا کرے گا جو اپنے وسائل ہمارے ساتھ شئیر کریں گے۔ جب مسیح کا بدن خداوند کی بات سننے سے انکار اور وفاداری سے اس کی بتائی ہوئی راہ پر چلنے سے انکار کرتا ہے تو پھر کیا ہوتا ہے؟ ہمارے لئے مسیح کی دولت اور برکات کی معموری کو دیکھنا اس وقت کس قدر مشکل ہو جاتا ہے جب ہمارے ارد گرد ایماندار اپنے اپنے مفادات کے لئے بحث اور دلیل بازی کرتے ہوئے دکھائی دیتے ہیں۔ ہم مسیح کی دولت اور برکات کی معموری اسی وقت دیکھتے ہیں جب مسیح کا بدن ایک دوسرے کی خدمت کے لئے کمربستہ ہو جاتا ہے اور وہ یکدل ہو کر خدا کی بادشاہی کے لئے کام کرتے ہیں۔ باہمی کوشش، یکدلی اور یگانگت سے کام کرنا بھی دُنیا کو مسیح کی برکات کی معموری سے آشنا کرتا ہے۔ پولس رسول کی یہی دُعا تھی کہ کُلسے اور لودیکیہ کے ایماندار محبت میں گٹھے اور اُن کے حوصلے جواں رہیں تاکہ اُنہیں ان ساری برکات کا فہم وادراک حاصل ہو جائے جو مسیح یسوع مسیح انہیں حاصل ہیں۔ غور کریں کہ جو فہم وادراک انہیں پہلے سے حاصل تھا وہ کافی نہ تھا۔ پولس رسول یہ چاہتا تھا کہ اُنہیں فہم وادراک کی پوری دولت حاصل ہو تاکہ وہ مسیح کو جانیں، خدا کے بھید کو سمجھیں اور جانیں جو اُن پر منکشف ہو گیا ہے۔ مسیح کو جانے بغیر آپ معلوم کرسکتے ہیں کہ آپ کے پاس کیا ہے۔ آپ اس خوشی اور اطمینان کی باتیں کرسکتے ہیں جو مسیح یسوع کی طرف سے ملتا ہے لیکن ہو سکتا ہے کہ آپ کو اس کا حقیقی

تجربہ نہ ہو۔ آپ بائبل مقدس میں سے کئی ایک حوالہ جات دے کر لوگوں کو بتا سکتے ہیں کہ خدا مہیا کرنے اور آپ کی فکر کرنے والا خدا ہے۔ لیکن ہو سکتا ہے کہ روزمرہ زندگی میں ان کا تجربہ آپ کو کبھی نہ ہوا ہو۔ ان سچائیوں کے تجربات کے بغیر ایماندار اپنے غیر ایماندار ہمسایوں سے قطعی مختلف زندگی بسر نہیں کرتے، ذہنی طور پر کلام کو جاننے اور اچھا کلام پیش کر لینا ہی کافی نہیں ہے۔ ہمیں مسیح کو جاننا اور اس کا تجربہ کرنے کی ضرورت ہے۔ علم الٰہیات ہی کافی نہیں بلکہ اس کے ساتھ کلام کی ہر ایک سچائی کا شخصی اور گہرا تجربہ ہونا بھی قطعی ضروری ہے۔

پولس رسول 3 آیت میں ہمیں مسیح کو جاننے کے فہم کی دولت کی یاددہانی کرتا ہے۔ وہ کلسے کے ایمانداروں کو یاد کراتا ہے کہ مسیح یسوع میں علم و معرفت کے خزانے پوشیدہ ہیں۔ ہم پہلے ہی دیکھ چکے ہیں کہ کائنات اور اس کی معموری مسیح یسوع کے وسیلہ سے اور مسیح کے لئے خلق ہوئی ہے۔ ہم صدیوں سے اس کائنات کا مطالعہ کرتے چلے آرہے ہیں، تو بھی اس کی گہرائیوں کو سمجھنے سے قاصر رہے ہیں۔ اس کائنات کی تخلیق میں مسیح یسوع کی حکمت نے انسانی ذہنوں کو چکرا کر رکھ دیا ہے۔ اس سے بھی بڑھ کر یہ کہ خدا اپنے بیٹے یسوع مسیح کے وسیلہ سے اس کائنات کے لئے اپنے روحانی مقصد کو عیاں کر رہا ہے۔ خدا اپنے لئے لوگوں کو تیار کر رہا ہے۔ خداوند یسوع ہی خدا کے اس مقصد اور ارادے کا مرکز و محور ہے۔ یسوع مسیح کے صلیبی کام کے بغیر کبھی بھی خدا باپ کے ساتھ ہمارا میل ملاپ نہ ہو سکتا تھا۔ اس نے موت اور قبر پر فتح پائی ہے۔ وہ شیطان اور گناہ پر غالب آیا ہے۔ اس نے کائنات کو خلق کیا اور سنبھالا ہے۔ ہم اپنے ہر ایک سانس کے لئے اس کے مرہونِ منت ہیں۔ وہ ہماری ہر ایک لیاقت، خوبی، سوچ، کام اور کلام کا منبع ہے۔ حکمت کے سارے خزانے اسی میں پوشیدہ ہیں۔ وہی ہر ایک چیز کو جانتا ہے۔ اس کے بغیر کچھ بھی قائم نہیں رہ

سکتا۔ پولس رسول کو اس بات کا فہم تھا کہ وہ ہر ایک چیز کے لئے مسیح یسوع کا مقروض و ممنون ہے۔

پولس رسول نے کُلسے کے ایمانداروں کو ان باتوں کو تعلیم اس لئے دی تا کہ وہ کسی دلیل اور اپنے درمیان پائی جانے والی کسی گمراہی کا شکار نہ ہوں۔ یہ لوگ دلیل بازی میں بڑے ماہر تھے لیکن یہی سب کچھ مسیح کی تعلیم کے خلاف اور متضاد تھا۔ پولس رسول کلسے کے ایمانداروں کو یہ کہہ رہا تھا کہ وہ اس بات پر غور و خوص کریں کہ مسیح ہی ہر ایک چیز کا منبع ہے۔ خواہ جھوٹے استاد کتنے ہی ذہین و فطین تھے۔ کچھ ایسی باتیں بھی تھیں جنہیں وہ بالکل بھی نہیں سمجھتے تھے۔ کیا آپ مسیح یسوع پر ایمان لائیں گے جس کے وسیلہ سے خدا باپ کا مقصد اور ارادہ پایہ تکمیل کو پہنچ رہا ہے یا پھر گنہگار انسان کی باتوں پر کان لگائیں گے جن کی عقل و سمجھ محدود ہے؟ جھوٹے استادوں کے دلائل بڑی احتیاط اور نفاست سے بیان کئے جاتے تھے لیکن مسیح کی تعلیم کے خلاف تھے۔ لازم ہے کہ ہم صرف اور صرف خدا کی باتوں پر ہی دھیان لگائیں۔ پولس رسول کو ان ایمانداروں کی فکر تھی۔ اُسے ڈر تھا کہ کہیں یہ کلیسیا جھوٹے اُستادوں کی چالبازی کا شکار نہ ہو جائے۔ اگرچہ پولس رسول خود وہاں پر موجود نہ تھا۔ لیکن وہ روح میں وہاں پر موجود اور اُن کے ساتھ تھا۔ (5 آیت) اس کا دل اور دعائیں ان کے ساتھ تھیں۔ اسے اس بات کی خوشی تھی کہ وہ وفادار تھے۔ اس نے دعا کہ کہ وہ وفاداری سے خدا کے ساتھ چلتے رہیں۔ اور جھوٹے اُستادوں کی چال میں نہ آئیں جو ان کے درمیان گھس آئے تھے۔

جھوٹے استاد آج بھی دنیا میں موجود ہیں۔ ان کی تعلیم اور طریقہ کار بہت درست معلوم ہوتا ہے۔ ان کی تعلیم میں منطق پایا جاتا ہے۔ ان کے دلائل میں بھی جان نظر آتی ہے۔ وہ اپنی دلیل سے کئی ایک لوگوں کو قائل کر لیتے ہیں۔ تاہم ہمارا اختیار انسانی منطق اور

دلیل پر نہیں ہے۔

خدا کا کلام ہی ہمارا اختیار اور بھروسہ ہے۔ کلام خدا کی طرف سے ملتا ہے جو کہ ہر طرح کی حکمت کا منبع ہے۔

مسیح یسوع میں مضبوط، بالغ اور پختہ ہونے کا مطلب یہ نہیں کہ ہم صرف سچائی کو جان جائیں۔ بلکہ خداوند ہمیں یہ تعلیم بھی دیتا ہے کہ ہم اس سچائی کے مطابق زندگی بسر کریں۔ 6 آیت میں پولس رسول نے کُلسے کے ایمانداروں کو تلقین کی جس طرح اُنہوں نے خداوند کو قبول کیا تھا، اسی کے مطابق اس میں چلتے رہیں۔ اس متن میں، پولس رسول جھوٹے اُستادوں کے تعلق سے بیان کر رہا ہے جو کُلسے پہنچ چکے تھے۔ اُن اُستادوں کے دلائل بہت مناسب اور درُست معلوم ہوتے تھے۔ لیکن وہ جعلی قسم کی خوشخبری سناتے تھے۔ وہ ایسے طرزِ زندگی کو فروغ دیتے تھے جو مسیح یسوع کے بتائے ہوئے اصولوں کے متضاد تھا۔ پولس رسول نے کلسیوں کو بتایا کہ وہ مسیح یسوع میں قائم اور زندہ رہیں۔ اور اسی طرح سے اس میں چلتے رہیں جس طرح اُنہوں نے تعلیم پائی تھی۔ اُنہوں نے مسیح کو ایمان سے قبول کیا تھا۔ اُنہوں نے اُس کی آواز سن کر لبیک کہا تھا۔ اُنہوں نے اس کی آواز سن کر تابعداری کی تھی۔ جو کچھ انہیں تعلیم دی گئی تھی، اُنہوں نے اپنے دل کھول کر اُسے قبول کر لیا تھا۔

بچوں جیسے ایمان میں بڑی سادگی اور گہرائی پائی جاتی ہے۔ ایسا ایمان بالکل ایسے ہی سچائی قبول کر لیتا ہے جیسے خدا تعلیم دیتا ہے، کیونکہ وہی ساری حکمت اور معرفت کا منبع ہے۔ وہ جو خدا سے محبت رکھتے ہیں، اس کے کلام پر اعتماد اور بھروسہ کریں گے۔ ایسے ایماندارو کبھی بھی دلائل سے دھوکہ نہیں کھاتے، نہ ہی انہیں نئی نئی انسانی تعلیمات متاثر کرتی ہیں۔ وہ خدا ہی کو حکمت اور معرفت کا منبع جانتے ہیں۔ اور اسی کی تابعداری اور فرمانبرداری میں

زندگی بسر کرنا پسند کرتے ہیں۔ ہمیں بھی آج ایسا ہی روّیہ اپنانے کی ضرورت ہے۔

چند غور طلب باتیں

☆۔ مسیح میں آپ کو کیسی دولت حاصل ہے؟

☆۔ منسٹری میں آپ کون سا خاص جذبہ رکھتے ہیں؟ خدا نے آپ کو منسٹری میں کس چیز کے تعلق سے جانفشانی کرنے کے لئے بلایا ہے؟

☆۔ مسیح میں جو دولت ہمیں حاصل ہے اسے جاننے اور حقیقت میں اس کا تجربہ کرنے میں کیا فرق ہے؟

☆۔ جب پولس رسول نے کلسیوں کو یہ بتایا کہ اُنہیں اسی طرح سے زندگی بسر کرنی ہے جس طرح اُنہوں نے مسیح کو قبول کیا ہے تو اس سے پولس رسول کا کیا مطلب ہے؟

☆۔ ہمارے لئے یہ کس قدر آسان ہے کہ ہم انسانی تعلیمات اور فیلسوفی تعلیمات کے فریب میں آجائیں۔ اس تعلق سے پولس رسول نے کلسیوں کے ایمانداروں کو کیا نصیحت کی؟

چند اہم دُعائیہ نکات

☆۔ جس طرح سے خدا نے آپ کو کثرت سے برکت بخشی ہے، اُس کی شکر گزاری کریں۔

☆۔ خداوند سے دُعا کریں کہ اُس کے ہاتھوں میں ایک وسیلہ بننے کے لئے آپ کا دل کھل جائے۔

☆۔ کیا کبھی ایسا ہوا کہ منسٹری یا کسی صورتحال میں آپ کا دھیان اور توجہ خداوند سے اُٹھ گیا؟ خداوند سے دُعا کریں تاکہ آپ اُس کی حضوری کے فہم میں ترقی کر سکیں۔

☆۔ خداوند سے ایسا ایمان مانگیں جو خدا کے کلام کی تعلیمات پر بھروسہ کر سکے۔ خداوند سے دُعا کریں کہ وہ آپ کو جھوٹی اور پُر فریب انسانی تعلیمات سے محفوظ رکھے۔

باب 16

مسیح اور انسانی روایات

کلسیوں 2 باب 8-23 آیت

اِس کتاب کے متن سے یہ معلوم ہوتا ہے کہ بعض لوگ کُلسے میں ایسی تعلیم کے ساتھ پہنچ گئے تھے جو اس تعلیم کے منافی تھی جو پولس رسول نے اس کلیسیا کو دی تھی۔ جھوٹے اُستاد یہ تعلیم دے رہے تھے کہ نجات پانے کے لئے کچھ روایات اور شریعت کی پاسداری ضروری ہے۔ اس باب میں پولس رسول نے ایسے جھوٹے اُستادوں کے خلاف سخت روّیہ اپنایا ہے۔

8 آیت میں پولس رسول نے کلسے کی کلیسیا کو یہ بتانے سے آغاز کیا ہے کہ وہ اس سلسلہ میں بہت محتاط رہیں کہ کوئی اُنہیں کھوکھلی اور فریب زدہ فلسفیانہ تعلیم کا شکار نہ بنالے۔ فلسفہ ایک انسانی کاوّش ہے جس میں کائنات کو سمجھنے کی کوشش کی جاتی ہے۔ غور کریں کہ پولس رسول اس فلسفہ کے تعلق سے کیا بیان کرتا ہے۔ اس کا انحصار انسانی روایات اور اس دنیا کے بنیادی اصولوں پر ہوتا ہے نہ کہ مسیح یسوع پر۔ وہ لوگ جو اس طرح کے فلسفے کو فروغ دیتے ہیں وہ مسیح یا اس کے کلام کی طرف اپنے سوالات کے جوابات پانے کے لئے رجوع نہیں لاتے۔ بلکہ ایسے لوگ انسانی دلیل کی طرف ہی توجہ مرکوز کرتے ہیں۔ جھوٹے اُستاد بہت منطقی اور ماہرانہ انداز میں اپنے فلسفے کو بیان کرتے تھے۔

لیکن وہ غلط تھے۔ پولس رسول نہیں چاہتا تھا کہ کلسے کے ایماندار جھوٹے استادوں کی فریب زدہ تعلیمات اور فلسفے سے دھوکہ کھاجائیں۔ مسیح سے ہٹ کر زندگی کے معنی اور مفہوم کو

سمجھنے کی کوشش ہمیشہ ناکامی کا شکار ہوئی ہے۔ صرف مسیح کو جاننے، سمجھنے اور قبول کرنے سے ہی زندگی کا مقصد سمجھ آتا ہے۔ پولس رسول نے کلسے کی کلیسیا کو 9 آیت میں بتایا کہ الوہیت کی معموری مسیح یسوع کے بدن میں سکونت کرتی ہے۔ بالفاظ دیگر یسوع خدا ہے اور اس کائنات کا خالق اور مالک۔ وہی زندگی کے معنی، مقصد اور مفہوم بہتر طور پر سمجھتا ہے۔ وہ اس زمین پر انسان بن کر آیا تاکہ وہ ہمیں زندگی کے مقصد کی سمجھ عطا کرے۔ پولس رسول کے مطابق، زندگی کے مقصد اور معنی سمجھنے کے لئے مسیح کی طرف رجوع لانے کی ضرورت ہے۔ جو کہ ہمارا خالق اور نجات دہندہ ہے۔

اسی نکتہ آغاز سے، پولس رسول کلسے کے ایمانداروں کو مسیح یسوع میں اپنے رتبے اور مقام کے بارے میں بتانا شروع کرتا ہے۔ وہ اُنہیں اپنی تخلیق کے مقصد کی جانکاری بھی دیتا ہے۔ پولس رسول 10 آیت سے شروع کرتا اور اُنہیں بتاتا ہے کہ مسیح یسوع میں اُن کی ہر ایک احتیاج رفع کی گئی ہے۔ جو ہر ایک اختیار اور قدرت سے بلند و بالا ہے۔ کوئی بھی قدرت اور حکمت مسیح سے بالاتر نہیں ہے۔ وہ خداوندوں کا خدا اور بادشاہوں کا بادشاہ ہے۔ پولس رسول ایمانداروں کو بتارہا تھا کہ اُن کے لئے بڑے شرف کی بات ہے کہ وہ مسیح یسوع پر ایمان رکھنے والے ہیں۔ کیونکہ وہی روحانی حکمت کا واحد منبع ہے۔ انہیں حکمت کے لئے دنیا کی طرف رجوع لانے کی ضرورت نہ تھی۔

11 آیت میں، دوسری اہم اور قابلِ غور بات۔ پولس رسول نے کلسے کے ایمانداروں کو یاددہانی کرائی کہ مسیح یسوع میں پرانی انسانیت اتارنے سے ان کا ختنہ ہو چکا ہے۔ یہ ختنہ جسمانی نہیں بلکہ روحانی تھا۔ بالفاظ دیگر، جب وہ مسیح یسوع پر ایمان لائے تھے، اُس نے گناہ کے ساتھ اُن کی رغبت اور رشتہ ختم کر ڈالا۔ انہیں نئی عقل اور نیا دِل عطا کیا گیا۔ پہلی بات، انہیں خدا کے مقصد اور منصوبے کا علم ہوا تھا۔ گناہ کی طرف ان کی رغبت اور دلچسپی

ختم ہو چکی تھی۔ خدا کے پاک روح نے ان کے دل اور طرزِ فکر کو یکسر بدل کر رکھ دیا تھا۔ پرانی انسانیت جاتی رہی تھی۔ (پرانی انسانیت اور روّش کا ختنہ ہو چکا تھا) اب وہ نئے مخلوق بن چکے تھے۔ ان کی سوچیں اور خیالات بالکل نئے بن چکے تھے۔ اب ان کا انحصار جھوٹی انسانی فلسفیانہ تعلیم پر نہیں تھا۔ بلکہ وہ ہر طرح کی حکمت کے منبع یسوع مسیح میں پیوند ہو چکے تھے۔

پولس رسول 12 آیت میں کلسے کے ایمانداروں کو مزید بتاتا ہے کہ وہ بپتسمہ کے وسیلہ سے مسیح یسوع کے ساتھ دفن ہو چکے ہیں اور خدا کی قدرت پر ایمان رکھنے سے مردوں میں سے زندہ بھی ہوگئے ہیں۔ پولس رسول نے انہیں بتایا کہ پہلے مسیح کے ساتھ ان کا بپتسمہ ہوا۔ اور یہ بپتسمہ مسیح کی موت کا بپتسمہ تھا۔ خداوند یسوع مسیح نے لوقا کی انجیل میں اس ختنہ کا ذکر کیا ہے۔

"لیکن مُجھے ایک بپتُسمہ لینا ہے اور جب تک وہ نہ ہو لے میں بہت ہی تنگ رُہوں گا!"

(لوقا12 باب50 آیت)

جب خداوند یسوع مسیح نے یہ باتیں کیں تو اس وقت وہ یوحنا سے بپتسمہ پا چکے تھے۔ یہاں پر خداوند یسوع مسیح کسی اور بپتسمہ کی بات کر رہے ہیں۔ لوقا کی معرفت لکھی گئی انجیل کے متن سے یہ بات عیاں ہے کہ خداوند یسوع مسیح اس بپتسمہ کے تعلق سے اس قدر اضطراب کی حالت میں کیوں تھے۔ کیونکہ جس بپتسمہ کی بات خداوند یسوع مسیح کر رہے تھے وہ موت کا تپسمہ تھا۔

پولس رسول نے رومیوں کے خط میں بھی اس بپتسمہ کے تعلق سے بات کی ہے۔

"کیا تُم نہیں جانتے کہ ہم جِتنوں نے مسیح یسوع میں شامل ہونے کا بپتسمہ لیا تواُس کی موت میں شامل ہونے کا بپتسمہ لیا؟" (رومیوں6 باب3 آیت)

جب پولس رسول نے کلسیوں کو بتایا کہ وہ بپتسمہ کے وسیلہ سے مسیح یسوع میں دفن ہو چکے ہیں، تو در اصل وہ انہیں بتا رہا تھا کہ جب خداوند یسوع مسیح نے موت کا بپتسمہ لیا تو اس وقت وہ بھی اس کے ساتھ روحانی اور قانونی اصطلاح میں مر گئے تھے۔ وہ ہمارے گناہ کے سبب صلیب پر لٹکایا گیا۔ اُس نے صلیب پر ہماری سزا کو برداشت کیا تھا۔ خدا نے آسمان پر سے ہم پر نگاہ کی، اس نے ہمارے گناہوں کو اپنے بیٹے خداوند یسوع مسیح کے کندھوں پر لاد دیا۔ خدا باپ نے اپنے بیٹے سے منہ موڑ لیا اور اسے اپنے پاک قہر و غضب میں سزا دی۔ تا کہ ہمارے گناہ معاف ہو جائیں۔ جب اس نے یہ سزا اپنے اوپر لی تو ہم مسیح کے ساتھ قانونی طور پر مصلوب کر دئے گئے۔ یہ بالکل ایسے ہی تھا جیسے ہم اپنی سزا برداشت کرتے ہوئے موت کو قبول کر رہے ہیں۔

پولس رسول مزید بیان کرتا ہے کہ بالکل ایسے ہی جیسے ہم مسیح کے ساتھ مر گئے، اسی طرح ہم اُس کے ساتھ زندہ بھی کئے گئے۔ (12 آیت)

جب خداوند یسوع مسیح کے مُردہ بدن کو قبر میں ڈالا گیا تو ہماری گناہ آلودہ فطرت بھی اسی کے ساتھ دفن ہو گئی۔ جب خدا باپ نے اسے مُردوں میں سے جلالی بدن کے ساتھ زندہ کیا تو اس نے ہمیں بھی اُس کے ساتھ فاتح بنا کر زندہ کیا۔ ہم مسیح خداوند کی فتح سے فائدہ اٹھاتے ہیں۔ خدا نے مسیح خداوند کو مُردوں میں سے زندہ کیا، اس حقیقت کی نشاندہی ہے کہ خدا نے اس قیمت کو قبول کر لیا جو مسیح نے ہمارے لئے ادا کی۔ خدا اس بات کا اعلان کر رہا تھا کہ گناہ کا زور ٹوٹ چکا ہے۔ قیمت ادا کر دی گئی ہے۔ ہمیں معاف کر دیا گیا ہے۔

12 آیت میں پولس رسول اپنی بات کو جاری رکھتے ہوئے بیان کرتا ہے کہ ایک وقت تھا کہ ہم اپنے گناہوں کی وجہ سے موت کی حالت میں تھے اور اپنی گناہ آلودہ فطرت میں بغیر ختنہ کے زندگی بسر کر رہے تھے۔ یعنی گناہ آلودہ فطرت کے الگ ہونے سے پہلے، ہم اُس

کے اختیار میں تھے۔ خداوند یسوع مسیح ہمارے گناہ اپنے ساتھ صلیب پر لے گیا۔ گناہ پر فتح پا کر اور قیمت چکانے کے بعد، ان سب کے لئے معافی کا اعلان ہو گیا جو مسیح یسوع کی اس قیمت کو قبول کریں گے جو اس نے ان کے لئے ادا کی ہے۔

خداوند یسوع مسیح ہمارے ماضی، حال اور مستقبل کے گناہوں کے لئے مر گیا۔ یہ بات بڑی اہمیت کی حامل ہے۔ اگر میرے تمام گناہوں کی قیمت ادا کر دی گئی ہے تو پھر میں اپنی نجات حاصل کرنے کے لئے مزید کچھ بھی نہیں کر سکتا۔ سب کچھ ادا کر دیا گیا ہے۔ پولس رسول نے 14 آیت میں کلسیوں کو بتایا کہ خداوند یسوع مسیح کی موت نے گناہوں کی اس دستاویز کو مٹا ڈالا جو ہمارے نام پر اور ہمارے خلاف تھی۔ خداوند یسوع مسیح نے شریعت کے تمام تقاضے اپنی موت کے وسیلہ سے پورے کر دیے ہیں۔ پھر خدا نے شریعت کو لے کر اسے مسیح یسوع کے ساتھ صلیب پر کیلوں سے جڑ دیا۔ (14 آیت) مطلب یہ ہوا کہ کوئی بھی شریعت کے وسیلہ سے نجات نہیں پا سکتا۔ یسوع ہی راہ نجات ہے۔ ہر وہ گناہ جس کے ہم مرتکب ہوتے ہیں اسے صلیب کے وسیلہ سے ڈھانپ دیا جاتا ہے۔ جب نجات کی بات آتی ہے، تو اس میں اب شریعت کا کوئی عمل دخل نہیں رہا۔ اگر ہم یہ سمجھتے ہیں کہ شریعت کی پاسداری اور تعمیل سے یا پھر نیک اعمال سے ہمیں آسمان پر جگہ مل جائے گی تو پھر ہم اس کام کو سمجھنے سے قاصر ہیں جو مسیح یسوع نے ہمارے لئے صلیب پر سرانجام دیا ہے۔ پولس رسول اس جھوٹی تعلیم کی بیوقوفی کی مذمت کر رہا ہے جو اُس دَور میں نجات کے تعلق سے دی جاتی تھی۔ جس کے مطابق بعض قوانین، اصول و ضوابط پر عمل پیرا ہونے سے انسان خدا کی بادشاہی میں جا سکتا ہے۔ یہ تعلیم واضح طور پر خداوند یسوع مسیح کو نجات دہندہ قبول کرنے سے انکار تھا۔

نہ صرف خداوند یسوع مسیح نے صلیب پر گناہ کا مسئلہ حل کر دیا ہے بلکہ اس نے ہوا کی

عملداری کے حاکموں کو بھی بے اختیار کر دیا ہے۔ (15 آیت) یہ حاکم کون ہیں؟ایک طرف تو، ان سے مراد دُنیاوی فلسفیانہ تعلیم دینے والے جھوٹے استاد ہو سکتے ہیں جو غلط تعلیم دیتے ہیں۔ یہ دُنیا زندگی کے معنی اور مفہوم کو اپنے انداز سے سمجھتی ہے۔ لیکن یہ سب فلسفے بے معنی اور لاحاصل ہیں۔ خداوند یسوع مسیح نے سچائی آشکارہ کر دی ہے۔ وہی لوگ جو مسیح کو حاصل کر لیتے ہیں، زندگی کے حقیقی معنی اور مفہوم کو جان جاتے ہیں، خداوند یسوع مسیح نے صلیب پر دُنیا کے فلسفلے کی حماقت کو بے نقاب کر دیا ہے۔

اس کے علاوہ خداوند یسوع مسیح نے روحانی قوتوں اور اختیار والوں کو غیر مسلح کر دیا ہے۔ شیطان اور اُس کے فرشتوں نے اس دُنیا کو تاریکی میں جکڑا ہوا تھا۔ یہ دنیا شیطان کے قبضہ میں تھی۔ جب خداوند یسوع مسیح نے صلیب پر جان دی، تو اس نے بنی نوع انسان پر شیطان کے قانونی اختیار کو توڑ کر رکھ دیا۔ شیطانی قوتوں نے مسیح کو صلیب پر لٹکایا، اس کا تمسخر اڑایا، اس کے منہ پر تھوکا لیکن مسیح خداوند ان پر غالب آگیا۔ اُس نے اُن کی قوت اور اختیار کو زیر کر لیا۔ اب یسوع کے نام سے، شیطان اور اُس کے فرشتگان دُم دبا کر بھاگ جاتے ہیں۔ کیونکہ وہ شکست خوردہ ہو چکے ہیں۔ اب انہیں ان لوگوں پر کوئی اختیار حاصل نہیں ہے جو مسیح یسوع پر ایمان لاتے ہیں۔ کیونکہ وہ مسیح یسوع میں چھپ چکے ہیں۔ ممکن ہے کہ ابلیسی قوتیں ایمانداروں کو دُکھ دیں، اور اُن کے لئے مسائل کھڑے کریں۔ ان کی زندگی میں مشکلات پیدا کریں، لیکن بالاخر یہ قوتیں ناکامی اور شکست سے دوچار ہوں گی۔ کیونکہ شیطان اور اس کے فرشتگان غیر مسلح اور بے اختیار ہو چکے ہیں۔ صلیب نے ان سب پر سے شیطان کے قانونی حق اور قبضے کو ختم کر دیا ہے۔

گناہ کی قیمت ادا کر دی گئی ہے۔ شیطان غیر مسلح ہو چکا ہے۔ مسیح نے گناہ کا مسئلہ حل کر دیا ہے۔ پولس رسول نے کلسیوں کو بتایا، کہ اب ان حقائق کی روشنی میں، وہ کسی شخص کی

عدالت اس بنا پر نہ کریں کہ کوئی کیا کھاتا یا پیتا ہے۔ نہ ہی وہ اس بات پر دھیان دیں کہ کون کس طرح کی مذہبی تقریبات منا رہا ہے۔ کون سبت کے دن کو پاک رکھتا ہے اور کون نہیں۔ بالفاظ دیگر، اُن کی نجات کا تعلق اُن کاموں سے نہیں ہے۔ یعنی ان کی نجات ایسے کاموں سے نہیں بلکہ خداوند یسوع مسیح کے اس کام کے وسیلہ سے ممکن ہے جو اس نے صلیب پر سرانجام دیا ہے۔ پولس رسول یہاں پر واضح طور پر سب کچھ بیان کر رہا ہے۔ اگر ہماری نجات کا کام خداوند یسوع مسیح نے ہی پایہ تکمیل کو پہنچادیا ہے، تو ہم شریعت کی تابعداری کی بنا پر کسی شخص کے تعلق سے رائے قائم نہیں کر سکتے کہ آیا اُس کا تعلق مسیح خداوند کے ساتھ درُست ہے یا نہیں۔

اصل بات یہ ہے کہ اس نے خداوند یسوع مسیح اور اس قیمت کو قبول کر لیا ہے جو مسیح نے اس کے لئے صلیب پر ادا کر دی ہے۔

شریعت نے بنی اسرائیل کو خدا کی راستبازی کا ایک پاک معیار دیا۔ اُس نے بنی اسرائیل پر ظاہر کیا کہ گنہگار ہیں، جو خدا کے تقاضوں کو پورا نہیں کر سکتے۔ شریعت اور اس کے قواعد و ضوابط تو خدا کی مہربانی اور عنائت سے اس لئے دیئے تاکہ لوگوں کے دل مسیح کی آمد کے لئے تیار ہو جائیں۔ جس نے آ کر وہ کام سرانجام دینا تھا جسے وہ کرنے سے قاصر تھے۔ وہ شریعت کے وسیلہ سے خدا کے تقاضوں کو پورا کرنے کے لئے بہت کمزور تھے۔

پولس رسول نے کلسیوں کو بتایا کہ کوئی انہیں دوڑ کے انعام سے محروم نہ رکھے۔ جھوٹے استاد کسی اور طرح کی خوشخبری کی منادی کر رہے اور جھوٹی اور غلط تعلیم پھیلا رہے تھے۔ وہ ایمانداروں کو یہ تعلیم دے رہے تھے کہ وہ فرشتگان کی بھی عبادت کریں۔ یہ جھوٹے استاد دعویٰ کرتے تھے کہ وہ بہت سے خواب اور رویتیں دیکھنے والے ہیں۔ وہ ان باتوں کو بڑی تفصیل اور گہرائی سے بیان کرتے تھے۔ (18 آیت) وہ کوشش کرتے تھے

کہ لوگوں کو بہت روحانی معلوم ہوں لیکن اصل میں وہ دُنیا دار لوگ تھے۔ ان کے پاس اپنے سامعین کے لئے بڑی ہدایات اور خیالات موجود تھے۔ یہ دُنیا دار اُستاد ایمانداروں کو خداوند یسوع مسیح سے دُور لے جا رہے تھے۔ وہ ان کی توجہ خداوند یسوع مسیح کے صلیبی کام اور تعلیم سے ہٹا رہے تھے۔ پولس رسول نے 19 آیت میں کلسیوں کو یاد کرایا کہ یہ جھوٹے اُستاد" سر (مسیح) سے جڑے ہوئے نہیں ہیں۔"

پولس رسول انسانی بدن کی مثال استعمال کرتا ہے، مسیح سر اور ایماندار اس کا بدن ہیں۔ جس طرح بدن سر کے بغیر ناکارہ ہے، اسی طرح ایمانداروں کو بھی سر یعنی مسیح سے جڑے رہنے کی ضرورت ہے تاکہ وہ فعال، مستعد، پھل دار اور کامیاب زندگیاں بسر کر سکیں۔ جس لمحہ ہماری توجہ اور دھیان مسیح سے ہٹ جاتا ہے، تو پھر ہر چیز پردے سے غائب ہونا شروع ہو جاتی ہے۔ ہر ایک اہم چیز آنکھوں سے اوجھل ہونا شروع ہو جاتی ہے۔ ہم اپنے آپ کو اس شاہراہ پر گامزن دیکھتے ہیں جو ہمیں گمراہی کی طرف لے جاتی ہے۔

پولس رسول نے کلسیوں کو 20 آیت میں حوصلہ افزائی کرتے ہوئے یاد کرایا کہ وہ دُنیا کی فیلسوفی تعلیم اور دنیا کے دستوروں اور قواعد و ضوابط کے لحاظ سے مر چکے ہیں۔ خداوند یسوع نے اُن پر سچائی ظاہر کرنے کے لئے جان دی تھی۔ اب اُنہیں کسی جھوٹے اُستاد سے دھوکہ نہیں کھانا تھا۔ کچھ ایسے ایماندار بھی تھے جن کا طرزِ زندگی ظاہر کرتا تھا کہ اُن کی نجات کا دارومدار شریعت کی تعمیل پر ہے۔ ایسے لوگوں کی زندگیاں شریعت کے اصولوں کی پاسداری کے گرد گھومتی تھیں۔ " اِسے نہ چھونا، وہ نہ کھانا، یہ نہ کرنا، وہ نہ کرنا۔"

(21 آیت)

جھوٹے استاد شریعت اور روایات کی تعلیم دیتے تھے، اُن کی تعلیم کا مرکز خداوند یسوع مسیح نہیں تھا بلکہ ہر شریعت کے ہر نکتے اور شوشے پر لوگوں کی توجہ مرکوز کرتے تھے۔ وہ اس

بات سے ہی کسی شخص کی روحانی حالت کا اندازہ لگاتے تھے کہ آیا اُس نے شریعت کی تعمیل کی ہے یا پھر حکم عدولی کی ہے۔ پولس رسول نے کلسیوں کو بتایا کہ یہ قواعد وضوابط انسانی احکامات اور تعلیمات ہیں نہ کہ مسیح کی تعلیمات۔ ان قواعد وضوابط میں حکمت کی صورت دکھائی دیتی تھی۔ لیکن وہ خدا کی طرف سے نہیں تھے۔ ان قواعد وضوابط کے تحت زندگی بسر کرنے والے ان اصولوں کے ہی پجاری بن کر رہ گئے تھے۔ فریسیوں کی طرح اُنہیں بھی اپنے طرزِ زندگی پر فخر وناز تھا، انہیں فخر تھا کہ وہ شریعت کے تقاضوں کے تحت زندگی بسر کرتے ہیں۔ وہ دوسروں کے سامنے خود کو منظم، روحانی اور خدا کے لئے ہر طرح کی قیمت ادا کرنے والے لوگ ظاہر کرتے تھے۔ وہ اپنے بدنوں کو دُکھ دیتے تھے اور قربانی دینے والے لوگ تھے۔ ہو سکتا ہے کہ وہ روزے رکھتے ہوں اور دُنیا کی آرائش وسہولیات سے دُور رہتے ہوں۔ لیکن یہ ساری چیزیں ان کے دلوں کو تبدیل کرنے سے قاصر رہیں۔ ساری روایات اور شریعت کے ہر نکتے اور شوشے پر عمل کرنے کے باوجود بھی وہ خدا سے دُور ہی رہے۔ کیونکہ وہ مسیح اور اس کے صلیب پر کئے گئے کام کو قبول کرنے سے انکار کرتے تھے۔

پولس رسول یہ تعلیم نہیں دے رہا تھا کہ ہم جیسی مرضی چاہیں زندگی بسر کر سکتے ہیں۔ وہ یہ کہہ رہا تھا کہ نجات شریعت کی تعمیل سے نہیں ہے۔ پولس رسول اس بات کو سمجھتا تھا کہ جب ہماری نگاہ، توجہ اور دھیان خداوند یسوع اور اس کے صلیبی کام سے اٹھ جاتا ہے، تو پھر تمام اہم حقائق جو ہماری نجات سے متعلق ہیں، ہماری نظر سے اوجھل ہو جاتے ہیں۔ ہماری امید ٹھوس طور پر خداوند یسوع مسیح میں ہی ہونی چاہئے۔

اس حصہ میں ہم دیکھتے ہیں کہ پولس رسول کلسیوں کو یہ تعلیم و تلقین دے رہا ہے کہ وہ لوگ جو کسی اور طرح کی خوشخبری کی منادی کرتے ہیں، ان سے خبردار اور ہوشیار رہیں۔

پولس رسول نے اپنی توجہ خداوند یسوع مسیح پر ہی مرکوز رکھی، اُس نے خداوند یسوع کی حیاتِ اقدس اور موت کو اپنے سامنے رکھا۔ پولس رسول نے اپنے قارئین کو یہ تلقین کی کہ وہ ہر اس تعلیم کو رد کر دیں جو مسیح خداوند کے صلیبی کام پر توجہ نہیں دیتی۔ ہر ایک تعلیم جس کا آغاز اور اختتام مسیح پر ہے، وہی درُست اور قابلِ قبول تعلیم ہے۔

چند غور طلب باتیں

☆۔ مسیح کے بغیر زندگی کیا معنی اور مفہوم رکھتی ہے؟ وضاحت کریں۔ یہ کیوں کر اہم ہے کہ ہم اس میں زندگی کے معنی اور مفہوم کو تلاش کریں؟

☆۔ پولس رسول کے مطابق خداوند یسوع مسیح نے ہمارے لئے صلیب پر کیا کام سرانجام دیا ہے؟

☆۔ خداوند یسوع مسیح نے ہماری نجات کے لئے اہم کام سرانجام دیا ہے، کون سی چیزیں مسیح اور اُس کے صلیبی کام سے ہماری توجہ ہٹا سکتی ہیں؟

☆۔ شریعت پر بھروسہ کرنے اور مسیح پر بھروسہ کرنے میں کیا فرق ہے؟

☆۔ کیا مسیح پر بھروسہ کرنے کا مطلب یہ ہے کہ ہم اپنے طرزِ زندگی میں شریعت کے تابعداری کے تعلق سے کوئی دلچسپی نہ لیں؟ جو لوگ مسیح کے صلیبی کام کو سمجھ جاتے ہیں، اُن کا ردِ عمل کیسا ہوتا ہے؟

☆۔ کیا آپ کے علاقہ میں ایسے اُستاد موجود ہیں جو مسیح کے صلیبی کام سے ہٹ کر نجات کی تعلیم دیتے ہیں؟

چند اہم دُعائیہ نکات

☆۔ خداوند کی شکر گزاری کریں کہ اُس نے صلیب پر آپ کے تمام گناہ ڈھانپ دیئے ہیں۔

☆۔ خداوند سے دُعا کریں کہ وہ آپ کو سکھائے کہ مسیح کی موت کا آپ کے لئے کیا معنی اور مفہوم ہے؟

☆۔ خداوند کی شکر گزاری کریں کہ ہمیں اپنی نجات کے لئے کسی بھی معیار پر پورا اُترنے کی ضرورت نہیں ہے۔

☆۔ خداوند سے دُعا کریں کہ وہ اور زیادہ آپ کو پاک روح سے معمور کرے تاکہ آپ ہمیشہ محبت بھرے دل سے اُس کی خدمت کے لئے کمر بستہ رہیں۔

☆۔ خداوند سے دُعا کریں کہ وہ آپ کو انسانی جھوٹی تعلیمات اور فلسفوں سے محفوظ رکھے۔ خداوند کی شکر گزاری کریں کہ اس کا کلام تمام سچائی کی طرف ہماری رہنمائی کرتا ہے۔

باب 17

بُری فطرت کا خاتمہ

کلسیوں 3 باب 1-10 آیت

گزشتہ باب میں پولس رسول نے کلسیوں سے خداوند یسوع مسیح کے اس کام کے بارے میں بات کی جو اس نے ہماری نجات کے لئے صلیب پر سرانجام دیا تھا۔ اُس نے انہیں یاددہانی کرائی کہ جب خداوند یسوع مسیح صلیب پر موا تو وہ ان کے گناہ اپنے ساتھ صلیب پر لے گیا۔ جب وہ مُردوں میں سے جی اُٹھا تو اُنہیں بھی اس کے ساتھ نئی زندگی ملی۔ اس کی موت نے قیمت چکا دی۔ اس کے جی اُٹھنے سے اُنہیں گناہ اور موت پر فتح مل گئی۔ خداوند یسوع مسیح صرف اپنے لئے ہی نہیں بلکہ ہمارے لئے بھی مُردوں میں سے زندہ ہوا تھا۔ اگر ہم قانونی طور پر اس کے ساتھ مر گئے تو ہم اُس کی جی اُٹھی زندگی میں بھی شامل ہیں۔ جب مسیح موا تو اس نے ہمارے لئے ایسا کام سرانجام دیا جو ہم کرنے سے قاصر تھے۔ جب وہ زندہ ہوا تو ہمارے لئے بھی زندہ ہوا۔ اس سچائی کا ہم پر گہرا اطلاق ہوتا ہے۔

پولس رسول نے 1 آیت میں کلسیوں کو بتایا، چونکہ وہ مسیح کے ساتھ زندہ ہوئے تھے، اس لئے وہ عالم بالا کی چیزوں کی تلاش میں رہیں جہاں پر مسیح تخت نشین ہے۔ انہیں اب دنیا کی چیزوں کے طالب نہیں رہنا تھا۔ اس کا ہرگز یہ مطلب نہیں کہ ہم اس دُنیا میں اچھی چیزوں سے لطف نہ اٹھائیں جو خدا نے ہمیں مہیا کر رکھی ہیں۔ اس کا کیا مطلب ہے؟ دُنیا کی چیزیں ہی ہماری زندگی کا مرکز و محور رہیں اور نہ ہی ہماری توجہ اور دھیان اور دلچسپی ان کی طرف بڑھتی جائے۔ خدا نے ہمیں بہت سی چیزیں لطف اٹھانے کے لئے ہمیں عطا کی ہیں۔ جس

دُ نیامیں ہم زندگی بسر کرتے ہیں، از خود باری تعالیٰ کی طرف سے ایک نعمت اور بخشش ہے۔ کچھ ایسے لوگ بھی ہیں جن کی ساری توجہ اور دھیان دُ نیا کی چیزوں پر ہی مرکوز رہتا ہے۔ مادی چیزیں خدا سے بھی زیادہ ان کی زندگی میں اہمیت اختیار کر چکی ہیں۔ وہ مال و متاع اور جائیداد و املاک کی طرف راغب ہو چکے ہیں۔ وہ ان ہی چیزوں سے دل لگا بیٹھے ہیں۔ جبکہ خدا کی طرف اُن کی کوئی دلچسپی نہیں ہے۔

خداوند یسوع مسیح اس دُ نیا کی فانی اور فرسودہ چیزوں کی گرفت سے رہائی دینے کے لئے اس دنیا میں آیا تھا۔ دنیا کی سب چیزیں بالا خر فنا ہو جائیں گی۔ ابدیت میں ان چیزوں کی کوئی قدر و قیمت نہیں ہے۔ دنیا میں سب کچھ رکھتے ہوئے بھی ہم ابدیت میں خدا سے دور ہو سکتے ہیں۔ ہمیں مسیح کے لئے خلق کیا گیا تھا۔ دنیا کی کوئی چیز اور مختلف سہولیات کی کثرت ہمیں آسودہ نہیں کر سکتی۔ خداوند یسوع مسیح ہمارے لئے راہ کھولنے کے لئے آیا تا کہ ہم اس دنیا میں اپنی زندگی کے مقصد اور مفہوم کو سمجھ سکیں۔ وہ راہ ہموار کرنے کے لئے دُ نیا میں آیا تا کہ ہم خدا باپ کی حضوری میں داخل ہو سکیں۔ اسی لئے تو پولس رسول نے ہمیں تلقین کی ہے کہ ہم عالم بالا کی چیزوں کی تلاش میں رہیں۔ کیونکہ اسی سے ہمیں اصل مقصد حیات اور حقیقی تسلی اور اطمینان حاصل ہو گا۔

پولس رسول نے 3 آیت میں کلسیوں کو یاد دہانی کرائی کہ وہ قانونی اور شرعی اعتبار سے مسیح کے ساتھ مر گئے۔ جب وہ صلیب پر چڑھایا گیا تو اُس کے کندھوں پر ہمارے گناہ تھے۔ صلیب خاتمہ نہیں بلکہ کسی چیز کا نیا آغاز تھا۔ جس طرح زمین کو بیج میں بویا جاتا ہے اور وہ زمین میں فنا ہو جاتا ہے، اسی طرح ہم بھی مسیح کے ساتھ صلیب چڑھے اور مر گئے۔ بالکل ایسے ہی جب بیج اُگتا اور نئی زندگی پیدا کرتا ہے، ہمیں بھی مسیح میں نئی زندگی ملی۔ وہ سب جو مسیح میں نئی زندگی کو حاصل کرتے ہیں، لازم ہے کہ وہ اُس میں جینا بھی سیکھیں۔

ہمیں ہر اس چیز کو اپنی زندگی سے نابود کر کے جو اس دُنیوی، جسمانی اور پرانی خواہشوں سے متعلق ہے نئی فطرت کے مطابق زندگی بسر کرنی ہے۔ مسیح میں پختگی اور بلوغت ایک ایسا عمل نہیں ہے جو راتوں رات پورا ہو جائے، یہ درجہ بدرجہ اور وقت کے ساتھ ساتھ ممکن ہے۔ اور پھر ہم رفتہ رفتہ ہم گناہ اور دُنیا کی خواہشوں سے مر کر نئی فطرت میں جینا سیکھ جاتے ہیں۔

بطور گنہگار، ہم شیطان اور جسم کے غلام تھے۔ ہماری دلچسپی اور رغبت گنا آلودہ اور ہمارے خیالات ناپاک تھے۔ خداوند یسوع مسیح نے اپنی ہی جان کی قیمت دے کر ہمیں شیطان کے اختیار سے غلامی سے خرید لیا۔ شیطان اور جسم تو ہمارے اردگرد موجود ہیں، اب بھی وہ ہمیں اپنی گرفت میں لینے کے مشتاق ہیں۔ کیونکہ اب ہمیں ایک نئے مالک نے خرید لیا ہے۔ ہم اپنے خداوند کے تابع اور روح القدس کے ہماری زندگی میں کام کے مطابق نئی فطرت میں زندگی بسر کرنا چاہتے ہیں۔ ممکن ہے کہ اب بھی ہم پرانی خواہشوں اور رغبتوں کی طرف کشش اور دلچسپی محسوس کریں۔ لیکن خدا نے ہمیں ہر طرح کی آزمائش کا مقابلہ کرنے کے لئے بلایا ہے۔ اب شیطان کا قانونی طور پر ہماری زندگی پر کوئی حق نہیں ہے۔ ہمیں اپنے نئے مالک اور خداوند پر اپنی نظریں اور دھیان لگانا ہے۔ ہمیں اس میں خوش ہونا اور اس کی راہوں کو اپنی زندگی میں اپنانا ہو گا۔

دنیوی اور زمینی فطرت تقویت پانا چاہتی ہے، آپ اپنی زندگی میں بری خواہش اور لالچ کی رغبت کا تجربہ کرتے ہیں۔ اگر ہم واقعی مسیح یسوع کی پیروی کرنا چاہتے ہیں تو پھر ہمیں ہر اس چیز کو ترک کرنا ہو گا جو دنیوی اور جسمانی فطرتوں اور رغبتوں اور گناہ آلودہ فطرت کو فروغ دیتی ہے۔ اگر آپ جنسی روشوں اور خواہشوں کی آزمائش محسوس کرتے ہیں تو پھر ایسے ماحول اور ویڈیوز، لوگوں اور میگزین اور دیگر ایسی چیزوں سے دُور رہیں جو آپ میں

جنسی خواہشوں کی تسکین اور گناہ کا باعث بن سکتی ہیں۔ ایسی جگہوں پر جانے سے گریز کریں جہاں پر آپ گناہ کی رغبت اور کشش محسوس کرتے ہیں۔ ایسی تحریں پڑھنا بند اور فلمیں دیکھنا ختم کر دیں جو گناہ کا باعث ہو سکتی ہیں۔ جسم کے اعتبار سے مرنے اور دنیوی فطرت کو قابو میں رکھنے کا مطلب ہے کہ ہم اپنے آپ کو منظم کریں، کہاں جانا ہے اور کہاں نہیں جانا، کیا دیکھنا اور کیا نہیں دیکھنا ہے۔ کن لوگوں سے ملنا اور کن لوگوں سے نہیں ملنا۔ کیا پڑھنا اور کیا نہیں پڑھنا، ہمیں محتاط اور پاک زندگی بسر کرنے کے لئے خود کو منظم کرنا ہو گا۔ ہمیں دانستہ طور پر درست اور مناسب زندگی کا چناؤ کرنا ہو گا۔ گناہ کی رغبتوں اور خواہشوں کے اعتبار سے مرنا آسان نہیں ہے۔ ہمیں ایسی چیزوں سے اپنے آپ کو دُور رکھنا آسان نہ ہو گا جو ہماری فطرت کی تسکین، جسم کی خوشی اور گناہ آلودہ رغبتوں کے لئے باعث کشش ہیں۔ گناہ کے اعتبار سے مرنے کا مطلب ہے کہ ہم اپنی خواہشوں کی تسکین اور تکمیل سے انکار کریں۔

پولس رسول نے 6 آیت میں کلسیوں کو بتایا کہ خداوند یسوع مسیح انہیں ایسی ہی بُری خواہشوں سے رہائی دینے کے لئے آیا تھا۔ یہ خواہش تھوڑی دیر کے لئے جسم کے لئے تسکین کا باعث ہوتی ہیں۔ لیکن بالآخر ان سب کی بربادی کا باعث بنتی ہیں جو انہیں اپناتے ہیں۔ 6 آیت میں پولس رسول بیان کرتے ہیں کہ وہ دن قریب ہے جب خدا کا قہر و غضب ان ساری چیزوں کے خلاف انڈیلا جائے گا۔ دُنیا کی روش اور ڈگر پر چلنے میں کوئی امید باقی نہیں ہے۔ دُنیا کسی بھی طور پر انسانی ضروریات کی تسکین کی تکمیل نہیں کر سکتی ہے۔ خدا اس دُنیا کی عدالت کرے گا اور جو دُنیا کی راہوں پر چلتے رہتے ہیں، انہیں اپنی روشوں اور رَغبتوں کا حساب دینا ہو گا۔ لیکن دانشمند لوگ تو خدا کی چیزوں، اس کے کلام اور اُس کی نجات کے طالب ہوتے ہیں۔

کلسیوں بُری خواہشوں کی تکمیل و تسکین کے لئے زندگی بسر کرتے تھے۔ چونکہ خداوند یسوع مسیح نے ان کے لئے صلیب پر جان قربان کرکے ان کے گناہ معاف کر دئے تھے، اس لئے انہیں ایسی خواہشوں اور چیزوں سے گریز اور پرہیز کرتے ہوئے اس کے لئے زندگی بسر کرنا تھی۔ غصہ، قہر، کینہ، تہمت اور بدکلامی جیسی چیزیں بری فطرت سے منسلک ہیں۔ کیا آپ کی زندگی میں ایسا وقت نہیں آیا جب آپ کسی پر قہر و غضب میں پانی سے بھرے بادل کی طرح برس پڑے؟ قہر و غضب ہمارے اندر کھولتے اور اُبلتے پانی کی طرح جوش مارنے لگتا ہے اور پھر ایک دھماکے کی طرح پھٹ پڑتا ہے۔ یہی وہ لمحہ ہوتا ہے جب گناہ آلودہ خواہشوں اور رغبتوں کی تسکین ہوتی ہیں۔ جب ہم بری خواہشوں اور بُری فطرت کے سامنے ہتھیار ڈال دیتے ہیں، تو ہم پاک روح کو رنجیدہ کرتے ہیں جو ہم میں بسا ہوا ہے۔ اپنی روزمرّہ زندگی میں ہر وہ فیصلہ جو ہم کرتے ہیں یا تو وہ گناہ آلودہ دنیوی فطرت کی تسکین کرتا ہے یا پھر خدا کے پاک روح کی خوشنودی کا باعث ہوتا ہے۔ آپ کیسے فیصلہ جات کرتے ہیں؟

پرانی انسانیت سے بُری فطرت کی تسکین و تعمیل کی بجائے، پولس رسول نے کلسیوں کو تلقین کی کہ وہ "نئی انسانیت کو پہن لیں۔" (10 آیت) تلخی، کڑواہٹ اور قہر و غضب کا مظاہرہ کرنے کی بجائے اُنہیں معاف کر دینے والا رویہ اپنانا تھا۔ بری خواہشوں سے مغلوب ہونے کی بجائے، اُنہیں پاکیزگی اور ستائش کا خلعت پہننا تھا۔ دنیوی فطرت کے آگے ہتھیار ڈالنے کی بجائے، انہیں خدا کے پاک روح کی طرف رجوع لانا اور اس کی مرضی اور مقصد کے طالب ہونا تھا۔

پولس رسول نے کلسیوں کو 10 آیت میں یاددہانی کرائی کہ کس طرح وہ اپنے خالق کی صورت اور شبیہ پر نئے بنا دئے گئے ہیں۔ ایماندار کی زندگی میں یہ ایک جاری رہنے والا

عمل ہوتا ہے۔ ہمیں روز بروز اپنے خالق اور مالک کی شبیہ اور صورت پر ڈھلتے اور بنتے جانا ہے۔

یہ بہت اہم ہے کہ ہم دیکھیں کہ پولس رسول جب شریعت کے تعلق سے بات کرتا ہے تو وہ دنیوی اور جسمانی فطرت کے اعتبار سے مرنے کا ذکر کرتا ہے۔ مسیح شریعت کو اپنے ساتھ صلیب پر لے گیا۔ جب نجات کی بات آتی ہے تو یہ واضح ہے کہ اس سلسلہ میں شریعت سے کوئی استفادہ نہیں ہے۔ ہمارے سب گناہ مسیح کے خون سے دھل چکے ہیں۔ معافی شریعت سے نہیں ملتی۔ اس کا ہرگز یہ مطلب نہیں ہے کہ ہم من چاہی زندگی بسر کرتے رہیں۔ ہمیں جسمانی، نفسانی اور دنیوی رغبتوں اور خواہشوں کے بارے میں جانتے ہوئے ان کے اعتبار سے مرنا ہوگا۔ ہمیں سیکھنا ہوگا کہ کس طرح ہم خدا کے پاک روح کی آواز سن کر اس کی راہوں کے مطابق زندگی بسر کر سکتے ہیں۔ شریعت نے ہمیں یہی تعلیم دی کہ کیا کرنا اور کیا نہیں کرنا ہے۔ لیکن یہ ہمیں اس قابل نہ بنا سکی کہ ہم وہ کریں جو واجب اور مناسب ہے۔ خداوند یسوع مسیح نے وہ کچھ کر دیا جو شریعت نہ کر سکی۔ اس نے ہمیں گناہ کی سزا سے رہائی دے دی اور اپنا پاک روح ہم میں بسایا جو ہمیں پاک زندگی بسر کرنے کی توفیق دیتا ہے۔ اب ہمیں شریعت کی تابعداری کے لئے اپنی لیاقت اور خوبی پر بھروسہ کرنے کی ضرورت نہیں ہے۔ ہم خداوند یسوع مسیح کے اس کام پر بھروسہ اور اعتماد کرتے ہیں جو اس نے ہمارے گناہوں کی معافی اور ہمیں خدا کے حضور راستباز ٹھہرانے کے لئے صلیب پر سرانجام دیا ہے۔ ہمارا بھروسہ انسانی لیاقت اور کسی خوبی پر نہیں ہے بلکہ خدا کے پاک روح پر ہے جو ہم میں بسا ہوا ہے۔ ہم روح القدس پر بھروسہ کرتے ہیں کہ وہ ہمارے دلوں کو بدل ڈالے اور ہمیں اپنی تعلیم کی تابعداری میں زندگی بسر کرنے اور اپنی رہنمائی کے مطابق چلنے کا فضل اور توفیق عطا فرمائے۔ ہم اس پر توکل

کرتے ہیں کہ وہ ہماری باغیانہ روش کو پاش پاش کر دے اور سخت دلوں کو شکستہ کرے۔ ہم اپنے آپ کو اس کے تابع کر دیتے ہیں تا کہ وہی کچھ کریں جو وہ چاہتا ہے کہ ہم کریں۔ پولس رسول نے ہمیں تلقین کی ہے کہ ہم انسانی، جسمانی اور نفسانی خواہشوں کی تسکین کرنے سے انکار کریں۔ پرانی انسانیت لازمی طور پر نابود ہو۔ ہم وہی کریں جو مسیح چاہتا ہے کہ ہم کریں۔ وہ ہمیں گناہ اور موت کی غلامی سے رہائی دینے کے لئے مصلوب ہوا تھا۔ وہ اس لئے مصلوب ہوا تا کہ خدا کا پاک روح ہم میں بسنے کے لئے آسکے۔ لازم ہے کہ ہم پاک روح کی منسٹری پر بھروسہ توکل اور توجہ کریں تا کہ ہم بلوغت کی طرف درجہ بدرجہ بڑھتے چلے جائیں۔ اور ویسے ہی بن جائیں جیسا خدا ہمیں بنانا چاہتا ہے۔

چند غور طلب باتیں

☆۔ خداوند یسوع مسیح اس دنیا میں کیوں آیا؟ اس کا ہمارے لئے کیا مطلب ہے؟ اور ہمیں آج کے دور میں کیسی زندگی بسر کرنی چاہیئے؟

☆۔ دنیوی فطرت کے لحاظ سے مر جانے کا کیا مطلب ہے؟

☆۔ شریعت کے اعتبار سے زندگی بسر کرنے اور روح کے مطابق جینے میں کیا فرق ہے؟

چند اہم دُعائیہ نکات

☆۔ خداوند سے دُعا کریں تاکہ وہ آپ کی زندگی کے ان حصوں کو آپ پر ظاہر کرے جنہیں مرنے کی ضرورت ہے۔

☆۔ خداوند کی شکر گزاری کریں کہ اس نے اپنا پاک روح اس لئے دیا ہے تاکہ آپ اس کے تقاضوں اور معیار کے مطابق زندگی بسر کرسکیں۔

☆۔ دُنیوی فطرت کی خواہشوں کے لحاظ سے مر جانے کا عہد کریں۔ خداوند سے ایسا کرنے کے لئے قوت مانگیں۔

باب 18

جسم میں زندگی

کلسیوں 3 باب 11-17 آیت

پچھلے باب میں پولس رسول نے کلسیوں کو تلقین کی کہ وہ نفسانی اور دُنیوی فطرتوں اور رغبت کے اعتبار سے مر جائیں۔ انہیں اس لئے ایسا کرنا تھا کیونکہ خداوند یسوع مسیح اُنہیں گناہ آلودہ فطرت سے آزاد اور رہا کرنے کے لئے اس دُنیا میں آیا تھا۔ کیونکہ جسمانی اور دنیوی فطرت موت بلکہ ابدی موت کا باعث بنتی ہے۔ اگرچہ نجات کا انحصار اس بات پر نہیں کہ ایماندار کس اچھے انداز سے شریعت کی پیروی کرتے ہیں، پولس رسول نے انہیں مسیح یسوع میں ان کا رتبہ اور مقام یاد دلاتے ہوئے تلقین کی کہ وہ ایسا طرزِ زندگی اپنائیں جو اُن کے خالق اور مالک اور نجات دہندہ کے شان شایان ہو۔

اس کے بعد پولس رسول مسیح کے بدن میں تعلقات کے موضوع پر بات کرتا ہے، وہ کلسیوں کو یاد کراتا ہے کہ مسیح یسوع کے بدن یعنی کلیسیا میں تمام ایماندار ایک ہیں۔ جب نجات کی بات کرتے ہیں تو یہودی ہوں یا پھر یونانی سبھی کا ایک ہی مقام تھا۔ خواہ وہ غیر مہذب اور گنوار قبیلے سے تعلق رکھتے ہو یا پھر دیہاتی چرواہے۔ سبھی خدا کے نزدیک ایک ہی مقام اور رتبہ رکھتے تھے۔ کیونکہ وہ خدا کے گھرانے کے لوگ بن گئے تھے۔ غلام یا پھر آزاد خدا کے حضور سبھی ایک جیسا مقام رکھتے تھے۔ پولس رسول یہ کہہ رہا تھا کہ مسیح ان سب میں ہے جو اپنی نجات کے لئے اس پر بھروسہ اور توکل کرتے ہیں۔

چونکہ خداوند یسوع مسیح ہر نسل اور معاشرتی مقام سے لوگوں کو نجات دیتا ہے۔ اس لئے

وہ خداوند میں بہن بھائی بن جاتے ہیں۔ خداوند توقع کرتا ہے کہ اُس کے برگزیدہ اور مقدس لوگ ہوتے ہوئے ہم ایک دوسرے سے محبت اور پیار سلوک سے رہیں۔ پولس رسول نے کلسیوں کو تلقین کی کہ وہ رحم اور ترس سے ملبس ہوں۔(12آیت) انہیں اپنے بھائیوں اور بہنوں کے دُکھ درد کو محسوس کرتے ہوئے ان کے ساتھ مہربانی اور شفقت سے پیش آنا تھا۔ انہیں اپنے اردگرد کے لوگوں تک رسائی کے لئے ہر طرح کی قربانی دینے کے لئے بھی تیار رہنا تھا۔ اُنہیں مہربانی، شفقت اور ترس کا روّیہ ضرورت مندوں کی احتیاجیں رفع کرنے کے پیشِ نظر بھی اپنانا تھا، خواہ یہ ضروریات، جذباتی تھیں یا پھر نفسیاتی، مادی تھیں یا پھر روحانی۔

انہیں ایک دوسرے کی خدمت متکبرانہ اور خودغرض روّیوں سے نہیں کرنی تھی۔ پولس رسول نے اپنے قارئین کو تلقین کی وہ عاجزی، شائستگی اور صبر و تحمل سے کام لیتے ہوئے ایک دوسرے کی مدد اور معاونت کریں۔ دُنیا میں حالات و واقعات ایک جیسے تو نہیں رہتے، ہماری ترجیحات بھی بدلتی رہتی ہیں۔ جب ہم ایک دوسرے کی خدمت کرتے ہیں، تو ہمیں صبر و تحمل سے کام لینا پڑتا ہے۔ عاجزی اور انکساری ہی سے ہم ایک دوسرے کی خدمت کے لئے جھک جاتے ہیں۔ ہم شائستہ روح سے خدمت کرتے اور ایک دوسرے کے لئے باعث برکت ہوتے اور دوسروں کی حوصلہ افزائی کا باعث ہوتے ہیں۔ ہم خداوند یسوع مسیح جیسا خادمانہ روّیہ اپنا کر ہی ایک دوسرے کی بہتر اور دل سے خدمت کر سکتے ہیں۔ جس نے دوسروں کی ضروریات کو ترجیح دی۔ اس نے اپنے عاجزی آرام کی بہ نسبت دوسروں کو اہم سمجھا اور ان کے لئے اپنا آپ وقف کر دیا۔

13 آیت میں، ہمیں بتایا گیا ہے کہ ہمیں ایک دوسرے کی برداشت کرنی اور اپنے بھائیوں اور بہنوں کو معاف کرنا ہے(جب اُن کے لئے دل میں کوئی خفگی یا ناراضگی ہو۔) پولس

رسول یہ بیان کرتے ہوئے اس بات کو تسلیم کر رہا ہے کہ مسیح کے بدن میں مسئلے مسائل پیدا ہو سکتے ہیں۔ ایمانداروں کے درمیان مشکلات سر اٹھا سکتی ہیں۔ جب ہم غلط ہوتے ہیں یا دوسرے ایماندار ہمارے لئے دُکھ یا تکلیف کا باعث بنتے ہیں تو پھر ہم کیسا روّیہ اختیار کرتے ہیں؟ پولس رسول ہمیں تلقین کر رہا ہے کہ ہم صبر سے کام لیتے ہوئے ایک دوسرے کو معاف کریں۔

لفظ برداشت کرنے کا معنی ہے" سہنا اور سنبھالنا ہے۔ یہاں پر اہم نکتہ یہی سامنے آتا ہے کہ ہم ایک دوسرے کو قبول کرلیں خواہ دوسرے شخص کا طرز عمل ہمیں ناگوار ہی گزر رہا ہو۔ بعض اوقات دوسرے ایماندار ہم سے اچھا سلوک نہیں کرتے، پولس رسول ہمیں سہنے اور خود کو سنبھالنے کی تلقین کر رہا ہے۔ پولس رسول اس حقیقت سے بے بہرہ نہیں تھا کہ ایمانداروں کو بھی ایک دوسرے کے ساتھ تعلقات میں کشیدگی کا سامنا ہو سکتا ہے۔ ان کے درمیان بھی کشمکش اور سرد جنگ کا آغاز ہو سکتا ہے۔ اکثر اوقات سہنے یا برداشت کرنے کی بجائے ہم تنقید کے تیر اٹھا کر دوسرے ایمانداروں پر برسانا شروع کر دیتے ہیں۔ بعض اوقات ہم دوسروں کا تمسخر اور ٹھٹھا بھی اڑاتے ہیں۔ ہمیں شائستگی، عاجزی اور مہربانی کا رویہ اختیار کرتے ہوئے ایک دوسرے کو برداشت کرنے کی ضرورت ہے۔ مسیح خداوند بھی ہمارے ساتھ ایسا ہی طرز عمل اختیار کرتا ہے۔ وہ یہی چاہتا ہے کہ ہم اپنے مسیحی بھائیوں اور بہنوں کے لئے بھی اسی طرح کا روّیہ اپنائیں۔

پولس رسول 13 آیت میں مزید آگے بڑھتے ہوئے کلسے کے ایمانداروں کو بتاتا ہے کہ انہیں ایک دوسرے کو معاف کرنا ہے۔ اس دنیا میں رہتے ہوئے کبھی ہم تو کبھی دوسرے ہمیں دکھ دیتے اور ہمارے لئے تکلیف کا باعث ہوتے ہیں۔ ایسی صورتحال میں ہمیں یاد رکھنا ہے کہ جب ہم خدا کے دشمن تھے تو مسیح نے ہمارے ساتھ کیسا سلوک اور رویہ اختیار

کیا تھا۔ اس نے ہمارے تمام گناہ معاف کر دیئے، اس نے ہماری بغاوت کے باوجود ہم سے محبت رکھی۔ ہمیں بھی اپنے قصورواروں کے لئے ایسا ہی روّیہ اختیار کرنا ہے۔ جس طرح خداوند نے ہمیں معاف کیا ہے اسی طرح ہم اپنے قصورواروں کو معاف کریں۔ کچھ لوگ ایسے بھی ہوتے ہیں جو دلوں میں الزام تراشی لئے رہتے ہیں۔ ان کا یہی خیال ہوتا ہے کہ ان کا یہ حق ہے کہ وہ اپنے قصوروار کے لئے اپنے دل میں تلخی اور غصہ رکھیں۔ یہ بہت خطرناک رویہ ہے۔ اس سے ایماندار کی گواہی خراب ہو جاتی ہے۔ ایسا طرزِ عمل اُنہیں مسیح میں مضبوط اور بالغ ہونے میں رکاوٹ کا باعث بنتا ہے۔ پولس رسول ہمیں معاف کرنے کی تلقین کرتا ہے۔

14 آیت میں پولس رسول نے کلسیوں کو یاد کرایا کہ سب سے بڑھ کر یہ کہ وہ "محبت کو پہن لیں۔" محبت ہی ایک ایسی چیز ہے جو ہمیں ایک بندھ میں باندھے رکھتی ہے۔ اگر ہم اپنے دلوں میں محبت بھرا رویہ نہ رکھیں تو ہم شائستگی، تحمل، صبر اور برداشت کا مظاہرہ نہیں کر سکتے۔ محبت کے بغیر ایک دوسرے کو معاف کرنا بھی آسان نہ ہو گا۔ دوسروں کو معاف نہ کرنے کی وجہ یہ ہے کہ ہم دوسروں سے مسیح جیسی محبت نہیں رکھتے۔ ہم نے محبت کے لئے اپنے دل میں شرائط رکھی ہوتی ہیں۔ جب تک دوسروں کا روّیہ ہم سے اچھا ہوتا ہے، ہم اظہار محبت کرتے ہیں، غیر شائستہ روّیہ اپنانے کی وجہ محبت کا فقدان ہوتا ہے۔ اگر ہم اس باب میں مذکورہ شائستگی، محبت، صبر و تحمل کا مظاہرہ کرنا چاہتے ہیں، تو اپنے گھٹنوں کے بل ہو کر خداوند سے فضل اور توفیق چاہیں۔

ہمیں مسیح میں نہ صرف ایک دوسرے سے محبت رکھنی ہے بلکہ پولس رسول یہ بھی کہہ رہا ہے کہ "مسیح کا اطمینان ہمارے دلوں پر بادشاہی کرے۔" چونکہ ہم ایک ہی بدن کا حصہ ہیں، اس لئے مسیح کا اطمینان ہمارے دلوں پر بادشاہی کرے۔ کیونکہ مسیح نے ہمیں ایک

دوسرے کے ساتھ امن و سلامتی کے ساتھ رہنے کے لئے اپنے خاندان کا حصہ بنایا ہے۔
مسیح کا اطمینان ہمارے دلوں پر بادشاہی کرنے اور ایک دوسرے کے ساتھ صلح اور سلامتی کے ساتھ رہنے میں ایک گہرا تعلق پایا جاتا ہے۔ بعض اوقات بہت آسانی سے دوسرے ہمارے لئے پریشانی کا باعث ہو سکتے ہیں۔ اس صورتحال میں ہم، اپنے خداوند کی طرف رجوع لائیں، اور اپنا مسئلہ اس کے سامنے پیش کریں۔ ہم اس کی طرف رجوع لاتے ہوئے یہ توقع کر سکتے ہیں کہ اگر ہمارا مسئلہ بہت بڑا ہے تو بھی خداوند اسے حل کرنے کی قدرت رکھتا ہے۔ وہی ہماری بہتری اور بحالی کے لئے سب کچھ کرے گا۔ وہ ہماری ناگوار صورتحال، نامساعد حالات اور تکلیف دہ صورتحال کو لے کر ہماری بھلائی کے لئے استعمال کرنے کی قدرت رکھتا ہے۔ جب ہم اپنی مشکل گھڑی اور کڑے امتحان کے وقت خداوند کی طرف دیکھتے ہیں، تو پھر ہمیں شخصی تجربہ سے معلوم ہوتا ہے کہ حقیقی اطمینان کیا ہے۔ خداوند ہمیں تسلی اور تقویت دیتا ہے۔ وہ ہمیں اس لائق بناتا ہے کہ ہم ہر طرح کے مسائل اور مشکلات پر غالب آ کر زندگی بسر کریں۔ یوں ایک دوسرے کے ساتھ ہمارے تعلقات میں بہتری اور مضبوطی پیدا ہوتی ہے۔ کیونکہ ہم خدا کو اپنے دلوں میں بادشاہی کرنے کا موقع دیتے ہیں۔ اس اطمینان کا مظاہرہ اس وقت ہوتا ہے جب دوسروں کے ساتھ ہمارے تعلقات کشیدگی اور کڑواہٹ کا شکار ہو جاتے ہیں۔ بالخصوص جب دوسرے ہمارا جینا محال کر دیتے ہیں تو پھر خدا کا اطمینان جو ساری عقل اور سمجھ سے بالاتر ہے ہمارے دلوں چھا جاتا ہے۔

15 آیت پر غور کریں، پولس رسول نے مسیح میں اپنے بھائیوں اور بہنوں کے ساتھ تعلقات کے موضوع پر بات کو آگے بڑھاتے ہوئے ایک اور موضوع کا اضافہ بھی کر دیا ہے۔ اس نے کلسیوں کو بتایا کہ انہیں شکر گزار رہنا بھی سیکھنا ہو گا۔ جب صورتحال سمجھ

سے بالاتر، حالات تکلیف دہ اور ہر طرف پیچیدگی اور کشیدگی ہو تو پھر شکر گزار ہونا آسان نہیں ہوتا۔ جب کسی نے ہمارے خلاف تنقید اور قہر کے تیر برسائے ہوں اور ہمیں دُکھ دیا ہو تو ہم کس طرح شکر گزار ہو سکتے ہیں۔ حقیقت تو یہ ہے کہ جب ہماری نظر ان دُکھوں اور تکلیفوں پر ہوگی جو دوسروں کی طرف سے ہمیں ملی ہیں تو کوئی امکان نہیں کہ ہم شکر گزار ہو سکیں۔ جب ہم ایسی صورتحال سے دوچار ہوتے ہیں تو کسی اچھی چیز پر نظر کرنے سے قاصر رہ جاتے ہیں۔ ہو سکتا ہے کہ صرف ایک بات کے سبب سے ہمارے تعلقات میں کشیدگی پیدا ہوئی ہو، اس کا ہرگز یہ مطلب نہیں کہ باقی سب چیزیں بھی خراب ہیں۔ شیطان تو یہی چاہتا ہے کہ ہم ہر ایک صورتحال میں منفی پہلوؤں پر ہی توجہ مرکوز رکھیں۔ چند لمحات کے لئے کسی دوسرے شخص کے ساتھ کشیدہ تعلقات میں مثبت پہلوؤں پر غور کریں، ان برکات کو کشیدہ تعلقات میں دیکھنے کی مشق کریں، خداوند میں اُن برکات پر نظر رکھتے ہوئے خوش رہنا سیکھیں۔ اس بات کے لئے شکر گزار ہوں کہ خدا ہر ایک چیز پر اختیار رکھتا ہے۔ باقاعدگی سے اچھی اور مثبت چیزوں کے لئے ہر روز خداوند کی شکر گزاری کرتے رہیں جو خداوند آپ کی مشکل صورتحال میں بھی سامنے لا رہا ہے۔ اور آپ کے ناگوار اور نامساعد حالات اور مشکل ترین صورتحال کو آپ کی بہتری اور بھلائی کے لئے استعمال کر رہا ہے۔ میری دعا ہے کہ شکر گزاری کا یہ روّیہ آپ کی صورتحال میں بڑی گہری تبدیلی کا باعث ہو۔

مسیح کے بدن میں ایک دوسرے کے ساتھ اپنے تعلقات میں، ضرورت ہے کہ ہم اپنی زندگیوں میں مسیح کے کلام کو جڑ پکڑنے دیں۔ جب ہم غصے کی حالت میں کچھ بُرا کہنے اور کرنے لگیں گے تو یہی کلام ہماری ہدایت اور رہنمائی کرے گا کہ کس طرح مشکل ترین حالات اور خلاف طبیعت لوگوں کے ساتھ ہم نے درست اور مثبت رویہ اختیار کرنا ہے۔

تہیہ کرلیں کہ کسی بھی صورتحال میں آپ نے جسم میں کسی ردِ عمل کا مظاہرہ نہیں کرنا۔ بلکہ خدا کے کلام کی واضح تعلیم کے مطابق درست روّیہ اختیار کرنا ہے۔ خدا کے کلام کو موقع دیں کہ وہ آپ کے گناہ پر اُنگلی رکھے۔ خدا کا کلام اور زیادہ آپ کو خدا کے قریب لے آئے۔ تہیہ اور مصمم ارادہ کرلیں کہ جب مشکل لوگوں کے ساتھ دوچار ہوں تو اپنے آپ کو کلام سے آسودہ کریں۔ اور کلام کے اصولوں کے مطابق چلیں۔ بائبل مقدس میں موجود ہدایت اور رہنمائی آپ کو خدا کے تقاضوں کے مطابق چلنے کی قوت بخشے گی اور مشکل ترین صورتحال میں بھی آپ خدا کے تقاضوں کے مطابق زندگی بسر کرسکیں۔

جب ہم مسیح یسوع میں ہوتے ہوئے، بھائیوں اور بہنوں کی طرح زندگی بسر کرتے ہیں، تو ہمیں ایک دوسرے کو حکمت کے ساتھ تعلیم دینی اور نصیحت کرنی ہے۔ ہم نے ایک دوسرے کی خدمت کے لئے کمربستہ رہنا اور ایک دوسرے کا خیال رکھنا ہے۔ ہم اپنے طور سے مسیح میں پختہ اور بالغ نہیں ہوسکتے۔ ہمیں مسیح کے بدن کے دوسرے اعضا سے حوصلہ افزائی اور تقویت کی ضرورت ہوتی ہے۔ ہمیں ایک دوسرے کو درپیش خطرات سے آگاہ کرنا، آزمائش کے وقت تلقین اور نصیحت کرنی اور بحالی کے لئے ایک دوسرے کی مدد کرنی ہے۔

16 آیت میں اس بات کو واضح کر دیا گیا ہے کہ دوسروں کو تعلیم اور آگاہی دینے کا یہ کام انتہائی تخلیقی انداز میں عمل میں ہونا چاہئے۔ پولس رسول نے کلسیوں کو بتایا کہ وہ زبور، حمد وثنا اور روحانی گیت گاتے ہوئے، خداوند کی شکرگزاری کے ساتھ ایک دوسرے کو تعلیم دیں اور نصیحت کریں۔ اگر آپ پرستش اور ستائش کی خدمات سے منسلک ہیں تو پھر آپ کو اس بات پر توجہ دینا ہوگی۔ موسیقی صرف تفریح کے لئے نہیں ہوتی۔ اور نہ ہی یہ صرف پرستش اور ستائش کے لئے بجائی جاتی ہے۔ یہ تعلیم دینے اور دوسروں کو تنبیہ کرنے

کے لئے بھی استعمال ہو سکتی ہے۔ خداوند اس بات سے خوشنود ہوتا ہے کہ وہ اپنے کلام کو موسیقی کے وسیلہ سے دوسروں کی برکت کے لئے استعمال کرے۔ وہ موسیقی کے وسیلہ سے بھی اپنے لوگوں کو تنبیہ کرنا، تعلیم اور ہدایت اور رہنمائی دینا پسند کرتا ہے۔

پولس رسول کے مسیح کے بدن میں تعلقات کے موضوع پر بات کرتے ہوئے اس بیان کے ساتھ اختتام کرتا ہے کہ ہم جو کچھ بھی کریں گویا یہ جان کر کریں کہ ہم خداوند کے لئے کر رہے ہیں۔ ہم کلام کریں یا کوئی کام کریں، سب کچھ مسیح خداوند کے نام ہی سے کریں۔ کیونکہ جب ہم ایسا کرتے ہیں تو اپنے خداوند کو دوسروں کے سامنے پیش کرتے ہیں۔ اگر ہم مسیح کے نمائندگان بن کر کچھ کرتے تو بہت محتاط رہیں۔ لازم ہے کہ آپ اچھے نمائندگان بن کر خداوند کو پیش کریں۔ آپ بولیں تو گویا خدا کا کلام، اگر کچھ کریں تو گویا ایسے کہ خداوند ہی کر رہا ہے۔ یہ بھی یاد رہے کہ جو کچھ ہم کرتے ہیں گویا خداوند کے ساتھ کرتے ہیں اور جو کچھ ہم اپنے بھائیوں اور بہنوں سے کہتے ہیں گویا خداوند سے ہی کہتے ہیں۔ ہمارا رویہ، سلوک اور گفتگو، اعمال اور کلام ایسے ہی ہو جیسے ہم خداوند کے ساتھ سب کچھ کر رہے ہیں۔ اگر ہم اپنے مسیحی بھائیوں اور بہنوں کے ساتھ بدسلوکی سے پیش آئیں گے تو ہمیں اس کے لئے خداوند کے حضور جوابدہ ہونا پڑے گا۔

پولس رسول یہاں پر ایک دوسرے کے تعلق سے ہماری ذمہ داریوں کے بارے میں بھی بات کرتا ہے۔ اگرچہ وہ ہمیں بتاتا ہے کہ ہم شریعت کے ماتحت نہیں رہے، تو بھی وہ یہ بتانے میں محتاط ہے کہ ہم ایسے لوگ نہیں کہ بے لگام زندگی بسر کریں اور کسی قاعدے اور قانون کو مدنظر نہ رکھیں۔ خدا نے ہمارے لئے ایک معیار قائم کیا ہے جس کے تحت ہمیں زندگی بسر کرنی ہے۔ وہ معیار مسیح یسوع ہے۔ لازم ہے کہ ہم اس پر نگاہ کریں، صرف اس لئے نہیں کہ وہ ہمارے لئے مشعلِ راہ، کامل نمونہ اور مثال ہے بلکہ اس لئے بھی کہ وہ

ہمیں سب کچھ کرنے کی توفیق اور قوت دینے کی قدرت رکھتا ہے۔

چند غور طلب باتیں

☆۔ کیا کچھ ایسے لوگ ہیں جنہیں قبول کرنا آپ کو دشوار لگتا ہے؟ پولس رسول ایک دوسرے کو قبول کرنے کے تعلق سے کیا تعلیم دیتا ہے؟

☆۔ اس شخص کے ساتھ اپنے تعلق کا جائزہ لیں جسے قبول کرنا آپ کو مشکل محسوس ہوتا ہے۔ اس رشتے اور تعلق میں کون سی بات ہے جس کے لئے آپ خداوند کے شکر گزار ہو سکتے ہیں۔

☆۔ کس طرح ہم مسیح کے اطمینان کو اپنی زندگی میں بادشاہی کرنے کا موقع دے سکتے ہیں؟ ایک دوسرے کے ساتھ ہمارے تعلقات میں اس اطمینان سے کیا مدد ملتی ہے؟

☆۔ مسیح کے بدن میں خدا نے ہمیں کون سا کردار ادا کرنے کو دیا ہے؟ آپ کی نعمتیں اور برکات کس طرح مسیح کے بدن میں مددگار ثابت ہوتی ہیں۔

چند اہم دُعائیہ نکات

☆۔ خداوند سے ایسے لوگوں کے لئے محبت مانگیں جنہیں محبت کرنا آپ کو مشکل اور دشوار محسوس ہوتا ہے۔

☆۔ کچھ وقت دعا میں جھک کر اس شخص کے لئے کسی ایک بات کی شکر گزاری کریں جنہیں محبت کرنا آپ کو مشکل محسوس ہوتا ہے۔

☆۔ خداوند سے دعا کریں کہ وہ آپ کو اپنے اطمینان سے بھر دے تاکہ آپ ان لوگوں کے ساتھ امن و سلامتی سے رہ سکیں جنہیں محبت کرنا مشکل محسوس ہوتا ہے۔

باب 19

بدن میں تعلقات

کلسیوں 3 باب 18 آیت اور 4 باب 1 آیت

پولس رسول نے اس خط میں مسیح کے بدن میں تعلقات کے بارے میں بات کی ہے۔ باب 3 کے اس آخری حصہ میں، پولس رسول نے کلیسیا کو بعض مخصوص تعلقات کے بارے میں تلقین کی ہے۔ یہاں پر وہ مسیحی گھرانوں کے تعلق سے کچھ عملی ہدایات دے رہا ہے۔

بیویاں

پولس رسول بیویوں سے مخاطب ہوتے ہوئے آغاز کرتا ہے۔ یونانی لفظ جو یہاں پر استعمال کیا گیا ہے وہ ہپوٹاسو ہے۔

۔ یہ لفظ جب عسکری اصطلاح میں استعمال کیا جاتا ہے۔ تو اس کا مطلب اعلیٰ افسر کے ماتحت خدمت کے لئے کمربستہ رہنا۔hupotasso۔

لیکن جب عسکری اصطلاح سے ہٹ کر استعمال کیا جاتا ہے تو اس کا معنی ہے رضا کارانہ طور پر تعاون کرنا۔ جو شخص خود کو کسی کا ماتحت کرتا ہے تو اس کا مطلب یہ ہے کہ وہ اس کے ساتھ تعاون کرتا ہے۔ تائب ہونے والا شخص اس دوسرے شخص کے بوجھ کو اپنے اوپر لے رہا ہوتا ہے جس کے وہ ماتحت ہوتا ہے۔ جب پولس رسول بیویوں کو شوہروں کے تابع ہونے کی بات کرتا ہے، تو وہ بیوی کی طرف سے بخوشی و رضا اپنے شوہر کے ساتھ تعاون کرنے اور اس کا ہاتھ بٹانے، اس کے ساتھ مل کر بوجھ اٹھانے کا ردِ عمل توقع کر رہا ہے۔ پولس رسول بیویوں کو یاددہانی کرا رہا ہے کہ "یہ خداوند میں مناسب ہے۔" بالفاظ دیگر خدا نے اسی طرح سے خاندان کی ترتیب و تشکیل کی ہے کہ وہ باہم مل کر کام کرے۔

بیویوں، خدا نے تمہیں اپنے شوہروں کے ساتھ تعاون کرنے کے لئے بلایا ہے۔ یہ حقیقت کہ بیوی کو اپنے شوہر کے تابع ہونا ہے۔ اس بات کا اشارہ دیتا ہے کہ شوہر کو سربراہی کا کردار ادا کرنا ہے۔ وہ اپنے خاندان کے لئے خدا کے حضور جوابدہ ہے۔ وہ خاندان کی فلاح و بہبود کا ذمہ دار ہے۔ اس سلسلہ میں بیوی کو تعاون کرنا ہے۔ اسے اپنے شوہر کے خلاف لڑائی جھگڑا نہیں کرنا۔ بلکہ اس کے ساتھ مدد اور تعاون کے لئے کھڑے ہونا ہے۔ یوں خاندان میں یگانگت اور اتفاق پیدا ہو گا۔

شوہر

پولس رسول کو علم تھا کہ بعض مرد حضرات سربراہ ہونے کے معاملہ کو غلط معنوں میں استعمال کریں گے۔ بہت سے لوگ اس بات پر یقین رکھتے ہیں کہ خاندان کا سربراہ ہوتے ہوئے، وہ اپنے بچوں اور بیوی سے کسی بھی بات کا مطالبہ کر سکتے ہیں۔ پولس رسول نے شوہروں کو تاکید کی کہ وہ اپنی بیویوں سے شائستہ رویہ اپنائیں نہ کہ سخت لہجہ اپنائیں۔ نرم لہجہ، محبت بھرا رویہ، ترس اور عاجزی و انکساری شوہروں کو سخت روّیہ اپنانے سے بچائے گی۔ انہیں اپنی بیویوں کی عزت کرنی اور محبت بھرے لہجہ سے اُن کا خیال بھی رکھنا ہے۔ انہیں مسیح کے نمونے پر چلتے ہوئے مسیح کا پیار اور محبت انہیں دکھانا ہے۔

مسیح خداوند نے رحم اور شفقت سے ہمارے ساتھ محبت رکھی۔ اُس کی ہمارے لئے محبت اتنی گہری تھی کہ اس نے بخوشی و رضا ہمارے لئے جان دے دی۔ اسی طرح سے شوہروں کے لئے بھی واجب ہے کہ اپنی بیویوں سے محبت رکھیں۔ اگر آپ واقعی اپنی بیوی سے محبت رکھتے ہیں، تو پھر آپ اس کے لئے ہر قربانی دینے کے لئے تیار رہیں گے۔ آپ اپنی خودی کے اعتبار سے مر کر، اپنے آرام و راحت کا انکار کرتے ہوئے، اپنے مفادات کو بالائے طاق رکھتے ہوئے، اُس کی خدمت کے لئے کمربستہ رہیں گے۔ ایک خداپرست شوہر

جب بھی ضرورت پڑتی ہے، اپنی بیوی کے لئے قربانی دیتا ہے۔ اس کے جواب میں وہ بھی اس کے ساتھ تعاون کرتی ہے۔ وہ اس کی مددگار اور شریک حیات ہے۔ یہ دیکھنا کس قدر آسان ہے کہ یوں رشتے ناطے اور تعلقات بے لوث اور خود غرض روّیوں سے بالاتر ہو کر اچھے انداز سے آگے بڑھتے ہیں۔

بچے

پولس رسول نے بچوں کو ہر معاملہ میں والدین کے تابع رہنے کے لئے کہا کیونکہ خداوند کے نزدیک یہی واجب اور مناسب ہے۔ اس کے لئے بچوں کو اپنے مفادات اور خواہشات کی قربانی دینا ہو گی۔ یہی مسیحی گھرانوں کا دستور اور طریقہ کار ہونا چاہئے۔ کلسے میں کچھ غیر ایماندار گھرانے بھی تھے۔ جو شائد یہ چاہتے ہوں کہ ان کے بچے خدا کی مرضی اور ارادے کے خلاف چلیں۔ ایسی صورت میں بچوں کو اپنے خدا کی تابعداری کرنی تھی نہ کہ اپنے والدین کی۔ (اعمال 5 باب 29 آیت)

باپ

اس کے بعد پولس رسول والدوں سے مخاطب ہے۔ وہ انہیں حکم دیتا ہے کہ وہ اپنے بچوں کو دق نہ کریں۔ انہیں محتاط رہنا تھا کہ وہ اپنے بچوں پر ذہنی دباؤ نہ ڈالیں۔ جس سے وہ دل شکستہ ہو کر ہمت ہار بیٹھیں۔ یہ ممکن ہے کہ والد اپنے بچے پر اِس قدر بوجھ ڈال دے کہ وہ مایوس اور بے حوصلہ ہو کر شکست خوردگی کا شکار ہو جائے۔ اس سے بچہ دق، پریشان، تلخ اور خوف زدہ بھی ہو سکتا ہے۔ والدوں کی ذمہ داری ہے کہ بچوں سے پیار کریں اور اُن کی محبت سے تعلیم و تربیت کریں۔ ایسا نہ ہو کہ بے حد بوجھ اور ذہنی دباؤ سے وہ اُنہیں کچل ہی ڈالیں۔ ان کے سخت روّیہ اور نامناسب سلوک سے بچے کی ہمت جواب نہ دے جائے۔

اس سلسلہ میں والدوں کو مناسب رویہ اختیار کرنا تھا۔ والد ہوتے ہوئے ہمیں اپنی توقعات کم رکھنے کی ضرورت پیش آسکتی ہے تاکہ بچہ اپنی طاقت سے زیادہ بوجھ محسوس نہ کرے۔ کہیں ایسا نہ ہو کر وہ امید کا دامن ہاتھ سے چھوڑ دے اور سمجھ لے کہ وہ کچھ بھی نہیں کر سکتا۔ ہمیں اپنے بچوں کی حوصلہ افزائی اور اُن میں چھپی صلاحیتوں کو اُجاگر کرنا ہے۔

غلام

کلسے میں غلام بھی پائے جاتے تھے۔ پولس رسول نے غلام ہوتے ہوئے خدمت کرنے کی حوصلہ شکنی نہیں کی۔ اس کا یہ ایمان تھا کہ غلام بھی اسی قدر خدا کی بادشاہی میں اہم ہیں جس قدر آزاد لوگ۔ چونکہ کلسے میں غلام رکھنے کا عام دستور تھا اس لئے اس نے اس تعلق سے زیادہ بات نہیں کی۔

پولس رسول نے غلاموں سے بھی یہی کہا کہ وہ اپنے زمینی مالکوں کی ہر معاملہ میں تابعداری کریں۔ انہیں اپنے مالک کی غیر موجودگی میں بھی دیانتداری سے ان کی تابعداری کرنا تھی۔ بطور غلام، انہیں اپنے مالک کا منظورِ نظر ہونے کے لئے پوری کوشش سے کام کرنا تھا۔ انہیں مخلص دل سے اپنے مالکوں کی خدمت کرنا تھی۔ انہیں خداوند کی خاطر بہ دل وجان اپنے مالک کی عزت، خدمت اور تابعداری کرنی تھی۔ پولس رسول نے مالک کی خدمت اور خداوند کی عزت کے درمیان ایک تعلق قائم کیا ہے۔

آج جو کچھ ہم کرتے ہیں، اس اصول کا اطلاق اس پر بھی ہوتا ہے۔ اس دُنیا میں ہمارا کوئی نہ کوئی مالک ہوتا ہے جس کے سامنے ہم جوابدہ ہوتے ہیں۔ ہمیں مخلص اور دیانتدار دل کے ساتھ ان کی خدمت کرنی ہے۔ جب ہم ایسا کرتے ہیں، تو اصل میں ہم اپنے خدا کی عزت اور تکریم کرتے ہیں جس نے ہمیں اس مقام پر رکھا ہوتا ہے۔ 23 آیت میں، پولس رسول نے یہ تاکید کی کہ سب کچھ پورے دل سے کیا جائے۔ کیونکہ ہم اصل میں خداوند

کے لئے کام کرتے ہیں۔ شائد لوگ دیکھ نہ پائیں کہ ہم کیا کر رہے ہیں۔ لیکن خدا دیکھتا ہے اور ہم اس کے حضور جوابدہ ہیں۔ وہ ہمیں اجر سے نوازے گا یا ہمارے اعمال و افعال کے مطابق ہماری عدالت کرے گا۔ یہی دھیان رہے کہ اس زمین پر اپنی ذمہ داریاں خدا کے خوف اور اس کی عزت اور تکریم کی خاطر اچھی طرح سے نبھائیں۔

25 آیت میں، پولس رسول نے غلاموں کو یاددہانی کرائی کہ غلط کام کرنے والا اپنے کئے کی سزا پائے گا۔ کسی کی طرفداری نہیں تھی۔ شائد مسیحی غلام یہ سوچتے ہوں کہ ان کے مالک مسیحی ہیں، اس لئے اُنہیں غلط کام پر سزا نہیں ملے گی۔ وہ سمجھتے تھے کہ اگر مالک مسیحی ایماندار ہے تو پھر وہ کئی طرح کی سہولیات اور آزادی سے فائدہ اُٹھا سکتے ہیں۔ کیونکہ وہ مسیح یسوع میں ایک دوسرے کے بھائی ہیں۔ پولس رسول نے غلاموں کی بتایا کہ ایسا کچھ نہیں ہونے والا۔ مسیحی غلاموں کے لئے کوئی خاص رعایت اور خصوصی برتاؤ نہیں ہے۔ اُنہیں بھی غیر ایماندار غلام کی طرح سزا ملے گی۔

مالک

پولس رسول نے مالکوں کو تاکید کی کہ اپنے غلاموں کی ضروریات کا خیال رکھیں۔ (4 باب 1 آیت) مالکوں کو واجب نہیں تھا کہ وہ غلاموں سے دھوکہ دہی کرتے یا پھر اُن پر حکومت جتاتے، بلکہ اُنہیں بڑی احتیاط سے ان کی ضروریات کا خیال رکھنا تھا۔ روح سے معمور مالکوں کو فیاض دلی سے کام لیتے ہوئے اُن کے ساتھ عزت سے پیش آنا تھا۔ اُنہیں اس لئے یہ سب کچھ کرنا تھا کیونکہ آسمان پر مالکوں کا مالک موجود ہے جو سب کی عدالت کرے گا۔ بالفاظ دیگر وہ خدا کے حضور اپنے اعمال و افعال اور روّیوں کے لئے جوابدہ تھے۔ انہوں نے خدا کے حضور جوابدہ ہونا تھا کہ اُنہوں نے کس طرح اپنے غلاموں کے ساتھ برتاؤ کیا ہے۔

پولس رسول ہمیں یہ بتارہاہے کہ ہم مسیح کے ساتھ اس کی موت اور اُس کے جی اُٹھنے میں شامل ہوئے ہیں، اس لئے ہم خدا کے ممنون و مشکور ہوتے ہوئے وہی کریں جو وہ ہم سے توقع کرتا ہے۔ جو کچھ اس نے ہمارے لئے کیا ہے، ہم خدا کی عزت اور تعظیم کے پیشِ نظر اور ساتھ میں اپنے بھائیوں اور بہنوں کے بھی محبت میں مقروض ہوتے ہوئے ہمیں اطاعت، تابعداری اور عزت افزائی کا روّیہ اختیار کرنا ہے۔

چند غور طلب باتیں

☆۔ایک بیوی کے لئے شوہر کے تابع ہونے کا کیا معنی اور مفہوم ہے؟ کیا اس کا معنی یہ ہے کہ شوہر اس کو اپنے کنٹرول میں رکھے اور ہر کام اپنی مرضی سے کرائے؟

☆۔کس طرح حقیقی محبت شوہر کو اپنی بیوی کو کنٹرول کرنے سے روکتی ہے؟ خداوند یسوع مسیح نے کیسے عملی طور پر شوہروں کو دکھایا کہ کس طرح انہیں بیویوں سے محبت رکھنی ہے؟

☆۔چند لمحات کے لئے اپنی خدمت / کام کاج پر غور کریں، کیا آپ واقعی اس طرح سے زندگی بسر کرتے ہیں کہ خدا کی خوشنودی حاصل کر سکیں۔

☆۔پولس رسول بچے کی روح کو شکستہ کرنے کے تعلق سے کیا بیان کرتا ہے؟ کس طرح ایک بچے کی روح کو نقصان پہنچ سکتا ہے اور وہ بے حوصلگی کا شکار ہو سکتا ہے۔

چند اہم دُعائیہ نکات

☆۔اگر آپ ایک بیوی ہیں تو خداوند سے مدد مانگیں تا کہ آپ باہمی تعاون کی روح سے اپنے شوہر کے تابع رہ سکیں۔

☆۔ اگر آپ ایک شوہر ہیں، خداوند سے مدد چاہیں تا کہ آپ اپنی بیوی سے محبت رکھ سکیں۔اور اس کی ضروریات کے لئے اپنی خودی کا انکار کر سکیں۔

☆۔خداوند سے مدد چاہیں تا کہ آپ ایسے والدین بن سکیں جو اپنے بچوں کے لئے حوصلہ شکنی کا باعث نہ ہوں۔

☆۔خداوند سے مدد چاہیں تا کہ آپ اس طرح سے کام کر سکیں جیسے کہ آپ صرف اور صرف خداوند کے لئے ہی کر رہے ہیں۔

باب20

دُعا، حکمت اور فضل

کلسیوں4 باب2- 6آیت

کلسیوں کے نام پولس رسول کے خط کے زیادہ تر حصہ میں یہی تاکید و تلقین موجود ہے کہ وہ ایماندار ایسا طرزِ زندگی اپنائیں جو خدا کے تقاضے کے مطابق ہے۔ جب میں اس تعلق سے مطالعہ کر رہا تھا، تو میں شخصی طور پر ذہنی کشمکش کا شکار تھا کہ پولس رسول نے کس طرح خط کا آغاز اور کیسے اس کا اختتام کیا۔ پولس رسول نے خط کے آغاز میں سیر حاصل تبصر کرتے ہوئے کُلسے کے ایمانداروں کو بتایا کہ جب نجات کی بات آتی ہے تو اس میں شریعت کا کچھ لینا دینا نہیں ہے۔ اس نے اس بات کو واضح کیا کہ جب خداوند یسوع مسیح ہماری نجات کے لئے صلیب پر مصلوب ہو چکا ہے تو پھر ہمیں اپنی نجات کے لئے کسی طرح سے بھی ہاتھ پاؤں مارنے کی قطعاً ضرورت نہیں ہے۔ خداوند یسوع مسیح نے ہمارے گناہوں کو اپنے اوپر لے لیا۔ صرف یہی نہیں بلکہ جب وہ مصلوب ہوا تو شریعت بھی اسی کے ساتھ مصلوب ہو گئی۔

خط کے دوسرے حصہ کی طرف بڑھتے ہوئے، پولس رسول نے تفصیلاً بیان کیا ہے کہ کس طرح ایمانداروں کو مسیح میں نئی زندگی بسر کرنی ہے۔ پولس رسول نے اپنے قارئین کو تلقین کی کہ وہ اپنے کردار اور رویے میں کاملیت کی طرف قدم بڑھائیں۔ اُس نے اُنہیں بتایا کہ وہ مسیح کے بدن میں اپنے تعلقات پر خصوصی توجہ دیتے ہوئے دیانتدارانہ اور مخلصانہ روّیہ اپنائیں۔ وہ اُنہیں مزید سمجھانے کی غرض سے تفصیل میں جاتے ہوئے مسیح

یسوع کے صلیبی کام کی وضاحت بیان کرتے ہوئے خدا کے لئے اُن کی فرائض اور ذمہ داریوں سے آگاہ کرتا ہے۔ پولس رسول کلسے کے ایمانداروں کو نصیحت، تلقین اور تاکید کرتا ہے کہ وہ اپنے ارد گرد کے لوگوں کے سامنے مسیح یسوع کے پیروکار ہونے کا اچھا نمونہ پیش کریں گویا کہ وہ مسیح یسوع کے نمائندگان ہیں۔ میں اپنے آپ سے یہ سوال پوچھتا رہا۔" اگر ہم شریعت کے ماتحت نہیں ہیں تو پھر ہم سے اتنے زیادہ تقاضے کیوں کر؟اس سے پہلے کہ ہم اس بات کا جائزہ لیں کہ پولس رسول 4 باب میں کیا کہنا چاہتا ہے، میں اس مذکورہ موضوع پر کچھ کہنا چاہتا ہوں۔

ہمیں اس بات کو سمجھنے کی ضرورت ہے کہ جب ہم اپنے آپ کو شریعت کے ماتحت کرتے ہیں، تو گویا ہم یہ کہتے ہیں کہ جو کچھ مسیح نے ہمارے لیے صلیب پر سرانجام دیا ہے وہ کافی نہیں ہے۔ اگر ہم یہ محسوس کرتے ہیں کہ ہمیں خدا کی بادشاہی میں جانے یا خدا کے مقبول نظر ہونے کے لئے شریعت پر عمل پیرا ہونے کی ضرورت ہے، تو اس کا سیدھا اور صاف مطلب یہ ہوا کہ ہم اس بات کو سمجھنے سے ہی قاصر اور بے بہرہ ہیں کہ خداوند یسوع مسیح نے ہمارے لئے صلیب پر کیا کام سرانجام دیا ہے اور اس کی کیا اہمیت ہے۔ جو کچھ خداوند یسوع مسیح نے ہمارے لئے صلیب پر سرانجام دیا ہے وہ ہمارے گناہوں کو ڈھانپنے کے لئے کافی ہے۔ اس جسمانی اور دنیوی زندگی میں، کئی دفعہ مجھے ناکامی کا سامنا ہوگا۔ لیکن خداوند یسوع کی صلیبی موت نے میری ہر ناکامی کا چارہ کیا ہے۔ مجھے بھروسہ ہونا چاہئے کہ جو کچھ خداوند یسوع نے اپنی صلیبی موت سے سرانجام دیا ہے، وہ میری مکمل نجات کے لئے کافی ہے۔ یہ سوچنا بھی خداوند یسوع کے صلیبی کام کو کم قدر کرنے یا اس کی توہین کے مترادف ہے کہ مجھے اپنی نجات کے لئے مزید کچھ کرنے کی ضرورت ہے۔ میں صرف اور صرف مسیح کے صلیبی کام کی بدولت ہی نجات پاتا ہوں۔ شریعت کا میری نجات سے

کوئی تعلق اور واسطہ نہیں ہے۔ موسوی شریعت کے مطابق زندگی بسر کرنے والے نجات نہ پاسکے۔ نجات صرف توبہ کرنے اور مسیح یسوع پر ایمان لانے سے ہی ملتی ہے۔(زبور 51 باب 16 تا 17 آیت۔ حبقوق 2 باب 4 آیت)

دوسری چیز جو ہمیں یہاں پر سمجھنے کی ضرورت ہے، وہ یہ کہ اگر ہم اپنے آپ کو شریعت کے ماتحت کریں، تو پھر لازم ہے کہ ہم پورے طور پر اس کی تابعداری بھی کریں۔ اگر آپ شریعت کے وسیلہ سے ہی آسمان پر جانے کے خواہشمند ہیں، تو پھر اس بات کو سمجھ لیں کہ اگر آپ شریعت کی کسی ایک بات میں بھی ناکام ہوگئے، تو پھر آپ آسمان پر پہنچنے سے رہ جائیں گے۔ اس رُوئے زمین پر خداوند یسوع مسیح کے علاوہ کوئی اور ایسی ہستی نہیں جو شریعت کی مکمل تابعداری کر سکی۔ ہم اپنے بدن میں شریعت کی عدول حکمی کرنے کے مرتکب ہوئے ہیں۔ اپنی سوچوں اور خیالوں میں بھی شریعت کی فرمانبرداری نہیں کی۔ (رومیوں 3 باب 23 آیت) سب سے بڑھ کر یہ ہم تو پیدا ہی گناہ میں ہوئے ہیں۔ یہی نکتہ ہمیں مُجرم ٹھہرانے کے لئے کافی ہے ضرورت نہیں کہ ہم شریعت کی دوسری باتوں کی نافرمانی کریں۔ ہم گناہ میں پیدا ہوئے، اس لئے ہم گنہگار ہیں۔

اس بات کو سمجھنے کی ضرورت ہے کہ خدا کی یہ خواہش ہرگز نہیں کہ ہم بعض اصولوں اور قواعد وضوابط کی پاسداری کے چکر میں اُلجھے رہیں۔ اس کے دل کی یہی لالسا ہے کہ ہم اس پر اپنی توجہ مرکوز کریں اور جو کچھ بھی کریں اُس کی محبت کے اسیر ہو کر کریں۔ ہم درست کام کر سکتے ہیں، خدا کے بتائے ہوئے احکامات پر عمل پیرا ہو سکتے ہیں، لیکن اگر یہ سب کچھ محبت سے نہیں تو بے معنی اور لاحاصل ہے۔(1 کرنتھیوں 13 باب 3 آیت) بہت سے لوگ شریعت کو ایک بُت بنا کر سربلند کرتے اور اُس کے سامنے جھکتے ہیں۔ اُن کا یہی ایمان ہوتا ہے کہ ایسا کرنے سے وہ خداوند کو عزت اور جلال دے رہے ہیں۔ درحقیقت، ایسے

لوگ بت پرستی کے مرتکب ہوتے ہیں۔ ایمانداروں کی زندگی کا مرکز و محور مسیح ہے نہ کہ شریعت۔ ہم اس کے لئے زندہ ہیں نہ کہ قواعد و ضوابط کی پاسداری کرتے ہیں اور نہ ہی ہم محض تابعداری کا طرزِ زندگی اپناتے ہیں، بلکہ ہماری توجہ کا مرکز و محور مسیح کی ذاتِ اقدس، اس کا صلیب پر سرانجام دیا گیا کام اور ہم اس کی محبت کے اسیر ہو کر اس کے کلام کو اپنا طرزِ زندگی بناتے ہیں۔ ہمیں اپنے احساس گناہ کا علم ہے، ہم کسی طور پر بھی کامل نہیں ٹھہر سکتے ہیں، ہم تو مسیح کی کاملیت سے فائدہ اُٹھاتے ہیں، کیونکہ اس کی راستبازی اور کاملیت ہمارے کھاتے میں ڈال دی گئی ہے۔ ہم دل سے اُس کی پیروی کرتے ہیں، ہم اس کی مانند بننا چاہتے ہیں۔

میں مسیح کے وسیلہ سے نجات یافتہ ہوں، خواہ میں شریعت کی تعمیل کروں یا نہ کروں۔ اس کا ہرگز یہ مطلب نہیں کہ میں ایک غیر ذمہ دارانہ روّیہ اور طرزِ زندگی اپنا سکتا ہوں۔ اس کا یہ مطلب بھی نہیں کہ مسیح کے لئے مجھے کسی قاعدے قانون اور کلام کی کسی بات کی تابعداری کی ضرورت نہیں ہے۔ اس کا مطلب یہ ہے کہ اب میرا بھروسہ اور توکل شریعت پر نہیں رہا کہ وہ مجھے خدا کے معیار کے مطابق خدا کے قریب لائے۔ میرا توکل اور بھروسہ اس کام پر ہے جو مسیح نے میرے لئے صلیب پر سرانجام دیا ہے۔ میں خدا کے ان اصولوں اور قواعد و ضوابط کی پاسداری اور تابعداری میں زندگی بسر کرتا ہوں جو خدا نے اپنے کلام میں لکھوائے ہیں۔ اس لئے نہیں کہ وہ شریعت ہیں، اور ان کی پاسداری مجھے خدا کے حضور خاص مقام دے گی بلکہ اس لئے کہ وہ فرمان اچھے اور بھلے ہیں اور میری یہی خواہش ہے کہ میں اپنے خداوند کی خوشنودی حاصل کروں۔

یہ بیان کرنے کے بعد، یہ بہت اہم ہے کہ پولس رسول کے اس تاکید و تلقین پر بھی بات کریں جو اس نے کلسیوں کی کلیسیا کو 2 تا 7 آیت میں کی۔ 2 آیت میں پولس رسول نے

کلسے کے ایمانداروں کو نصیحت کی کہ وہ اپنے آپ کو دعا کے لئے وقف کر دیں۔ وقف کرنے سے مراد یہ ہے کہ وہ دُعا کے لئے ثابت قدم رہیں، کوئی بھی چیز ان کے دعائیہ وقت میں خلل اندازی نہ کرنے پائے۔ اس کا مطلب یہ بھی ہے کہ پوری عقیدت، دلچسپی اور لگن سے وہ دُعا کرنے میں مشغول رہیں اور کسی طرح بھی کسی اور چیز کو دُعا پر ترجیح نہ دیں۔ پولس یہی بات کلیسیا کو سمجھا رہا تھا۔ ہمیں یہاں پر ایک بات سمجھنے کی ضرورت ہے کہ ہمیں اپنے خداوند کی مسلسل اور ہر وقت ضرورت ہے۔ اس کی حکمت، اس کی رہنمائی ہر پل ہمارے لئے مشعلِ راہ ہے۔ دعا کے وسیلہ سے ہم اس کے چہرہ کے طالب ہوتے ہیں، دُعا ہی میں ہم اس کی حکمت اور رہنمائی پاتے ہیں۔ پولس رسول کُلسے کی کلیسیا کو یاد دہانی کرا رہا تھا کہ وہ ایسے لوگ بنیں جو روح کی رہنمائی میں چلنے والے ہوں۔ اس کا مطلب یہ ہے کہ وہ جو کچھ بھی کریں وہ اپنی سب راہوں میں اس پر توکل کریں۔ وہ اس کی ہدایت اور رہنمائی دعا کے وسیلہ سے پائیں اور اس کی ہدایت کے لئے اس کی آواز کے شنواہ ہوں۔ پولس رسول انہیں یہ بتا رہا ہے کہ یہ طرز فکر اور طرزِ زندگی کبھی کبھار نہیں بلکہ ہر روز کا معمول ہونا چاہئے۔ اگر ہمیں خداوند یسوع مسیح کے بتائے ہوئے معیار اور اُس کی خواہش کے مطابق زندگی بسر کرنی ہے، تو پھر ہمیں اس کی حکمت اور دُعا کے وسیلہ سے اس کی قوت کی ضرورت ہے۔ مسیحی زندگی انسانی کاوش سے بسر نہیں ہو سکتی۔ لازم ہے کہ یہ خدا کے روح کے زور اور قوت میں بسر کی جائے۔ ہم دُعا اور تابع فرمانی کی زندگی بسر کرتے ہوئے خدا کی قوت کا تجربہ کر سکتے ہیں۔

2 آیت قابلِ غور ہے جس میں پولس رسول نے کلسے کی کلیسیا کو بتایا کہ جب وہ دُعا کے لئے اپنے آپ کو وقف کریں تو اُنہیں خبر دار اور محتاط ہونے کی ضرورت ہے۔ خبر داری کے کئی ایک پہلو ہو سکتے ہیں۔ وہ لوگ جو دُعا میں مستعد اور بیدار ہوتے ہیں وہ

اپنی دعا کے جواب کی توقع کرتے ہیں۔ ایسے لوگ دُعا کر کے توقع کے ساتھ جواب کا انتظار کرتے ہیں کہ کس طرح خدا ان کی دعا کا جواب دیتا ہے۔ کیا ہمارا ایمان بھی اسی طرح کا ہے؟ ایمان سے دعا کرنے والے لوگ توقع سے جواب کا انتظار کرتے ہیں۔

بیدار اور ہوشیار ہونے کا ایک اور پہلو بھی ہو سکتا ہے، اور وہ یہ کہ آپ دعا میں خدا کی رہنمائی کے لئے جستجو کریں۔ اس دنیا میں ہمارے ارد گرد بہت سی ضروریات دیکھنے کو ملتی ہیں۔ دن بھر میں خدا کتنے لوگوں کو ہم سے ملاتا ہے؟ خدا ایسے لوگ ہماری زندگی میں اس لئے لاتا ہے تاکہ ہم انہیں خدا کے کلام کی باتیں بتا سکیں، تعلیم دے سکیں، ان کی حوصلہ افزائی کریں اور ان کے لئے کئی ایک طریقوں سے باعث برکت ہوں۔ خدا اُنہیں ہماری زندگی میں اس لئے لاتا ہے تاکہ ہم ان کے لئے دُعا کر سکیں۔ اگر ہم مُستعدی، ہوشیاری اور بیداری سے دیکھیں، تو خدا ہم پر آشکارہ کرے گا کہ ہم نے کس طرح خاص طور پر ان کے لئے دُعا کرنی ہے۔ ان ضروریات کو غور سے دیکھیں جو خدا آپ کے سامنے لاتا ہے۔ خصوصی طور پر ان ضروریات کے لئے دُعا کریں اور ایمان سے خدا سے دُعا کر کے جواب کی توقع کریں۔

پولس رسول نے کلسیوں کو بتایا کہ وہ دُعا میں شکر گزاری بھی کیا کریں۔ ایماندار خدا کے شکر گزار ہو سکتے ہیں کیونکہ وہ ہر ایک شے پر قوی اور قادر ہے۔ اگر ہم نے شکر گزاری کا رویہ اپنانا ہے، تو پھر اپنے آپ کو اس کے تابع کرنا ہو گا۔ غور سے دیکھیں کہ آپ کی زندگی میں کیا ہو رہا ہے۔ کتنی ہی بار ہم اپنی زندگی کے حالات و واقعات کے بارے میں خدا سے شکوہ اور شکایت کرتے ہیں؟ پولس رسول ہمیں بتا رہا ہے کہ ہمیں دُعا میں شکر گزاری کرنی ہے۔ اپنے آپ کو خدا کے تابع کر کے اس کے مقصد اور ارادے کو اپنی زندگی میں قبول کر لیں۔ اپنی بڑبڑاہٹ، شکوے شکائتیں ترک کر دیں، اور خدا کی شکر گزاری کرنا سیکھیں

کیونکہ وہ ہر ایک چیز پر اختیار اور قدرت رکھتا ہے۔ اس بات کے لئے بھی شکر گزار ہوں کہ وہ آپ سے محبت کرتا ہے۔ شکر گزاری سے دعا کرنے کا مطلب یہ بھی ہے کہ آپ خدا کے منصوبے پر اعتماد ظاہر کرتے ہیں۔ شکر گزاری سے دُعا اس کے مقصد اور ارادے پر توکل اور بھروسے کو بھی ظاہر کرتی ہے۔ یہ اس کے تابع ہونے کا نام اور اس کی مرضی کو قبول کرنا ہے۔ شائد ہمیں معلوم نہ ہو کہ خدا کیا کر رہا ہے۔ لیکن ہم ایمان اور اعتماد کے ساتھ اس کے حضور آتے ہیں کہ وہی جانتا ہے کہ ہمارے لئے کیا بہتر ہے۔ اس لئے ہم شکر گزاری سے بھرے دل کے ساتھ دُعا کرتے ہیں۔

3 آیت میں پولس رسول نے کلسیوں سے درخواست کی کہ وہ اس کے لئے بھی دُعا کریں۔ اس نے ان سے کہا کہ وہ خاص طور پر اس لئے دُعا کریں تاکہ خدا اس کے لئے دروازہ کھولے تاکہ وہ انجیل کی منادی کر سکے۔ غور کریں کہ خط لکھتے وقت پولس رسول قید خانہ میں تھا۔ قید خانہ کی سلاخیں اس کے حوصلوں کو پست نہ کر سکیں۔ قید کی حالت میں بھی پولس رسول نے خدا سے درخواست کی کہ وہ اسے استعمال کرے اور اس کے لئے موقع فراہم کرے تاکہ وہ اس کے کلام کو صحت اور پوری قدرت سے دوسروں کے سامنے پیش کر سکے۔ پولس رسول کے لئے کس قدر آسان تھا کہ وہ قید کی حالت کو مجبوری اور معذوری بنا کر انجیل کی منادی کا خیال ترک کر دیتا۔ یہاں سے یہ بات دیکھنے کو ملتی ہے کہ ہم کہاں پر ہیں، اور کیسے حالات و واقعات اور صورتحال سے گزر رہے ہیں، اس سے کچھ فرق نہیں پڑتا، ہم ہر حالت میں خدا کی خدمت جاری رکھ سکتے ہیں۔ ہماری خدمت کا انداز فرق ہو سکتا ہے، لیکن خدا ہمارے سامنے کھلے دروازوں کی نشاندہی کرے گا تاکہ ہم اس کے کلام کی سچائیوں کو بیان کرتے رہے۔ پولس رسول کے دل کی یہی لالسا تھی، اس نے کلسے کے ایمانداروں سے درخواست کی کہ اس کے لئے دعا کی جائے تاکہ اسے مواقع میسر آئیں اور

وہ مسیح یسوع کی محبت کو اپنے ارد گرد کے لوگوں کے درمیان بانٹ سکے۔

حکمت

پولس رسول نے کلسیوں کو بتایا کہ باہر والوں سے برتاؤ کرنے میں بھی وہ عقلمندی کا مظاہرہ کریں۔ پولس رسول نے کلسے کی کلیسیا کو اس بات کے لئے اُبھارا کہ وہ دوسروں کے سامنے اپنے روزمرہ زندگی کے چال چلن اور طرزِ زندگی اور طرزِ عمل میں محتاط رہیں۔ وہ مسیحی ہوتے ہوئے اپنے کلام اور کام سے مسیح کے نمائندگان تھے۔ خواہ کاروباری تھا یا پھر خاندانی اور سماجی معاملات وہ اپنی مثال اور نمونے سے مسیح کو پیش کر رہے تھے۔ لوگ ہماری زندگی میں لوگ معمول کے کاموں میں بھی خدا کی قدرت کی حقیقت کو جاننا چاہتے ہیں۔ وہ دیکھنا چاہتے ہیں کہ آیا وہ سب کچھ سچ اور حقیقت ہے جس کی ہم منادی کرتے ہیں۔ ہم اپنے طرزِ زندگی اور طرزِ عمل سے لوگوں کو انجیل کی سچائی اور خدا کی قدرت دکھا سکتے ہیں۔ ہمیں اپنی حقیقی زندگی میں سے اس سچائی کو ظاہر کرنا ہے جس کی ہم منادی کرتے ہیں۔

پولس رسول نے 5 آیت میں کلسے کے ایمانداروں کو بتایا کہ وہ ہر ایک موقع سے بھرپور فائدہ اٹھائیں۔ بالفاظ دیگر، انہیں ہر ایک موقع سے فائدہ اٹھاتے ہوئے دُنیا کو مسیح یسوع کے اس کام کے بارے میں بتانا تھا جو مسیح نے صلیب پر سر انجام دیا تھا۔ اگر آپ کے ہمسائے محتاجی کی حالت میں ہیں، آپ کو اُن تک پہنچنا ہو گا۔ اگر وہ بھوکے ہیں تو انہیں کھانا کھلائیں۔ کئی ایک طریقوں سے ہم مسیح کی محبت لوگوں پر ظاہر کر سکتے ہیں۔ ہمیں زندگی میں ملنے والے ہر ایک موقع کا بھرپور فائدہ اُٹھانا چاہئے۔ بہت ضروری ہے کہ ہم انجیل کا پرچار کریں۔ لیکن اس سے بھی اہم یہ ہے کہ ہم انجیل کی سچائی کے مطابق لوگوں کے سامنے اپنا طرزِ زندگی اور چال چلن اپنائیں۔ حکمت روزمرہؔ کی حقیقی زندگی میں سچائی کا عملی

اطلاق ہوتا ہے۔ ہمیں دانش مند لوگ ہونے کے لئے خدا کی بادشاہی میں بلایا گیا ہے۔ تاکہ ہم اپنے روزمرہ چال چلن میں مسیح پر اپنے ایمان کا عملی مظاہرہ کر سکیں۔

فضل

6 آیت میں پولس رسول نے کلسے کی کلیسیا کو بتایا کہ اُن کی گفتگو پُر فضل اور نمکین ہو۔ گفتگو کے لئے یونانی لفظ لوگوس ہے۔ جس کا حقیقی مطلب اور معنی "کلام" ہے۔ یعنی ہمارے منہ سے نکلنے والا ہر لفظ فضل سے معمور ہو۔ جب ہماری گفتگو پُر فضل ہوگی، تو یہ ہمارے لئے بھی اور سب سے بڑھ کر یہ دوسروں کے لئے باعث برکت اور خداوند کے نام کے لئے عزت اور بزرگی کا باعث ہوگی کیونکہ ہم اس کے نمائندگان ہیں۔ ہماری گفتگو میں شکر گزاری، دیانتداری اور مہربانی اور شفقت کا گہرا احساس ہونا چاہئے۔ کیونکہ ایسا طرز گفتگو تعمیر کرتا ہے نہ کہ برباد۔ اس طرح کی گفتگو سے مثبت رویے کی عکاسی ہوتی ہے۔ جب ہم کسی ایسے شخص کے پاس ہوتے ہیں جس کی گفتگو مثبت، پر فضل اور نمکین ہوتی ہے، تو اس کے منہ سے نکلنے والے الفاظ ہمیں تقویت اور حوصلہ دیتے ہیں۔ ہم برکت پاتے ہیں۔ کیا آپ کی ملاقات اور رفاقت کبھی ایسے شخص سے ہوئی ہے؟ کسی منفی رویہ اور طرزِ گفتگو کرنے والے کسی شخص کے ساتھ بیٹھے ہوئے آپ کیسا محسوس کرتے ہیں؟

اکثر اوقات میں بھی دُعا کرتا ہوں کہ خدا مجھے مختلف حالات و واقعات اور لوگوں کو مثبت انداز سے دیکھنے کی حکمت اور توفیق عطا فرمائے۔ میرا نہیں خیال کہ میں ہی واحد شخص ہوں جسے اس موضوع پر دُعا کرنے کی ضرورت ہے۔ خدا چاہتا ہے کہ ہماری گفتگو دوسروں کے لئے باعث برکت اور دوسروں کی تعمیر و ترقی کا باعث ہو۔

قابل غور بات، پولس رسول نے کلسیوں کو بتایا کہ اُن کی گفتگو کو نمکین ہونے کی بھی ضرورت ہے۔ نمک کے تعلق سے ہمیں کئی طرح کی باتیں سمجھنے کی ضرورت ہے۔ نمک

پاک کرتا اور چیزوں کو محفوظ رکھتا ہے۔ نمک کھانے کے ذائقے میں اضافہ کرتا ہے۔ اس سے کھانا اور بھی مزیدار ہو جاتا ہے پولس رسول یہی کہہ رہا ہے، جب ہم کسی ایسے شخص کو جواب دیتے ہیں جو ہمارے لئے پریشانی کا باعث ہوتا ہے تو ہمیں اپنے الفاظ کو پاک کرنے والے نمک سے ذائقہ دار بنانا ہے۔ ہمیں پاک روح کے نمک کو موقع دینا ہے کہ ہماری روح سے اچھی باتیں نکالے۔ ہمیں پاک روح کے نمک کو موقع دینا ہے کہ ہماری گفتگو کو پاک اور صاف کرے اور انہیں ذائقہ دار بنائے۔ تاکہ ہمارے منہ سے نکلنے والی باتیں، خداوند کے لئے عزت اور بزرگی کا باعث ہوں۔

پولس رسول ہمیں یہ تعلیم دے رہا ہے کہ ہمیں ایسے لوگ بننے کی ضرورت ہے جو اپنے کلام اور کام سے خداوند یسوع مسیح کو اچھی طرح سے اس دُنیا کے سامنے پیش کر سکیں۔ ہمیں دل سے خداوند کے طالب ہونا اور مسلسل دُعا کرتے رہنا ہے۔ ہمیں صرف منادی سے نہیں بلکہ اپنے طرز زندگی اور گفتگو سے بھی خداوند یسوع اور اس کی محبت کا پرچار کرنا ہے۔ ہمیں اپنے طرز گفتگو میں مثبت روّیہ اور مہربانی کا عنصر شامل کرنا ہوگا۔ ہمارا انداز گفتگو اور ہمارا طرزِ زندگی یہ ظاہر کرتا ہے کہ اصل میں ہمارا ایمان، عقیدہ اور تعلیم کیسی ہے۔ جب خداوند نے ہمارے گناہ معاف کر دئے ہیں، تو پھر ہمارا طرزِ زندگی، گفتگو اور چال چلن پہلے جیسا نہیں رہنا چاہئے۔ ہماری یہی خواہش ہے کہ ہم ایسی زندگی بسر کریں جیسی زندگی خداوند یسوع نے اس زمین پر بسر کی اور دوسروں کے لئے وہی کریں جو اس نے ہمارے لئے کیا ہے۔

چند غور طلب باتیں

☆۔ پولس رسول دُعا میں شکر گزاری کے تعلق سے ہمیں کیا تعلیم دیتا ہے؟

☆۔ خدا کس طرح چاہتا ہے کہ آپ اپنے موجودہ حالات و واقعات کو استعمال کرتے ہوئے اس کی محبت دوسروں کے ساتھ بانٹ سکیں؟

☆۔ اپنے اعمال و افعال سے خدا کی محبت کو دوسروں کے ساتھ بانٹنے کے تعلق سے ہم یہاں پر کیا سیکھتے ہیں؟ آپ کس طرح سے مسیح کی محبت دوسروں کے ساتھ بانٹتے چلے آئے ہیں؟ آپ کس طرح سے اس میں ترقی اور افزائش کر سکتے ہیں؟

☆۔ یہ کیوں کر اہم ہے کہ ہم پر فضل گفتگو کرنا سیکھیں؟ اس کا خداوند یسوع کے لئے آپ کی گواہی پر کیا اثر پڑتا ہے؟

چند اہم دُعائیہ نکات

☆۔ خداوند سے دعا کریں کہ وہ آپ کو تعلیم دے کہ آپ کس طرح اور زیادہ دُعا میں وقت صرف کر سکتے ہیں؟

☆۔ خداوند سے دُعا کریں کہ وہ آپ پر ظاہر کرے کہ کس طرح روز مرہ زندگی میں خداوند آپ کو مواقع فراہم کرتا ہے تاکہ آپ عملی طور پر اس کی محبت دوسروں کے سامنے دکھا سکیں؟ خداوند سے تابعداری اور اطاعت کے لئے درخواست کریں۔

☆۔ خداوند سے دعا کریں تاکہ آپ مثبت اور پر فضل گفتگو کر سکیں تاکہ آپ کے طرزِ گفتگو سے مسیح کے بدن کی تعمیر و ترقی ہو۔

☆۔ خداوند سے ایسا دل مانگیں جو ایسی خواہش اور جذبے سے معمور ہو تاکہ آپ زیادہ سے زیادہ کلام اور کام میں اس کی مانند بن سکیں۔

باب 21

سلام دُعا

کلسیوں 4 باب 7 تا 18 آیت

4 باب کے پہلے حصہ میں پولس رسول نے کلسے کے ایمانداروں کو مختلف اور بہت سے لوگوں کی طرف سے سلام دُعا بھیجا۔ ہم فرداً فرداً ان لوگوں کا جائزہ لیں گے۔
پہلا شخص جس کا پولس رسول نے ذکر کیا وہ ہے تخیکس۔ پولس رسول تخیکس کو کلسے کے ایمانداروں کے ہاں بھیج رہا تھا تاکہ وہ اُنہیں اُس کے حال احوال سے آگاہ کرے۔ پولس رسول تخیکس کو پیارا اور عزیز بھائی سمجھتا تھا۔ وہ انجیل کی منادی میں بھی وفادار کارکن ثابت ہوا تھا۔ پولس رسول یہ چاہتا تھا کہ تخیکس کلیسیا کو حالات و واقعات کی خیر خبر سے آگاہ کر کے ان کی حوصلہ افزائی کرے۔ ظاہری بات ہے کہ کلیسیا پولس رسول کے لئے بڑی فکر مند تھی کیونکہ انہیں معلوم تھا کہ پولس رسول قید خانہ میں ہے۔ یہ بات دلچسپی کی حامل ہے کہ حالات قید میں بھی پولس رسول کو اپنی نہیں بلکہ اُن لوگوں کی فکر تھی جو اُس کے لئے پریشان اور فکر مند تھے۔ پولس رسول نے تخکس کو کلیسیا کی حوصلہ افزائی اور اُن کی پریشانی اور فکر کے ازالہ کے لئے بھیجا۔
تخکس کلسے شہر کی طرف اکیلا روانہ نہیں ہو رہا تھا۔ بلکہ وہ اپنے ساتھ اُنیسمس نام کے ایک شخص کو لے جا رہا تھا۔ ہم فلیمون کی کتاب میں اُنیسمس کے بارے میں پڑھتے ہیں۔ وہ ایک غلام تھا جو اپنے مالک فلیمون کے ہاں سے بھاگ گیا تھا۔ جب وہ وہاں سے بھاگ گیا تو اُس نے خداوند یسوع کو جانا اور پولس رسول کی قید کی حالت تمہیں بہت مفید ثابت ہوا۔

پولس رسول نے اُسے اُس کے مالک فلیمون کے ہاں واپس بھیجا۔ پولس رسول اُنیسمس کو خداوند میں بہت عزیز سمجھتا تھا۔ اُنیسمس اپنے مالک کا قصوروار ہوا تھا۔ اب وہ خداوند کو جان چکا تھا اور واپس اپنے مالک کے ہاں آکر صلح کے لیے تیار اور راضی تھا۔

اگرچہ پولس رسول تخکیس اور انیسمس کو بھیج رہا تھا، دیگر بھائی کلسے کی کلیسیا میں جانے سے قاصر تھے۔ پولس رسول نے 10 آیت میں اپنے ساتھ ایک قید بھائی کا بھی ذکر کیا ہے جس کا نام ارسترخس تھا۔ اعمال 19 باب 29 آیت سے، ہم یہ سمجھتے ہیں کہ ارسترخس تھسلنیکے شہر کا باشندہ تھا اور اکثر پولس رسول کے ہاں مشنری سفروں پر بھی جایا کرتا تھا۔ (اعمال 27 باب 2 آیت)

پولس رسول نے مرقس کی طرف سے بھی سلام دُعا بھیجا جو کہ برنباس کا رشتہ دار تھا۔ مرقس پولس رسول کے ساتھ مشنری سفروں پا جایا کرتا تھا، لیکن ایک مشنری سفر پر اس نے پولس رسول کا ساتھ چھوڑ دیا، پولس رسول کی بجائے برنباس نے اُسے بعد میں ایک مشنری سفر پر لے جانے کا چناؤ کیا۔ پولس رسول اس فیصلہ پر متفق نہیں تھا۔ اُن میں ایسی تکرار ہوئی کہ پولس اور برنباس کی راہیں جدا ہو گئیں۔ یہاں پر یہ بات بہت اہم ہے کہ پولس رسول نے کلسے کے ایمانداروں کو اس بات کے لئے اُبھارا کہ وہ مرقس کا گرمجوشی سے استقبال کریں۔

11 آیت میں پولس رسول نے ایک ایسے شخص کے بارے میں لکھا جس کا نام یسوع تھا اور جسے یوستس کے نام سے بھی پکارا جاتا تھا۔ وہ ایک یہودی تھا اور اُس نے خداوند یسوع مسیح کو قبول کر لیا تھا۔ دیگر لوگوں کے ساتھ اس کا بھی یہاں پر ذکر موجود ہے۔ پولس کی ضرورت اور مشکل کے وقت یہ شخص بھی اس کے لئے تسلی کا باعث ہوا تھا۔ خدا نے ہم ایمان اور ہم خدمت بھائیوں کو پولس رسول کی خدمت اور حوصلہ افزائی کے لئے استعمال

کیا تا کہ اس کی حالت قید میں وہ اس کے لئے تسلی اور تشفی کا باعث ہوں۔

اپفراس کی طرف سے بھی سلام دعا پہنچایا گیا۔ جو کلسے کا ہی باشندہ تھا۔ وہ پولس رسول کی خدمت کے لئے کلسے سے پولس کے ہاں چلا گیا تھا۔(1 باب 7 آیت)اس نے کلسے شہر میں کلیسیا کو سلام دُعا بھیجا۔ اپفراس نے دُعا میں کلسے کے ایمانداروں کے لئے جانفشانی کی تھی۔ اس کی فریاد یہی تھی کہ کلیسیا خدا کی مرضی اور ارادے میں قائم رہے۔ اس کی یہی خواہش تھی کہ کلیسیا پختہ، مضبوط اور بالغ ہو اور ایمان میں ترقی کرتی چلی جائے۔ پولس رسول نے کلسے کے ایمانداروں کو بتایا کہ اپفراس اُن کے لئے بڑی جانفشانی کر رہا ہے۔ اور صرف یہی نہیں وہ بوقت ضرورت پولس رسول کی خدمت مدارت کے لئے بھی کمر بستہ رہتا تھا۔

پولس رسول کا پرانا ہم سفر لوقا جو کہ ایک طبیب تھا اُس نے بھی کلسے کی کلیسیا کو سلام بھیجا ۔ دیماس نے کلیسیا کو سلام بھیجا۔ 2 تیمتھیس 4 باب 10 آیت سے ہم یہ سمجھتے ہیں کہ دیماس پولس کو چھوڑ گیا تھا۔ کیونکہ دنیا کی محبت نے اسے ایسا کرنے پر مجبور کر دیا تھا۔

پولس رسول شخصی طور پر لودیکیہ کی کلیسیا اور خاص طور پر ایک عورت کو سلام دُعا بھیجتا ہے جس کا نام نمفاس تھا۔ اس عورت کے گھر میں کلیسیا تھی۔ پولس رسول کلسے کی کلیسیا کو تلقین کرتا ہے کہ وہ یہ خط لودیکیہ کے ایمانداروں کے ہاں بھی بھیجیں تا کہ وہ اس خط کو پڑھ سکیں۔ اُس نے اُنہیں بتایا کہ اس نے لودیکیہ کی کلیسیا کو بھی خط لکھا ہے ، اور اُنہیں چاہئے کہ وہ اس خط کو بھی پڑھ لیں۔ اگرچہ لودیکیہ کی کلیسیا کے نام لکھا گیا یہ خط آج بائبل مقدس کا حصہ نہیں ہے۔ بلکہ ہمارے پاس آج وہی کچھ ہے جسے خدا نے ہمیں راستبازی کی راہ میں ہدایت ورہنمائی دینے کے لئے مناسب سمجھا۔(2 تیمتھیس 3 باب 16 تا17 آیت)

17 آیت میں پولس رسول نے کلسے میں موجود کلیسیا سے کہا کہ وہ اس خدمت کو پورا

کرے جو خداوند کی طرف سے اسے ملی ہے۔ ہم فلیمون کے نام لکھے گئے خط کی دوسری آیت میں ،، کے بارے میں پڑھتے ہیں۔ ہمیں یہ نہیں بتایا گیا کہ اس شخص کے ذمہ کون سی خدمت تھی۔ کیا ممکن ہے کہ وہ بے دل ہو کر خدمت چھوڑ چکا تھا؟ پولس رسول نے اس شخص کو اس خط کے وسیلہ سے خدمت کے لئے پھر سے زور پکڑنے کے لئے ابھارا۔

حاصل کلام یہ کہ پولس رسول نے اپنے ہاتھ سے کلسے کی کلیسیا کو سلام دعا لکھا۔ ایک کاتب اس کے لئے خط لکھا کرتا تھا، لیکن بعض اوقات، خط کو شخصی طور پر لکھا گیا ثابت کرنے کے لئے پولس رسول اپنے ہاتھ سے بھی کچھ باتیں لکھا کرتا تھا۔ اُس نے کلسے کی کلیسیا کو یہ کہتے ہوئے خط کا اختتام کیا کہ وہ اس کی زنجیروں کو یاد رکھیں۔ بالفاظ دیگر، وہ اسے اپنی دُعاؤں میں یاد رکھیں۔

یہاں پر ہم دیکھتے ہیں کہ پولس رسول کس قدر شخصی انداز میں خط لکھ رہا تھا۔ وہ تمام لوگوں کو شخصی طور پر جانتا تھا۔ نہ صرف کُلسے میں بلکہ اردگرد کے علاقہ جات میں بھی وہ سب کو نام بنام جانتا تھا جن کے ہاں اُس نے خدمت کی تھی۔ پولس رسول کے نزدیک، خدمت لوگوں کے ساتھ منسلک ہونے سے ہی ممکن ہوتی ہے۔ اس کی فکر یہ نہ تھی کہ اس نے کتنی کلیسیائیں قائم کی ہیں بلکہ اُسے حقیقی طور پر فرداً فرداً سب کی فکر تھی۔ اسے دوسروں کی ضروریات کا بھی خیال رہتا تھا۔ اچھا اور لازم ہے کہ ہم اپنی خدمت میں بھی ایسا ہی طرزِ فکر اپنائیں۔

چند غور طلب باتیں

☆۔دوسرے ایمانداروں کے لئے پولس رسول کے دل کی لالسا، سوچ اور فکر کے تعلق سے یہ حوالہ ہمیں کیا بتاتا ہے۔

☆۔کیا یہ کہا جاسکتا ہے کہ پولس رسول کو اپنی ضروریات سے زیادہ دوسروں کی احتیاجیں رفع کرنے کی فکر تھی؟ وضاحت کریں۔

☆۔اس باب میں اس بات کا کون سا ایسا ثبوت ہے جو یہ ظاہر کرتا ہے کہ پولس رسول گزشتہ خطاؤں اور غلطیوں کو نظر انداز کر کے دوسرے لوگوں کے ساتھ محبت بھرے تعلقات میں آگے بڑھ رہا تھا؟ اس تعلق سے آپ کی کیا صورتحال ہے؟

چند اہم دُعائیہ نکات

☆۔دوسروں کے لئے خداوند سے بڑی فکر مندی کا رویہ چاہیں۔

☆۔صرف اپنی ضروریات اور مسائل کے تعلق سے فکر کرنے کا روّیہ اور سوچ ترک کرنے کے لئے خداوند سے مدد چاہیں۔خداوند سے دُعا کریں تاکہ آپ اپنے ارگرد کے لوگوں کی ضروریات کو بھی دیکھ سکیں۔

☆۔ایسے وقتوں کے لئے خدا سے معافی مانگیں جب لوگوں کی بجائے، پروگرامز اور لوگوں کی تعداد پر ہی آپ کی توجہ مرکوز ہو کر رہ گئی۔

لائٹ ٹومائے پاتھ بک ڈسٹری بیوشن

Light to My Path Book Distributioin

لائٹ ٹومائے پاتھ منسٹری (ایل ٹی ایم پی) کتابوں کی تصنیف اور تقسیم کی ایک ایسی منسٹری ہے جو کہ برِاعظم ایشیا، لاطینی امریکہ اور افریقہ میں ضرورت مند مسیحی کارکنوں تک پہنچ رہی ہے۔ ترقی پذیر ممالک میں بہت سے ایسے مسیحی کارکن بھی ہیں جن کے پاس اِتنے وسائل نہیں ہیں کہ وہ بائبل ٹریننگ کے لئے جاسکیں یا اپنی شخصی ترقی اور بڑھوتی اور کلیسیائی ضرورت کے لئے بائبل سٹڈی کا مواد خرید سکیں۔ زیرِ نظر کِتاب کا مصنف ایکشن انٹرنیشنل منسٹریز کارُکن ہے جو کہ پوری دُنیا میں ضرورت مند مسیحی کارکنوں اور پاسبانوں کے درمیان مفت یا قیمتاً کتابوں کی تقسیم کے عزم کے ساتھ کتابیں لکھ رہا ہے۔

آج اِس وقت تیس سے زیادہ ممالک میں ڈیووشنل کمنٹری سیریز اور لائف اِن دی کرائسٹ سیریز میں ہزاروں کتب، منادی، سلسلہ تعلیم بشارتی خدمت اور مقامی ایمانداروں کی روحانی ترقی اور نشو نما کے لئے استعمال کی جارہی ہے۔ اِن سیریز میں یہ کتب ہندی، فرانسیسی، ہسپانوی، اور ہیٹین کریول زبانوں میں ترجمہ ہو چکی ہیں۔ جبکہ اُردو زبان میں کتب کے تراجم کا سلسلہ گزشتہ بارہ سالوں سے جاری ہے۔ ہمارا نصب والعین جہاں تک ممکن ہو زیادہ سے زیادہ ایمانداروں تک اِن کتب کو مہیا کرنا ہے۔

لائٹ ٹومائے پاتھ منسٹری ایک ایسی منسٹری ہے جو ایمان کے سہارے چل رہی ہے اور پوری دُنیا میں ایمانداروں کی مضبوطی اور حوصلہ افزائی کے لئے کتب کے تراجم اور تقسیم کے پیشِ نظر اپنی مالی ضروریات کے لئے خُداوند پر توکل کرتی ہے۔ آپ سے گزارش ہے کہ کتب کے دیگر زبانوں میں تراجم اور تقسیم کے لئے دُعا کریں۔ خُداوند آپ کو برکت دے۔ آمین

Rev F. Wayne. Mac Leod
